영혼의 실체

진리의 교과서 6

영혼의 실체

최 준 권 엮음

실상연구원

| 삶의 지침서 |

스승께서 이같이 말씀하셨다

　나는 너희가 자아를 되찾아서 자기에게 봉사하고 자신을 구하고자 하면 삶의 길을 언제든지 제시해 줄 수 있다. 있는 것을 있는 그대로 본 깨달은 자가 사실대로 기술한 책은 최고의 교과서가 될 수가 있다. 이를 중생의 눈높이에 맞춰 정리해 완벽하게 만들 수 있다면 책이 나오는 순간 세상은 달라질 것이다. 이 책을 지침서로 삼아 읽고 배워서 깨닫는다면 자신의 업을 씻고 좋은 세상을 맞이할 수가 있게 된다고 확신한다. 세상일에 눈을 뜨고 밝은 삶을 살아갈 수 있고 삶의 결과를 통해서 자기를 바꿀 수가 있다. 이제 나는 스스로가 깨우치려고 노력하는 사람들을 위해서 삶의 밑거름이 되어 주고자 한다.

　책은 기술적으로 논리적이면서 진실이 훼손되지 않게 편집해서 책을 만들었으면 한다. 글을 쓸 수 있는 사람이 있으면 자료를 주어 쓰게 해서 사람들이 가까이 올 수 있게 하는 것이 우리가 해야 할 일이다. 먼 훗날 너희가 세상에 환생했을 때를 위해서 나의 삶과 가르침을 바친다. 이 책은 진실을 밝히고 있으며 밝혀진 진리는 보약과 같아서 책을 읽으면 정신이 밝아지고 생활이 밝아진다. 이 교과서는 진리이기 때문에 세상에 인간이 존재하는 한 영원히 남을 것이다. 의식의 근원은 무엇이며 생명의 모태는 무엇인지 체계적으로 만들면 교과서가 여러 권 만들어질 것이다. 지구에 변화기가 와서 인류가 멸망해도 일부의 사람들이 살아남아서 일정 기간은 문자가 전해지니 이 책이 진짜 경전이 된다.

　나의 가르침은 언제나 자연에서 볼 수 있다. 자연의 가르침은 진리를 말하는 것이며 세상의 일을 밝힐 수 있는 가장 큰 가르침이 될 것이다. 세상에는 삶이 자신에게 어떤 영향을 미치게 되는지 모르고 사는 사람이 많다. 사람이 사는 목적은 자기의 소망을 이루고자 하는 것이다. 그리고 자기 생명 속에 있는 일을 제대로 알고 축복해서 끝없는 생명을 통해서 자신을 살아가게 하는 길이다. 이 길을 얻기 위해서는 모두가 깨달음을 중요하게 생각해야 한다. 이제 열 권 정도의 책을 만들고 책 속에 있는 자연의 가르침을 보면 누구나 쉽게 세상의 일이 어떻게 해서 있게 되는지 알게 될 것이다.

　종교나 대학에서 가르치는 교육을 가지고는 인간의 욕망을 부추기고 사회문제를 만들어 낼 뿐 세상을 위해서 큰 도움이 되지 않는다. 높은 차원에 있는 신(神)은 인간의 세계에 올 수 없으며 차원이 다른 세계끼리는 서로 통하지 않는다. 오직 특별한 자만이 인간의 몸을 받고 태어나서 사람들을 깨우치고 가는 자를 성인이라고 부른다.

　진리의 교과서에서 신이라는 존재를 분명히 밝히는 증거를 제시할 것이다. 나는 나의 의식이 닿는 곳이면 어느 곳이나 범위에 상관없이 모두 알아볼 수 있다. 그래서 신계의 일이나 인간 세상의 일을 지금까지 누구도 알아볼 수 없던 것들을 체계적으로 정리해서 사람들의 삶에 큰 보탬이 될 수 있게 알리려고 노력하고 있다. 이 교과서가 널리 알려져서 나쁜 일들을 단절시키고 사람들의 삶에 큰 보탬이 될 수 있게 해야 하며 다음 세대에는 좋은 세상을 만들 수 있어야 한다. 이를 이끄는 주역이 되는 것이 너희의 사명이다.

| 머리글 |

　스승께서는 인간이 세상에 존재하기 이전의 태초에 뜻이 있었다고 하셨다. 뜻이 뜻을 낳고 또다시 뜻을 낳게 되니 혼돈이 있었으며 혼돈 속에서 기운들이 부딪혀서 완전한 순수한 기운이 만들어졌다. 그 순수한 기운이 곧 법신(法身)이며 조물주이다. 조물주가 미래의 세상을 비추어 보았던 그대로 만물(萬物)이 만들어졌고 만물 속으로 사라진 후 질서가 서게 되었다고 하셨다. 이 인류는 다음 주기의 인류를 위하여 적은 수의 씨앗을 남기고 사라질 것이다. 그리고 다음 주기에 또다시 번식하여 오늘과 같은 문명이 만들어진다. 달걀이 병아리가 되고 병아리는 성장하여 닭이 되고 닭은 또 알을 낳는다. 이 세상은 물레방아처럼 반복해서 돌고 있으며 변화를 통하여 끝없이 윤회(輪廻)하고 있다. 우리는 넓은 시각으로 창조(創造)와 진화(進化)를 관찰하면 동시에 이루어지고 있다는 현상을 볼 수 있다. 만물의 영장인 인간 중에서 수억 겁이 지나면 또다시 청정한 법신인 조물주가 생길 것이다.

　과거 석가모니께서 아무것도 없는 공(空)의 세계를 반야심경에서 설하셨다. 근본 세계에서 물질이 생기고 시간이 지나면 다시 사라졌다가 아무것도 없는 세계를 거쳐 원인이 나타나는 일을 반복하고 있다. 현대 과학의 양자역학에서 물질의 이치를 조금씩 증명하고 있는 것처럼 현상의 세계에서 일어나는 일이다. 과학자들은 양자의 세계를 알기 위하여 수학의 공식으로 문제를 풀 수는 있었다. 그러나 미시세계(微視世界)에서 일어나는 불가사의한 일들을 이해할 수 없다고 단정한다. 왜냐하면 사람의 시각으로는 에너지를 볼 수가 없기 때문이다. 과학의 힘으로 근본 세계를 측정하는 일이 불가능했다. 그러나 깨달은 자는 의식의 눈을 떠서 있는 사실을 있는 그대로 보는 자이다. 눈뜬 자는 물질이 입자와 파동으로 활동하기에 의식으로 에너지의 파동을 감지한다. 동물들은 지진과 같은 자연현상이 일어날 때 본능으로 감지하고 행동하나 사람들은 애착과 욕망 때문에 감지 능력이 없는 것이다.

인간은 인간을 낳고 그들이 모여서 인류(人類)가 되었으며 이들이 모여 사회를 이루면서 질서가 필요해졌다. 질서를 유지하기 위해 사회의 약속이 필요했고 사회법(社會法)이 만들어진다. 국가를 유지하기 위해 법률(法律)도 만들어졌다. 예를 들어 교통질서를 유지하기 위한 교통법은 사람들의 안전과 편리를 위하여 만들어진 것이다. 진리는 사회법처럼 사람들이 인위적으로 만든 것이 아니며 마치 수학 공식처럼 자연(自然)이 만들어 낸 법칙이다. 자연이란 말은 스스로 그러하다는 뜻이다. 자연의 가르침이 곧 진리이며 인위적으로 바꿀 수가 없기에 뜻이 존재하는 한 진리는 변하지 않는다.

내가 몇 년간 곁에서 본 스승의 모습은 마치 자연과 같았다. 바람이 불고 천둥 번개가 치다가도 어느새 바다처럼 고요해지듯이 스승의 의식은 빈 거울이 되어 세상을 비추어 보고 계셨다. 의식이 약한 사람들이 스승의 곁에 오는 것이 무척이나 힘들었던 이유는 태양의 불길이 위험한 것과 같다. 잘못 살아온 나쁜 자기의 성품과 성격과 성질이 모두 타서 죽을 것이 두렵기 때문이다. 스승의 모습은 시시

각각으로 변하는 자연처럼 보통 사람들이 가까이하기에는 너무나 두렵고 위험한 존재처럼 보였다. 모습만 보지 말고 말씀의 뜻을 들어야만 자기 자신을 보고 깨달을 수 있다.

어촌에서의 스승의 모습은 어부와 같았으며 잘못된 세상을 보실 때면 건달처럼 행동하기도 했다. 집을 지을 때는 스승을 악덕 건축업자로 여기는 사람도 있었다. 제자에게 깨달음을 주실 때는 잔소리쟁이처럼 보일 때도 있었으나 명망가들 앞에서는 큰 산처럼 위대한 여래(如來)의 모습을 보이셨다. 스승의 의식은 상대방의 모습을 그대로 비추는 거울과 같았다. 그래서 거짓된 자들은 스승의 의식에 비친 자기의 모습을 보고 도망쳤다. 잘못된 의식과 자존심을 가지고는 스승 가까이에 올 수 없었고 그 모습은 사람마다 달리 보였다. 왜냐하면 보는 사람의 마음에 따라 스승이 가지고 있는 일부분의 모습만 보기 때문이다.

성인(聖人)의 가족은 좋은 모습보다는 좋지 않은 모습을 보는 경우가 많았다. 그 예가 소크라테스의 이야기이다. 젊은 사람들과 어울리며 명망 있는 사람들을 찾아 논쟁하려 하고 그들에게 욕이나 먹고 다니는 모습에 그의 아내는 화가 났을 것이다. 석가모니 부처님도 열반하셨을 때 의식이 나쁜 어리석은 제자들은 이제는 잔소리쟁이가 사라졌으니 얼마나 좋은가! 하고 말했다고 한다. 그 말을 듣고 큰 제자들이 충격 받아서 이래서는 안 되겠다고 여겨 결집했다. 회의를 거쳐 석가모니의 말씀을 편집해서 글자로 쓰이기 전까지 구전으로 이어오던 것이 지금의 경전이다. 정의로운 사람이었던 예수 역시 마찬가지로 새파랗게 젊은 사람이 당시 명망 있는 종교 지도자들에게 위선자이며 독사의 자식들이라고 욕하며 성전을 뒤집었다. 그들에게 미움 받아 종교 재판에서 죽을 수밖에 없었던 이유이다. 그 모습을 본 몇몇 제자들은 몸을 숨겼다고 하는데 지금 성자라고 부르는 사람들의 모습이다.

 스승은 가셨으니 이제 본 모습은 볼 수 없다. 스승께서는 만물의 이치를 깨달으시고 있는 것을 그대로 보셨고 중생들을 위하여 자연의 가르침을 설(說)하셨다. 26년 전 스승께서는 『자연의 가르침』이라는 잡지를 1년 동안 만들어서 사람들을 깨우쳤었다. 스승께서는 이 세상에 하나밖에 없는 대화록을 만들라고 말씀하셨는데 오랜 시간이 지난 오늘에서야 드디어 빛을 보게 되었다. 이 책은 가르침을 배우는 사람들이 질문하고 스승께서 대답하는 형식의 내용이다. 말씀하신 뜻을 알기 쉽게 『진리의 교과서- 대화록』이라고 명명하셨는데 『진리의 교과서』라는 제목을 달아 단행본으로 세상에 내놓는다. 계속해서 시리즈로 출판하게 될 예정이니 독자들은 이 글을 읽고 깨달음이 있기를 바라는 바이다.

2025년 1월
엮은이 **최 준 권**

| 차례 |

삶의 지침서 • 스승께서 이같이 말씀하셨다 _ 4
머리글 • 최준권 _ 6

1 의식과 마음 _ 12
2 영혼의 실체 _ 65
3 질병은 무엇인가 _ 156
4 의통의 진실 _ 219

의식과 마음
영혼의 실체
질병은 무엇인가
의통의 진실

의식과 마음

　요즈음 세상에 내가 아무리 좋은 마음을 가지고 있어도 좋은 인연을 만나지 못하면 좋은 결과로 피어나지 못하기에 사람을 매우 경계하고 두려워한다. 의식이 다르기에 똑같은 것을 사람들마다 다르게 볼 수 있다. 예로부터 풀잎에 있는 이슬을 사슴이 먹으면 녹용이 되고 독사가 먹으면 독이 된다는 말이 전해진다. 똑같은 것이라 할지라도 누가 갖는가에 따라 내놓는 결과가 다른 것이 의식이 다르기 때문이다. 나는 항상 같은 말을 계속 되풀이해 왔는데 그중에 전갈과 개구리의 이야기를 다시 들어보라!
　전갈이 동네 앞에 있는 섬에 가고 싶었으나 헤엄을 못 쳐서 갈 수 없었다. 전갈은 개구리에게 섬까지 건네줄 수 있겠느냐고 부탁했다. 개구리가 볼 때는 힘든 일이 아니었기에 소원이라면 건네주겠다고 해서 개구리는 전갈을 등에 태우고 강물을 거슬러 섬을 향해 헤엄치게 되었다. 그런데 그때 물결이 확 밀려오면서 개구리가 움찔하면서 요동치자 전갈은 서슴없이 개구리 등을 물어 버렸다. 개구리는 강 가운데서 죽게 되었을 때 전갈한테 말했다. 너의 부탁을 듣고 업어서 강을 건네주었는데 왜 나를 죽게 하느냐고 하자 전갈이 내 습성이 원래부터 그런데 어떻게 하겠느냐고 말했다. 이런 사례는 우리 주위에 얼마든지 존재할 수 있는 일이다. 아무리 좋은 마음을 가지고 있더라도 상대를 모르는 채 좋은 마음을 주고자 한다면 화를 입게 된다는 교훈이다.

Q : 동물의 행동과 사람이 행동할 때의 차이는 어떻게 다릅니까?
스승 : 인간만이 의식이 있고 자기가 한 일을 자기 속에 쌓을 수 있다. 언제 어떤 일을 했는지 기억해서 충분히 분별할 수 있고 자기의식 속에 쌓을 수 있을 때 영혼이 생긴다. 동물은 본능만 존재하기에 힘을 모으지 못한다. 예를 들어 황소 열 마리가 범에게 달려들어 깔아뭉개고 힘을 쓰면 범이 창자가 터져서 죽을 것이지만 그들의 의지로는 하지 못한다. 어제저녁 동물의 세계에서 사자가 물소를 잡는 걸 보았는데 물소 떼들이 사자를 뿔로 받으면 창자가 터져서 죽을 것이다. 대항하면 물소가 이길 수 있는데도 물소들은 동료가 죽도록 내버려 두다가 나중에는 빙빙 돌다 돌아가 버렸다. 그들은 영혼을 가지고 있지 않아 같이 어울려서 살지만 협력하는 것이 어렵다.

Q : 동물들이 서로 협동이 안 되는 게 의식이 없기 때문이라는 것입니까?
스승 : 사람은 의식이 있으니 자기가 한 일을 의식 속에 존재시키는데 동물은 어떤 일을 계획하고 간직하는 게 불가능하다. 그래서 사람을 의식의 동물이라고 말하는데 죽은 후에는 영혼이라 부르는 신이 존재한다.

Q : 사람의 의식에서 성품과 성질과 성격이 모두 나오는 것입니까?

스승 : 의식체를 해부한다고 해도 기운으로 가득 차 있는데 이는 배터리의 원리와 똑같다. 나는 항상 배터리와 뇌 구조를 비유해서 말해 왔는데 배터리를 충전시키고 방전시키는 일이 의식의 본체와 같다. 자동차의 배터리를 해체하면 움직이는 부품은 하나도 없고 어떤 구조역학에 따라서 움직인다. 인체를 해부하면 몸을 살아서 움직이게 하는 동력의 근원을 어디서도 찾아볼 수가 없다. 그런데도 사람의 성품과 성질과 성격은 구조원리에 의해서 살아 움직이고 생각한다. 계획하는 모든 일을 수행하는 것은 의식이 존재하기 때문이다.

Q : 사람의 성품을 볼 수 없는데 어떻게 실체를 알 수 있습니까?
스승 : 사람의 행위를 볼 때 저분은 성품이 좋다거나 성격이 아주 고약하다거나 성질이 나쁘다고 말한다. 어떤 용어를 사용할 때는 항상 용어에 대해 충분히 이해해야 한다. 어떤 사람의 행위 속에 있는 것을 성품으로 볼 때도 있고 성격이라고 할 때도 있으며 성질이라 말하기도 한다. 이렇듯 상황에 따라서 행위를 보고 구분해서 화를 자주 내는 사람을 성질이 신경질적이라 한다. 성질이 온화하고 자상하면 성품이 좋다고 하고 모난 짓을 하는 사람은 성격적으로 문제가 있는 사람이라고 말한다.

Q : 인간의 수명이 길고 짧은 차이가 있겠지만 의식 구조는 어떻게 움직이는 것인지요?
스승 : 완전히 건강한 상태에서 재앙이나 사고를 당하는 경우도 의식의 근본이나 정신성과 관계가 있다. 그런 것이 인연(因緣)인데 자기가 조심하면 재앙을 피하기가 쉬우니 항상 사물을 대하고 자신이 하는 일을 통해서 배우라는 뜻이다.

Q : 마음이 밝으면 미리 재앙을 피할 수 있을까요?

스승 : 마음이 밝으면 환경의 영향을 덜 받는데 나무를 심어놓고 몇 년을 살지 내게 묻는다면 나는 보지 못한다. 나무는 땅의 환경과 근본에 영향을 받는다고 말할 수 있고 환경과 조화를 이루며 버틸 수 있는 근본이 있어야 한다. 근본이 약하면 환경이 좋아도 이기지 못하고 죽어버리는 수가 있고 근본이 튼튼하면 환경이 나빠도 잘 클 수 있다. 사람이 살아가는 것이나 뜰 앞의 풀잎 하나가 생을 마치는 것도 자연의 이치는 다를 것이 없다.

Q : 사람은 옳고 그른 것을 보고 느낌을 통해서 자신을 보게 됩니까?

스승 : 내가 옳고 그름을 볼 수 있는 이유는 세상에 있는 일을 있는 그대로 보기 때문인데 세상에 가서 비추어 보지 않으면 알 수가 없으니 세상이 인간의 스승이다. 세상을 대하고 나서야 뜻과 성질을 알고 뜻이 가지고 있는 결과를 알게 되는데 세상을 대하기 전에는 모른다. 그러니 너희는 의심스러운 것은 무엇이든지 질문하고 질문이 이해되지 않으면 계속 질문해서 그 부분을 아는 것만큼 다른 사람을 가르치고 도울 수 있다.

Q : 어린아이가 의식이 나타나지 않고 죽으면 다시 태어날 수 있는 것입니까?

스승 : 의식체를 식물과 비교하여 설명하겠다. 나무가 꽃이 피기 전에 죽었다 해도 거기에는 분명히 근본이 있다. 그런데 싹은 났으나 꽃이 피지 않았기에 열매는 존재하지 않는다. 어린아이가 세상 물정 모르는 채 두 살 정도에 죽었다면 의식체가 인간일 때 다시 인간으로 태어나는 일이 많다. 인간의 열매는 기체인데 우

리 눈으로 목격할 수 있는 열매는 자체적으로 번식하지 못한다. 콩이 죽으면 절대 콩으로 나지 않고 땅속에 묻혔다가 자기를 얻을 수는 있다. 존재하는 모든 것은 죽은 곳에 머물러 땅이나 대기 속에 스며 있다가 다른 인연을 만나면 거기에 붙어서 다른 생명체로 태어난다.

Q : 어린아이가 죽임을 당하는 경우는 의식이 완전히 있을 때만 한이 생길 수 있는 겁니까?

스승 : 어린아이가 죽었을 때 의식이 없으면 자기가 죽었는지 모르고 한도 존재하지 않는다. 의식체가 생겼을 때의 세상일을 잘 모르니 자기가 꼭 살아있는 것 같아서 사람을 따라다닌다.

Q : 어린아이의 귀신이 들리면 명도라고 하는데 아이가 몇 살 정도 되면 한을 가질 수가 있습니까?

스승 : 명도가 있다면 만나서 몇 살 정도 된 아이 귀신이 붙었는지 봐야 한다. 대여섯 살쯤에 죽은 아이들이 세상을 헤매다가 인간의 몸속에 들어와 명도 노릇을 하는 귀신들이 있다고 들었다. 있는 그대로 본 것을 말하니 명도가 잘 맞춘다는 말이 있다. 세 살 아이의 명도가 씌었다면 봐야 세 살인지 다섯 살인지 알지 보지 않고 어떻게 말할 수 있겠느냐? 태어나서 3개월이나 5개월 만에 죽었다면 의식이 거의 존재하지 않고 어느 순간에 도달해야 의식이 존재한다. 의식이 가지고 있는 애착이 생겼을 때 좀 더 살아야겠다든지 하는 마음이 생기고 어떤 상태에서 죽으면 살아있는 것과 같은 착각에 빠진다고 말했다.

Q : 뇌와 의식(意識)에 관한 질문인데요. 보통 사람들은 어린아이 때

의 기억이 형성되고 저장이 되었을 텐데 왜 어린 아기일 때는 기억을 못 합니까?

스승 : 모든 기억은 의식에 저장되고 뇌는 일종의 전원장치로써 차의 배터리와 같은 것이라 했다. 어린아이일 때 기억하지 못하는 게 아니다. 예를 들어서 어릴 때 한 일을 메모리 상치에 얼마나 제대로 저장했는지에 따라 차이가 있지 않겠느냐? 이 질문은 컴퓨터 디스크를 보면서 확인해야 한다. 어떤 상태에서 어떻게 저장되고 어떤 상태에서 저장이 안 되는지 확인해 보면 그대로 나온다. 뇌는 전원이자 신경 역할을 한다. 모든 메모리 속에 있는 의식은 신경과 육체 기관을 통해서 표시되고 전달된다. 요즘은 문명의 산물이 만들어지고 있으니 컴퓨터 같은 걸 이용해서 우리 인체의 비밀을 알아내기가 매우 쉽다.

Q : 기억을 잘못한다는 것은 제대로 저장이 안 되었다는 말씀입니까?

스승 : 사람의 뇌 구조와 활동 역할에 따라 똑같은 것도 저장될 수도 있고 안 될 수도 있다.

Q : 사람에게 뇌의 활동이 원활하지 않을 때는 저장이 되어도 기억을 못 할 수 있는 것입니까?

스승 : 그렇게 빨리 표출이 안 된다. 언어가 생기면서 언어의 형태로 저장되는데 언어가 생기지 않았기에 저장이 안 된다. 나도 언어가 생기기 전 태어났을 때 무슨 꿈을 꾸었는지 기억나지 않는다.

Q : 저희가 3세 이전의 기억은 없는데 의식에 담기는 것과 기억은 다른 것입니까?

스승 : 의식에 담기니까 기억이 나오는 것인데 의식에 담겨 있지 않으면 기억하지 못한다. 컴퓨터 칩에 담겨 있지 않으면 다시 입력해도 재생되지 않는 이치와 같다.

Q : 자기가 무의식(無意識) 중에 하는 행동은 기억됩니까?
스승 : 무의식중에 한 일도 기억장치에 들어갔다면 알겠지만 무의식 중에 한 일을 기억하는 사람은 별로 없다. 그런데 경찰이 조사할 때 증거를 대고 추궁하면 어렴풋이 꿈꾸는 것같이 기억해내는 사람도 있다.

Q : 의식하지 않았는데도 행동이 입력되었다는 겁니까?
스승 : 자기의식 자체에 입력되지는 않았으나 분명히 보았다는 것이다. 네가 멍하니 아무것도 생각하지 않고 느끼지 못할 때의 상태가 무의식이다. 시체는 의식체가 빠져나가 버렸으므로 의식이 없으니 무의식이다.

Q : 무의식이란 것이 의식에 반대되는 개념입니까?
스승 : 말의 정의는 있는 그대로 보면 되는데 자기가 의식하지 못한 상태가 무의식 상태이다. 너희는 헤아릴 수 없을 만큼 나의 말을 이해하지 못하고 무의식 상태에서 들었다고 해도 언제인가 의식 속에 나타나게 된다.

Q : 여래님은 의식이 마음을 통해서 행동한다고 하셨는데 어떻게 행위가 의식에 쌓이는지요?
스승 : 자기가 한 행위는 마음을 통해서 의식에 쌓인다고 말했다. 수박이 씨와 있을 때 자신의 존재를 알 수 있다. 씨와 수박이 변하

지 않은 상태에서는 자기가 어디에서 났다는 걸 기억하게 되지만 파괴되면 씨 자체는 기억하지 못한다. 그 씨 속에 수박의 과거가 모두 존재하고 있지만 기억은 안 된다. 컴퓨터 칩에는 입력된 모든 자료가 존재하고 있지만 연결된 기관을 가지지 못하면 기억해내지 못하는 것과 같다. 플라스틱 칩과 같이 완전한 구조로 만들어진 시스템에 넣었을 때는 그 기억이 전부 재생되고 있다. 의식을 통해 영체의 씨앗이 만들어지고 이제 의식을 떠나서 어떻게 내세에 태어날지 운명이 결정된다. 즉 영체의 씨앗이 칩처럼 만들어지고 몸을 만나면 과거에 자기에게 입력되었던 의식이 환경에 의해 다시 그대로 나타난다는 것이다.

Q : 우리가 의식했던 모든 것이 입력되어 있으면 죽는 순간에는 어떻게 되는지요?

스승 : 의식했던 모든 것은 자기가 무엇을 말했는지 입력되어서 계속 되풀이되는 게 아니다. 그 뜻이 의식(意識)에 입력되어 있고 뜻은 의식을 통해서 정신이나 성질로 나타난다. 의식은 자기에게 있었던 일에 의해서 만들어진다. 그래서 사람들이 같은 일을 당해도 어떻게 받아들이는지에 따라 다른 영향을 주게 되는 것이다.

Q : 같은 경우를 당해도 사람마다 자기식으로 해석하는 건 의식이 어떤 작용을 합니까?

스승 : 한 번 자기가 생각하고 받아들이는 일들은 자기의식 속에서 계속 영향을 끼치게 된다. 자기가 받아들이고 행했던 일에 의해 삶은 의식을 만들고 의식은 또 삶을 지배하는데 되풀이되는 것이 운명이다. 이런 일을 알게 되면 사람들은 함부로 나쁜 일을

할 수 없고 무지(無智)하게 산다는 일이 얼마나 무서운 것인지 알게 된다. 너희가 세상 한 부분의 일을 배우는 데도 대학에서 4년이 걸리는데 하물며 지금까지 누구도 밝히지 않은 삶의 일을 이해하는 게 한두 시간 만에 되겠느냐? 다만 너희가 있는 걸 보고 의문점이 생기거든 질문하면 언제든지 대답해 줄 것이다. 하지만 너희의 대답은 문제에 맞춰서 대답하기에 너의 생각과 맞지 않을 수 있다.

Q : 양심 있는 사람의 의식은 어디에서 나오는 것입니까?
스승 : 진실이 큰 사람도 있고 적은 사람이 있는데 진실이 큰 사람은 거짓을 말하지 않고 항상 있는 것을 말하게 된다. 진실이 부족한 사람들은 항상 있는 것을 보태거나 빼서 거짓을 말하는 성질을 가지고 있다. 행동을 보면 그가 진실한 자인지 아닌지 알 수 있고 그가 해놓은 일을 보면 진실한 사람이 한 것인지 아닌지를 볼 수 있다. 양심이 있는 자는 남의 일을 할 때도 함부로 하지 않는다. 있는 일을 생각하고 자기가 받는 만큼 책임 있게 일하지만 진실하지 않은 사람은 그렇지 않다.

Q : 요즘에 거짓말 잘하는 사람이 많은데 어떤 사람이 거짓된 의식을 가진 사람입니까?
스승 : 거짓말을 잘하는 사람은 머리가 좋은 사람이 아닌데 오늘 같은 잘못된 세상에서는 거짓말을 잘하면 똑똑하다고 한다. 사람의 바탕에 진실성이 약할 때 거짓말이 자연스럽게 튀어나온다. 강자에게는 간사하며 비굴하고 약자에게는 냉정하고 교활하다. 거짓말을 잘하는 사람을 보면 구분이 되니까 본성을 보고 사람의 진실을 평가해야 할 것이다.

Q : 의식이 밝은 사람의 행동이 사람의 근본(根本)을 좋게 만듭니까?

스승 : 근본은 기운에 뜻이 입력되어 있고 기운은 현상계의 뜻이 그대로 입력되어 있다. 기운이 맑고 깨끗하면 의식에서 맑고 밝은 마음이 나와서 밝은 행동이 나온다. 근본 의식은 마음을 나게 하고 마음은 행동을 나게 하며 행동은 마음을 짓고 마음은 근본을 짓는다. 자기 근본이 안 좋으면 하는 일마다 나쁜 마음이 자주 생기고 나쁜 행동이 나오는 것이다.

Q : 사람의 근본이 좋으면 나쁜 일에 마음이 잘 가지 않고 경계심이 생기겠네요?

스승 : 나쁜 행동이 안 나오는 게 근본이 좋고 나쁨의 차이다. 근본이 있으므로 마음이 생길 수 있지만 근본이 없는 곳에는 마음이 없다. 자신을 망치기 전에 깨닫고 좋은 걸 얻으려 하면 쉬우나 자신을 망쳐 놓은 후에 깨닫고 좋은 것을 얻으려 하면 너무나 힘들다. 씨앗을 땅에 심어놓고 한 번 짓밟아 버리면 꾸부정하게 자라는 이치이다.

Q : 선생님이 자기 속에 있는 자신이라고 말씀하셨는데 무슨 뜻인지요?

스승 : 자기 속에 있는 자신이라는 건 하나의 의식을 지칭해서 하는 말이다. 의식의 지배를 받는다는 말은 의식 속에 있는 것은 과거에 있던 일로 인해서 만들어진다.

Q : 선생님께서는 미움이나 슬픔이 존재하지 않는다면 다른 정서도 전혀 느끼지 않는지요?

스승 : 나도 겨울에는 동복을 입고 여름에는 하복을 입는다. 자리가

달라지면 앞에 있었던 것을 잊어버리고 그것을 가지고 있지 않다. 어떤 사람이 악을 올리면 그 자리에 있을 때는 속이 끓지만 다른 자리로 옮기고 나면 그 끓던 속이 사라진다. 물이 높은 데서 떨어지니 거품이 생기는데 물이 안 떨어지니 거품도 사라져 버린다.

Q : 선생님의 의식은 자연의 현상과 똑같이 보면 됩니까?
스승 : 너희도 깨닫게 되면 있는 것을 있는 그대로 볼 수 있다. 사람이 어떤 행동을 하는지 이치(理致)에 놓고 보면 허약한 의식은 전생의 근본으로 인해 나타난다. 그래서 업장(業障)을 많이 지은 사람이라는 사실을 알 수가 있다. 이런 현상을 평가할 때는 정확히 보고 평가해야 하는데 함부로 평가하면 오류를 범할 수 있다. 깨달으면 사람의 의식을 판단하고 보는 것이 앞에 있는 사람이 주먹을 쥐었는지 폈는지 보는 것과 똑같다.

Q : 여래님은 오욕에서 벗어나셨으나 보통 인간의 감정은 일곱 가지로 표현하는 이 7정이 기쁨, 성냄, 슬픔, 즐거움, 사랑, 미움, 욕심내는 것인데 기쁨은 가지고 있죠?
스승 : 불쌍한 사람이 앞에 있으면 측은한 마음이 들지만 지나가고 나면 측은한 사람도 사라진다. 밝은 세상을 보면 밝은 세상이 보이고 어두운 곳에 가면 어두운 곳이 보이는 것과 똑같은 현상이다. 조금 전에 있었던 일로 괴로움을 만들지 않고 감정이 흘러가 버려 쌓이지 않는다. 산을 보고 있을 때는 산만 보게 되고 거리에 나가면 거리에 있는 것만 보고 있는 것만 느낀다.

Q : 어떤 것은 금방 표출된 것이 사라져 버리지만 어떤 것은 시간이

조금 걸리는 것도 있잖아요?

스승 : 사람들이 어려운 일을 상담할 때 내 의식을 맞추면 그에 대해 알게 된다. 그래서 이러한 일을 조심하고 이렇게 하라며 있는 일을 조언해 준다. 좋은 의식을 가진 사람이 옆에 오면 자기의 의식이 좋아진다. 자기의 의식이 좋아지면 주위에서 오던 재앙이 물러가는 간단한 원리이고 과학적으로도 실험할 수 있다. 밝은 곳에 오래 있으면 밝고 어두움을 보는 시각이 강력해진다.

Q : 어두운 장소에 있으면 자꾸 어두워진다는 것은 의식이 어두워지는 것입니까?

스승 : 세상의 일은 간단하게 모든 현상은 기운의 조화로 일어난다. 나의 진기(眞氣)는 98% 정도일 것인데 100%가 되면 근원의 세계로 간다. 대수롭지 않게 보여도 신(神)의 세계에서 보면 나는 대단한 사람이다. 유령들이 풍파를 일으키는 데 가서 내가 조용히 좋은 말 몇 마디만 해주면 잠잠해진다. 강력하고 좋은 자가 와서 좋은 말을 하니 일시적이 아니라 영원히 그럴 수 있다.

Q : 저희가 이곳에 오고 나서 좋은 일은 잊어버리는데 나쁜 일이 일어난 적은 드물었던 것 같습니다.

스승 : 너희가 감당할 수 없는 일을 부주의하게 만들지 않는 한 재앙은 절대 오지 않는다. 왜냐하면 너희의 의식 속에 나의 의식이 묻으면 함부로 어두운 기운이 접근하지 않기 때문이다. 나를 생각하고 있는 동안에는 나의 모습이 너희 마음에 존재하는 것이다.

Q : 여래님이 사용하는 용어 중에서 영혼(靈魂)이나 기운(氣運), 그

리고 한(恨)과 신(神)이 같은 뜻으로 들리기도 하고 다르게 들리기도 하는데요?

스승 : 허공에는 많은 영혼이 떠돌고 있는데 나쁜 기운이라고 설명할 수도 있다. 그것은 한이라는 신(神)이며 떠도는 한에 씌면 온갖 이해할 수 없는 재앙의 원인이 된다. 너희에게는 그런 일이 잘 일어나지 않을 것인데 달마원의 기도실에 내 마음을 걸었기 때문에 기원하면 이루어지게 되어 있다. 그런데 반만 걸어놨기 때문에 간절히 정신을 쏟아야만 기적이 일어난다. 예를 들어 원인이 너무 오래돼서 기운의 힘으로 안 되는 것도 있지만 기운의 조화로 일어날 수 있는 일은 많이 이루어졌다. 나는 너희가 깨달음을 얻어서 스스로 좋은 자기를 얻기를 바란다. 요행을 좋아하지 않기에 가르치지 않으나 접촉하는 동안에는 큰 문제 없이 지낼 수 있었을 것이다.

Q : 여래님 마음을 왜 반만 걸었다고 하시는 것입니까?
스승 : 사람들이 너무 욕심을 내게 되기 때문에 스스로 치유하도록 해놨다. 바이러스는 전류로 치유할 수 있고 몸에 전류가 일어나면 병이 사라져 버린다. 현대의학으로는 도저히 불가능한 일인데 전류는 감동과 함께 진심으로 세상을 구하고 인간을 깨우치는 것을 큰 보람으로 느낄 때 일어난다. 자신이 세상에 감사함을 느낄 때 자기에게 사명을 줄 세상이 고마울 때 감동이 온다.

Q : 감동이 결국 완전한 건강을 보장해 주는 것입니까?
스승 : 6개월이나 1년 안에 모든 걸 완결시켜 주지만 만일의 경우 모든 것이 편해져 버리면 결국 온갖 욕망이 일어날 것이다. 그러면 여기까지 와서 차비만 버리고 헛일 아니겠느냐? 결과가 좋아야

좋은 것인데 조금 좋다가 안 좋아지면 좋은 것이 아니다.

Q : 여래님이 사람을 미워하는 것을 본 적이 없는데 감정이 없어서 입니까?
스승 : 사람을 아끼고 사랑한 적은 있지만 미워할 필요가 없었고 아주 미워하면 이틀 정도는 미워할 수는 있겠다. 나를 못살게 굴고 함정에 빠뜨리며 해치려 하는 자를 보면 나에게도 파장이 온다. 그래서 대처해야 할 때 불꽃이 이틀 정도 잠재하기도 하지만 나의 얼굴에 침을 뱉었다든가 뺨을 때리는 정도면 서너 시간이면 흘러가 버린다.

Q : 항상 현재 속에 사시는데 바람이 불면 파도가 치듯이 강하게 일어나서 조금 오래가는 것도 있잖아요?
스승 : 나는 있는 그대로 여기 달마원에 오고 머물다가 너희에게 법문하고 간다. 산에 있을 때는 산만 보이고 바다를 보면 바다만 있고 세상을 보면 현실이 항상 눈앞에 있다. 그래서 빈 거울은 무엇이나 비춰서 보이듯이 너희의 질문이 나의 의식에 비치면 그 속에 문제를 보고 대답하는 것이다.

Q : 선생님은 꿈을 꿀 때면 의식은 어떻게 나타납니까?
스승 : 완전한 깨달음을 얻고 해탈하면 자신에 의해 조정되고 외부에 조정되지 않기에 나는 꿈을 꾸지 않는다. 나의 의식은 무엇이 옳고 그른 것인지 보고 그른 건 거부하고 옳은 것은 받아들이려 노력한다. 내가 20만 명이나 되는 친구나 이웃과 일가친척으로부터 버림을 받은 이유는 깨달음을 얻은 후 내 생각이 그들의 생각과 반대쪽에 서 있었기 때문이다.

Q : 선생님은 꿈을 꾸지 않는다고 하니까 너무나 이해하기 힘든데요?

스승 : 나는 깨달은 자가 될 거라거나 자신이 전생에 여래였다는 것을 생각해 본 적 없이 항상 건강한 생활만 했다. 깨달음을 얻기 전에는 건강한 육체를 가지고 있다 보니 사실 오욕을 멀리하고 승가의 계율을 지키기가 너무나 힘들었다. 계율은 큰 정신적 제약이자 부담이었다. 하지만 깨달음을 얻고 해탈하고 나서는 계율을 어기는 게 계율을 지키는 것보다도 몇 배나 더 힘들게 되었다. 실제로 더 많은 만남을 통해 너희가 세상에 대한 이해의 눈을 뜨게 되면 원하는 모든 가르침이 눈앞에 보일 것이다.

Q : 저희가 이해해야 할 모든 문제가 세상에 있다는 것입니까?

스승 : 내 조그만 방에는 책이라곤 한 권도 없고 이불과 담요만 하나씩 있을 뿐이다. 다리 쭉 뻗고 자고 일어나면 먼 산을 한번 바라본다. 그리고 밥을 먹고 거리를 배회하다가 시간이 되면 여기에 나오지만 어떤 질문을 받아도 절대 막히는 일이 없다.

Q : 선생님은 깊게 잠이 들면 아무것도 못 느끼는지요?

스승 : 나는 잠이 들거나 잠이 들지 않아도 아무것도 못 느낀다.

Q : 아무것도 안 느낀다는 것은 목석과 같은 것입니까?

스승 : 아무것도 안 느낀다는 것은 꼬집으면 아픔을 느끼겠지만 번뇌와 망상이나 증오와 분노 이런 감정이 떠오르지 않는다는 것이다.

Q : 저희는 자기 영혼을 의식하는 일이 매우 어려운데요?

스승 : 현실 속에 있는 일들을 알아보고 노력하면 네가 알고자 하는

세계의 일들이 어렵지 않다. 모를 때는 항상 어려워 보이고 알면 쉬워 보이는 게 세상의 일이다. 너희가 원한다면 영원한 생명의 길을 찾아주고 싶지만 스스로 눈을 뜨려고 노력해야 한다. 만일 너희가 세상일에 대해서 눈을 뜨지 못한다면 항상 진실은 버리고 거짓을 선택하게 될 것이다.

Q : 저는 세상일에 눈을 뜨고 실상을 보고 싶은데 왜 의식의 눈을 뜰 수가 없습니까?

스승 : 만일에 어떤 아이가 수학을 배우지 않고 수학책에 있는 것을 알아보았다면 이상한 아이라고 의심해야 한다. 수학을 배우지 않은 어린아이를 데려다 놓고 수학책을 보여주면 처음에는 하나도 알아보지 못한다. 수학을 배우고 시간이 조금 지나면 스스로 수학 문제를 이해하게 되고 만들어볼 수도 있으며 어떤 공식에 넣고 풀어볼 수도 있다. 사람들은 각기 다른 성질과 성격을 가지고 산다. 너희가 어느 정도 지식을 갖게 되고 현실 속에 있는 일을 알아보면 나는 언제라도 지적 능력을 너희에게 보여줄 수가 있다. 세상의 일을 모르는 상태에서는 봐도 아무 소용이 없다. 나와 함께 여행하면 세계 최고의 명성을 가진 뛰어난 사람들을 한마디 말로 제압해 버리는 걸 보아야 신뢰가 생길 것이다. 다음 일요일에 올 때는 어떤 일을 알고 싶은지 문제를 적어오면 문제를 놓고 세상의 일을 확인시켜 주겠다.

Q : 저는 오늘 이곳에 처음으로 메시지를 보고 왔는데 사람들이 몇 명 되지 않는 이유가 무엇인지요?

스승 : 사람들은 세상일을 아무것도 모르기에 조금이라도 알고자 하는 사람들이 있다면 연락해 주기를 바라면서 메시지를 준다. 오

늘은 확실히 효과가 있는데 네가 여기에 오지 않았느냐? 이게 내가 할 수 있는 일인데 이런 일을 하라고 특별히 기부한 사람도 없다. 나의 비밀을 아는 사람 중에는 나의 능력을 이용하려는 사람들은 있다. 그러나 내가 하는 일을 돕는 사람들이 없는 건 공덕을 지었던 일이 없기에 이곳에 오는 일이 어렵다.

Q : 제가 궁금한 것은 생명이 가진 근원적 성질에 의해서 의식이 존재하는 것입니까?

스승 : 화분에 있는 나무를 콩이라고 가정하면 하나의 씨앗에 토양과 환경이 더해져 열매가 열리는데 토양에 있는 것은 열매 속에서 나타나게 된다. 환경 속에서 있었던 일과 열매가 열리는 과정에서 발생한 환경의 원인이 여기에 축적된다. 나무가 죽으면 하나의 씨가 되고 싹이 나서 다시 열매가 나오는데 같은 땅에 다른 종자의 콩을 심었더니 다른 현상이 나타났다는 것이다. 인간의 의식도 이와 똑같은 이치라고 이해하면 된다.

Q : 땅에 씨를 뿌렸다고 무조건 똑같이 되는 게 아니고 같은 땅이라도 씨앗에 따라 다르게 나온다는 거죠?

스승 : 재래종과 개량종 두 개를 심었는데 개량종을 심어야 개량종 열매가 나온다는 것이다. 씨앗 속에는 토양과 주변에 있었던 열매를 맺는 과정에 있었던 모든 인연이 기록된다. 그래서 다른 곳에 가서 또 싹이 났을 때 그대로 보존되어 표출된다. 바탕이 좋으면 더 좋아지고 바탕이 나쁘면 더 나빠지고 비슷하면 비슷하게 나온다. 조금만 관심을 기울이면 쉽게 관찰할 수 있다.

Q : 저의 의식의 근본은 과거의 인연에서 온 것입니까?

스승 : 콩에서 콩이 나듯이 나는 과거로 인해 왔다는 이야기를 인도에서 철학으로 유명한 부나 대학에서 말했다. 그랬더니 대학 총장이 매우 기뻐하면서 우리가 이런 것을 알려고 한동안 노력했으나 알아내지 못했는데 당신을 통해서 들으니 이해하기가 매우 쉬웠다고 말했다.

Q : 식물이 생명을 꽃 피우고 열매를 만드는 것처럼 의식이 만들어집니까?

스승 : 의식은 생명의 기운인데 생명에 기운이 없으면 육체는 그때부터 썩기 시작한다. 의식의 기운이 자기의 생명을 보존하고 있으며 생명을 꽃 피우고 열매를 만든다. 생명은 자기의 영혼을 만들어 그 속으로 들어가서 모든 것이 입력된다. 진기를 모아서 과거의 의식은 새로운 생명을 통해서 내보내고 다시 새로운 것이 들어오게 만드는 것이다.

Q : 의식이 하나의 기운이라면 어떻게 생겼는지 볼 수는 없겠네요?

스승 : 나무의 열매를 따서 관찰해 보면 하나의 생명 속에는 순수한 진기와 영체의 기운이 있다는 걸 알 수 있다. 그 영체의 지령에 따라 의식을 보호하는데 생명을 지키는 기운들이 모든 세포를 재생하고 관리한다. 씨앗이 썩었는데도 싹이 튼다면 싹은 진기가 커가는 현상이다. 씨눈 속에서 싹이 나는데 기운이 없어져 버리면 진기를 근본으로 생명이 나타난다. 땅 기운과 환경으로 인해 피어나고 열매는 과거에 의해 만들어진다.

Q : 사람은 자신의 길을 자기가 선택한 것이라는 말씀을 자세히 설명해 주십시오.

스승 : 삶의 결과는 자신이 만드는 것이고 의식은 자기의 행동에 따라서 나고 사람들은 대개 의식의 지배로 움직인다. 너희가 이해하지 못하니 계속해서 말하고 있지만 의식은 마음을 나게 하고 마음은 행동을 나게 하며 행동은 또 마음을 짓고 마음은 의식을 만든다. 세상의 뜻을 모르고 깨닫지 못하면 항상 의식에서 나온 자기의 감정이 의식의 움직임에 의해 계속 마음과 행동을 낸다. 그게 다시 마음을 짓고 의식을 짓는데 이와 같은 상태로 같은 궤도를 돈다.

Q : 운명은 자체의 힘으로 쳇바퀴 도는 것처럼 돌고 있는 것입니까?
스승 : 옳은 것이 옳은 결과를 내고 그른 것이 그른 결과를 내는 것이 바로 진리이며 콩을 심으면 콩이 나고 팥을 심으면 팥이 나는 게 진리이다. 옳은 일을 하면 좋은 마음이 생기고 좋은 의식이 만들어진다. 나쁜 일을 하고 나쁜 마음을 내면 나쁜 행동이 생기고 나쁜 마음이 생기면 나쁜 의식이 생긴다.

Q : 의식이 좋아지고 나빠지는 것이 자기 자신에게 달려있다면 어떻게 좋게 만드는지요?
스승 : 항상 말했듯이 깨달으면 절대 나쁜 짓을 안 한다. 내가 깨달음을 얻기 전에는 계율을 지키기가 너무 힘들었고 깨달음을 얻고 나서는 계율을 어기는 게 가장 힘들었다고 했다. 바르게 알게 되면 절대 그릇된 짓을 하기가 너무 힘들기도 하고 할 수가 없다.

Q : 사람의 의식을 개혁하는 것은 자신을 좋은 자기로 만들 수 있는 것입니까?
스승 : 정부에서 의식 개혁운동을 계속 주장하지만 잘 안 되는 이유

는 의식 속에 있는 문제를 실제로 아는 사람이 없기 때문이다. 다른 사람들은 의식이 어떻게 만들어지고 변화하는지 잘 모른다. 너희가 여기에 오는 목적도 의식을 바꾸기 위해서 오는 것이다. 이 시간을 통해 계속 같은 말을 반복하는 이유는 한번 자기 속에 존재하게 된 일은 쉽사리 없어지지 않고 계속 활동을 통해서 영향력을 미치려고 하기 때문이다.

Q : 의식이 좋아지면 자신의 앞날이 어떻게 변합니까?
스승 : 세상의 모든 현상은 법칙의 결과이니 어떻게 하면 된다는 것이 수학 공식처럼 되어 있다. 법을 알면 가정과 사회가 평화로워지고 행복하고 건강한 생활을 얻는다. 좋은 의식이 계속 나오니 끝없이 자신의 앞길을 밝히는 결과가 된다.

Q : 의식이 빨리 깨어나기 위해서 어떻게 해야 하는지요?
스승 : 너희는 아직 깨어난 상태가 아니기에 내가 장시간 세상에 관한 이야기를 하기보다는 주위에 있는 부족함을 들려주는 것이다. 그 부족함이 왜 자기에게 존재하게 됐는지가 중요하다. 오늘날 사회에서 일어나고 있는 잘못된 일들이 왜 우리 앞에 존재하고 있는지 서로 문답하면 의식이 빨리 깨어나고 의식이 깨어나면 모든 게 좋아진다.

Q : 사람이 죽으면 영체(靈體)의 근원은 어떻게 됩니까?
스승 : 사람들의 가슴 속 깊은 곳에는 의식(意識)이 있는데 자신을 존재하게 할 영체의 근원이다. 이 의식이 자기를 좋은 사람으로 만들기도 하고 나쁜 사람으로 만들기도 한다. 의식을 좋게 인도하는 깨달음 없이는 어떤 경우에도 좋아지기가 힘들고 의식의 움

직임과 판단에 따라 좋은 원인을 결정하거나 아니면 나쁜 일을 있게 한다.

Q : 깨달음이 없다면 의식은 자기 생각에 의지하게 되는 것입니까?
스승 : 생각은 의식 속에 있는 업(業)의 영향에 의해 나타나니까 깨달음이 없으면 좋은 결과를 보기 어렵다. 사람이 많이 깨달을수록 생각이 줄어들고 부족하면 생각이 많아지는데 생각은 좋은 일보다는 나쁜 일을 많이 만든다. 나쁜 일을 하는 사람들은 말이 유창하고 그럴 듯하나 말 속에는 인간이 알아야 할 진실이 빠져있다. 진실성이 좋은 일과 나쁜 일을 결정하는 원인인데 진실이 없이 좋은 말만 하면 나쁜 일의 원인이 된다.

Q : 어떻게 살아야 죽어서 영생을 얻을 수 있는지 길을 알려 주십시오.
스승 : 의식이 좋아지면 생활이 좋아지고 생활이 좋아지면 삶에 걱정이 없고 하는 일마다 복과 덕을 지으며 삶이 좋아지고 마음이 편안해진다. 깨달아서 의식이 좋아지면 날마다 마음은 타지만 마음에 걸리는 게 없다. 쌓여 있는 업이 타서 없어졌을 때 비로소 완전한 자기를 얻게 되며 내세를 얻는 길이다. 기운 속에 의식이 죽고 태어나기 전까지 의식이 잠재하고 있지만 업(業)이 없으므로 의식 자체는 무게가 없기에 아주 가벼워 고통이 없다. 그리고 공간에서 5백 년이나 천년 정도 머물다가 다시 내려와 생명과 결합해 부활한다. 좋은 영혼을 가지고 있기에 좋은 근본으로 왔으니 좋은 결과를 다시 만들어서 영원한 생명을 얻기를 되풀이한다.

Q : 사람이 태어날 때 과거의 의식이 같이 태어납니까?

스승 : 과거의 의식은 상실되어서 가지고 태어나지 않는데 이미 의식 속에 있었던 일들이 기운 속에서 새로운 생명의 근원이 된다. 태어나면 과거 속에 있었던 일이 자기 속에 부활해서 자기 속에 나타나 영향을 끼치게 된다. 자기 속에 있는 것이 자기의 활동이 있게 되고 활동으로 새로운 결정체가 만들어진다. 자기는 과거를 근본으로 하여 태어났으나 현재의 활동을 통해서 미래의 근본을 만들고 미래에 태어날 자기의 근본을 만드는 게 삶의 취지이다. 삶을 소중하게 해야 하는 이유는 자신을 얻기 위해서 살며 그 삶 속에 자신이 나타나게 되는 것이다.

Q : 식물은 땅에 뿌리를 내리는데 사람은 어느 바탕에 뿌리를 내립니까?

스승 : 인간은 정신이 삶의 바탕이니 가르침이 의식의 바탕이 된다. 너희는 배움으로써 의식 활동이 달라지고 삶의 결과가 좋아진다.

Q : 의식(意識)은 어떠한 구조로 되어 있고 만들어집니까?

스승 : 의식은 육안(肉眼)으로는 구조를 살필 수 없으나 자기 속에 있는 것을 이용하여 발생하는 것을 의식 구조라고 봐야 한다. 집에서 스위치만 꽂으면 전깃불이 켜지는데 실제 이것을 추적하면 발전소로 가게 된다. 발전소는 각각의 구조에 의해 전기를 만들어 가정까지 보내는 것과 같다.

Q : 사람의 행동이나 운명도 잠재의식으로 존재합니까?

스승 : 잠재의식이란 자기 속에 존재했던 일들로 인해 생기는 의식이

다. 자기 속에 있었던 일의 작용으로 판단하고 생각하며 행동이 일어난다. 잠재의식은 좋은 현상을 만들기도 하지만 나쁜 현상을 만들기도 한다. 예를 들어서 소나무 씨앗 속에 이미 소나무가 들어있기 때문에 심으면 소나무가 나는 것이다. 사람이 어떤 일을 볼 때 생각하게 되거나 어떤 일을 좋아하고 싫어하는 이유는 잠재의식이 존재하기 때문이다.

Q : 현세에서 누구에게도 배우지 않았는데 자기에게 특별한 재능이 나타난 이유도 잠재의식 때문입니까?

스승 : 현세에서 똑똑한 사람은 내세에 태어나도 똑똑하게 되는 것은 존재했던 일들이 자기 속에 잠재하고 있기 때문이다. 자기 속에 있는 일이 어디 가는 것이 아니다. 현세에 열심히 산 사람이 내세에도 열심히 사는 이유는 예전에 살았던 기억이 잠재해 있기 때문이다. 현세에 술이나 마시고 방탕하게 지낸 사람은 내세에 와도 그런 습성이 잠재하여 반복하게 된다. 현세에 성질이 급한 사람은 내세에 태어나도 성질이 급할 수가 있다. 성질이 잠재해 있었기 때문이니 있었던 일에 의해 다시 나타난다는 것이다.

Q : 뇌의 활동이 활발한 사람이 의식이 좋다고 말할 수 있는 것입니까?

스승 : 자동차와 운전사의 관계를 보면 이해하기 쉽다. 깨끗하고 좋은 뇌를 가지고 활동하는 사람이 의식이 좋은 사람이겠느냐? 벤츠를 타도 티코 차를 탄 사람보다 의식이 나쁜 사람이 많다. 뇌의 활동이 좋으면 의식을 표출하거나 유입하는 것을 잘한다. 있는 일을 자기 속에 받아들이고 내보내는 일을 더 빠르고 활발하게 할 수 있다.

Q : 반대로 좋은 의식을 가지면 뇌의 활동을 활발하게 할 수 있습니까?

스승 : 의식은 뇌의 활동과는 상관이 없다. 좋은 의식을 가져서 사람의 활동이 항상 활발한 건 아니고 의식 활동의 중요한 원인은 환경적 요인에 있는 것이다. 밝은 사회에서는 좋은 의식을 가진 사람이 활동하기가 아주 쉬우나 사회의 환경이 어두우면 어두운 의식을 가진 사람들이 많이 활동한다. 좋은 의식과 나쁜 의식의 활동은 환경에 비례한다. 의식의 표출과 유입에 관해서는 뇌 활동이 많은 영향을 끼친다.

Q : 만약에 좋은 운전사라면 자기 차를 잘 아니까 배터리를 훨씬 더 좋게 바꿀 수 있을 게 아닙니까?

스승 : 배터리는 전원 역할을 하는데 배터리만 좋아서는 안 된다. 의식이 앞선 사람이 관심이 더 클 것이니 관심 있는 만큼 관리를 잘하게 된다.

Q : 뇌의 건강이라든지 활동 자체는 의식과는 전혀 상관이 없다는 것입니까?

스승 : 뇌가 건강한 사람은 육체도 건강하고 힘이 세다. 우리의 인체에서 뇌의 활동은 실질적으로 매우 크다. 자동차 엔진에 연료가 들어가면 폭발하는데 거기에서 불을 튕겨 주는 게 전원장치이다. 엔진의 폭발력이 강하게 일어났을 때 자동차는 큰 힘을 낼 수 있고 큰 힘을 가지면 무리가 적게 오듯이 사람이나 기계가 같다고 보면 된다.

Q : 완전하게 깨달으면 이치에 통달하여 자동차를 보고도 설명할 수

있는 것입니까?

스승 : 나는 어디 가서 자동차 구조를 보고 배워서 설명하는 것이 아니라 네가 물으니 보고 그대로 느끼는 것이다. 8기통 엔진 플러그 중 하나에 불순물이 많이 끼면 불이 안 들어오고 자동차가 가면서 덜커덕한다. 이럴 때 차체에 많은 무리가 오고 손상이 오지만 아무 문제가 없을 때는 차가 순탄하게 가고 무리가 없다. 자동차를 해체해서 원인을 규명하면 농축액에 납이 붙어 있고 불순물이 들어가지 않은 증류수를 사용하고 있다. 이것이 전원을 만들고 큰 자동차를 움직이는 중추신경 역할을 한다.

Q : 뇌가 좋다고 의식이 좋은 것은 아니면 의식이 어떻게 만들어진다는 것입니까?

스승 : 자기에게 있었던 일에 의해 의식이 만들어진다. 너희 속에 있었던 일은 의식 속에 잠재하고 잠재한 의식이 활동하는 것이다. 너희 속에 어떤 물질이 들어가면 그 물질이 가지고 있는 영향력이 나타나는 것처럼 어떤 상황에서 있었던 일들이 의식에서 계속 영향력을 행사하게 된다. 의식은 행위로 나타나서 좋고 나쁜 일을 하게 된다. 두뇌는 의식의 표출에 영향력을 행사할 뿐이고 활동의 힘을 만드는 것이니 뇌가 좋은 것이 의식 때문이라고 볼 수는 없다.

Q : 사람이 무언가를 발명하는 것도 잠재의식에서 나온 것입니까?

스승 : 에디슨 같은 사람은 실제로 전화기가 없는 시대에 전화기의 이론을 배우지 않고 만들었다. 자기의식 속에 잠재해 있던 것을 의식 속에서 새롭게 발견한 것이다. 우리가 어떤 물건을 창조할 때는 의식 속에 있던 것인데 태어나서도 의식은 변화한다. 어떤

상품을 만들어서 개발하고 디자인하는 것은 교육을 통해서 찾아 낼 수 있다. 잠재한 지식을 이용해서 새로운 것을 발견할 수도 있고 만들어 낼 수도 있다.

Q : 저희가 살면서 무엇 때문에 의식이 자꾸 자기의 영향을 나타내려고 합니까?

스승 : 너희가 바다에 가서 고등어를 잡는 것도 자기의 영향을 나타내는 것이다. 자신이 만든 집을 허무는 것도 영향을 나타내니까 생명체는 어떤 일이 있을 때마다 태어난다. 우리 의식도 어떤 일을 만났을 때 영향을 받아 새로운 의식이 만들어진다. 수천만 개의 의식 속에는 수천만 개의 새로운 생명들이 활동한다. 그 활동과 우리의 인연 속에 있는 일이 의식에 들어와 있다. 그것들은 우리의 생명 활동에서 계속 자기 영향을 행사한다.

Q : 의식 속에 또 수천만 개의 생명체들이 존재한다고 했는데 맞는 것입니까?

스승 : 움직이게 하는 근원 속의 일들이 수천만 개 존재하고 있다. 이렇게 설명해야 하는데 말하는 과정에서 자기를 움직이게 하는 수천만 개의 근원 속에 있던 일들이 존재한다고 하게 되었다. 근원 속에 있던 일이라는 것은 의식이 있는 일에 의해서 만들어진다는 뜻이다. 하루에도 수백 수천 개를 받아들이고 내보내니 그것이 쌓이고 쌓여서 자기를 움직인다는 말이다.

Q : 말씀하신 의식 속에 있는 수천만 개의 생명체들은 그 근원 속에 있던 일 자체를 두고 말씀하신 건가요?

스승 : 생명 속에는 자기를 움직이게 하는 수천만 개의 일들이 존재

한다고 고쳐라! 자기의 근원 속에도 수천만 개의 일들이 존재하고 있다. 이렇게 존재하는 활동으로 사고(思考)가 만들어지고 있는 일을 이해하는 능력이 생긴다. 이해되지 않는 게 있다면 계속 묻고 다른 사람에게 이야기할 때는 우리의 사고가 이렇게 존재하는 것이라 말을 해야 알게 된다. 그러니 계속 질문하라! 생명의 비밀은 사람이 죽으면 영체 속에 잠재하게 되고 자기 활동이 정지되면 부활하는 것이다. 그래서 어떤 일이라도 자기의 행동을 통해서 있게 되는 일을 중요하게 생각해야 한다.

Q : 의사가 수술할 때 환자를 마취시킨 상태에서 가망이 없다고 말을 하거나 생각하게 되면 그것이 의식이 없는 환자에게 그대로 전달되어서 결과를 좋게도 나쁘게도 할 수 있다는 보고가 있는데 사실인지요?

스승 : 그러한 보고서를 낸 사람이 누구인지 상대를 먼저 알아야 한다. 우리 사회에서 희망과 절망이라는 말을 많이 사용한다. 절망적인 상태에 처한 사람에게 너는 곧 일어날 수 있고 그 병은 아무것도 아니라고 하면 그에게 애착과 희망이 생겨 어느 정도 치료에 도움이 된다는 것은 사실이다. 멀쩡한 사람에게 네가 죽는다고 하면 충격을 받아서 건강을 해칠 수도 있다. 나는 의식이 생명의 주인이라고 했다. 의식이 절망적으로 되어서 자기를 포기하게 되면 죽음에 이를 수도 있지만 깨달으면 이러한 말들은 소용이 없다. 왜냐하면 수학을 알고 맞는 답을 내놓으면 모르는 자가 와서 답이 틀렸다고 말한다고 흔들리지 않기 때문이다. 자신이 확신한다면 흔들리지 않는다.

Q : 환자가 의사에게 자기를 완전히 맡기는 것이 위험한데 태아에게

도 영향을 줄 수 있습니까?

스승 : 자신이 무지하기에 일어날 수 있는 일이지만 무지하지 않은 사람은 자기의 생명이 위기에 처했을 때 주위의 말에 의해 치명적인 해를 입는 일이 드물다. 이런 사태가 발생했을 때 말과 행동을 조심해야 한다. 태아(胎兒)에게 영향을 주는 건 심각하시 않다. 왜냐하면 태아는 부모로부터 정(精)과 기운을 얻어서 그 몸을 완성하기 때문이다. 태아의 의식 자체가 강하면 아무 문제가 없고 부모의 영향을 받지 않는다.

Q : 태아(胎兒)의 의식이 엄마의 의식보다 강할 수도 있고 약할 수도 있습니까?

스승 : 그에 대한 대답은 상대적인데 환자의 경우 어떤 치명적인 원인을 만들어 낼 수 있다. 하지만 태아의 경우 태아가 가지고 있는 의식의 강도에 따라서 영향을 끼칠 수도 끼치지 않을 수도 있다.

Q : 임신했을 때 엄마의 사고방식이나 일상생활에 대한 반응이 아이의 의식에 그대로 전달되는지요?

스승 : 아이가 엄마의 의식을 절대적으로 이어받는 것은 아니다. 새 생명의 의식은 자신이 지어서 저장해 놓은 과거로 인해 나타나겠지만 엄마의 의식적인 행동이 영향을 주는 것은 사실이다. 지난번에 유전(遺傳)에 관해 이야기했는데 어떤 사람은 할아버지가 가지고 있던 병이 아버지 대에는 나타나지 않다가 손자 대에 나타났다고 했다.

Q : 이러한 유전이 어떻게 생기는지 설명할 수 있습니까?

스승 : 나는 이렇게 대답한 적이 있다. 땅에 어떤 오염 물질을 섞어놓고 씨앗을 심으면 땅을 바탕으로 싹에서 꽃이 피고 열매가 열리면 열매를 따서 분석해 보아라! 열매 속에서 그 땅을 오염시켰던 물질이 검출되는 예가 있다. 이같이 자기의 의식이 과거에 공덕을 많이 지어 건강하면 바탕에 작은 이상이 생기더라도 눈에 띄게 나타나지 않는다. 치명적이지 않겠지만 물질이 법칙에 따라서 그 사람의 몸으로 옮겨지는 것은 사실이다.

Q : 그렇다고 해도 원인은 여전히 잠재해 있다는 것이죠?
스승 : 잠재해 있고 전달이 되지만 의식이 강하면 그 병이 나타나지 못한다. 바탕을 통해 태어나는 새 생명의 의식이 약할 때는 전달되고 나타난다.

Q : 자녀가 여러 명이면 그중 한 애에게만 나타날 수 있다는 것입니까?
스승 : 어제 어떤 사람이 이런 질문을 했다. 자녀가 여섯인데 어떤 아이는 머리가 좋고 어떤 아이는 머리가 좋지 않다는 것이다. 같은 부모에게서 태어났는데 왜 이런 현상이 있는지 묻기에 이렇게 대답했다. 그것은 너무나 당연한데 같은 땅에서 태어났다고 하더라도 근본이 다르면 나타나는 현상이나 결과가 다르다. 부모를 바탕이고 땅이라고 한다면 그의 근본은 자기 자신이다. 새싹이 날 때 과거는 전부 다 파괴되어 버렸고 거기에 있는 근본 성질이 그대로 나타나고 새로운 결과가 열렸다. 뿌리는 땅에서 나왔으니 자기는 땅에서 났다고 할 것이다.

Q : 콩은 대답을 못 하겠지만 말을 한다면 그렇게 대답을 할 수 있다

는 것이죠?

스승 : 너는 어디서 났느냐고 물으면 나는 부모에게서 났다고 대답한다는 것인데 왜 형제간에 누구는 잘 풀리고 누구는 팔자가 나쁘냐? 그 차이가 바로 각자가 가지고 있는 근본이 다르기 때문이다. 같은 땅에 같은 사과를 심더라도 일본 부사의 씨앗을 심었는지 얼음골 사과의 씨앗을 심었는지에 따라 성장 과정이나 결실의 차이가 있기 마련이다.

Q : 태아가 엄마의 의식에 어느 정도 영향을 받는지요?

스승 : 자연에서 땅에 어떤 이상이 있을 때 식물을 심어서 어떤 영향이 나타나는지를 보면 된다. 이치(理致) 속에 있는 법은 작물이나 인간이나 동물이나 나타나는 현상이 똑같은 것이 진리이자 약속이다. 그러니 너희는 자연에서 땅을 통해서 직접 탐구해야 한다. 내 말이 무조건 어렵다고 생각하지 말라! 세계 어디를 가도 나처럼 알고 있는 사람도 없고 쉽게 가르치는 곳이 없다. 일반 사람들은 이치에 눈이 멀어 있기에 이것을 들어서 알기 어렵다. 너희는 나의 말을 듣고 한번 관찰하면 부모의 몸이 어떤 물질에 오염되었을 때 영향이 자식에게 유전될 수는 있는지 볼 수 있다. 몸에 병을 가지면 병의 영향으로 정신에 해를 끼칠 수 있고 의식에 영향을 줄 수도 있다.

Q : 몸이 의식에 영향을 줄 수도 있지만 부모가 가진 의식 상태가 바로 전달되기는 힘들다는 것이죠?

스승 : 부모의 의식이 자식에게 전달되는 일은 극히 드물다. 부모가 가지고 있는 몸의 성질은 정(精)의 성질이 그대로 전달되기 때문에 큰 변화가 일어나는 것은 아니다.

Q : 여래님은 영혼이 가슴속 깊은 곳에 있다고 하셨는데 지혜의 눈은 왜 이마에 있어요?

스승 : 너의 말은 심장이 눈에 안 붙어 있고 왜 가슴에 붙어 있느냐고 묻는 것과 같다. 석가모니 때는 의통(意通)이 오지 않았는데 지금의 나와는 차이가 있다. 무엇을 보고 육신통(六神通)이라는 말이 있었는지 모르나 지혜의 눈은 나타나지 않았다.

Q : 여래님은 네 가지 증거를 말하고 있는데 후세에 이 네 가지 증거가 없는 사람은 여래가 아닙니까?

스승 : 과거의 여래에서 현재의 여래로 난 사람은 네 가지 증거가 확실하나 처음으로 깨달음을 성취했을 때는 증거가 나타나지 않을 수 있다. 사실을 볼 때 먼저 감지되는 것은 오관을 통해서 보고 느끼면 뇌를 통해 먼저 전달된다. 의식과 말초신경이 뇌와 연결되어 있는데 전광석화처럼 뇌로 연결되면 행동으로 표출된다. 뇌는 의식의 출입구 역할을 하고 뇌세포는 배터리 역할을 한다.

Q : 여래님은 지혜의 눈이 있는데 왜 의식의 눈으로 알게 되는데요?

스승 : 내가 살면서 많이 경험했던 것이 기운이 찜찜할 때 염력으로 머리가 열리면 상쾌하기가 말로 표현할 수가 없다. 몸이 개운해지는데 천하의 진기(眞氣)이고 머리가 한번 열리면 세상 이치를 통달한다. 최고에 이른 자에게는 세 개의 현상이 나타난다. 의통(意通)과 지혜의 눈 그리고 머리가 열리는 것이다. 나는 천상에서도 여래였다고 말했다. 보통 사람들은 그런 현상이 일어나지 않고 환각 속에서만 가능하다.

Q : 저의 질문은 여래님이 무엇을 감지할 때 지혜의 눈으로 먼저 감

지하시는지 아니면 의식으로 하시는지요?

스승 : 어떤 이상을 느낄 때 의식으로 감지한다. 기운이 어두운 곳에 가면 머리가 어두워지고 여기에 나쁜 기운들이 있는지 감지한다. 예를 들어서 그저께 수원에 가서 이상한 그림을 보고 나쁜 기운이 있는 것을 알게 되었는데 나쁜 기운이 비치면 머리에 압박이 온다.

Q : 여래님은 의식을 나타낼 때 뇌를 사용하지 않습니까?

스승 : 의식(意識)을 표출할 때 즉 어떤 것을 계획하고 생각할 때만 뇌를 사용한다. 의식표출을 하지 않으면 흐르는 물처럼 비친 것을 있는 그대로 말한다. 그래서 보통 사람들의 상상을 뛰어넘는 도저히 추적할 수 없는 세계의 일들을 그대로 말할 수 있다. 만일 의식을 표출하게 되면 내 생각을 말하는 것이 되니 깨달은 자로서 상당히 위험한 일이다. 강연이나 미팅할 때는 있는 일을 있는 그대로 말해야 하니까 뇌를 사용하지 않고 절대 의식을 나타내지 않는다.

Q : 보통 사람들은 의식 활동을 뇌를 통해서 하는데 여래님은 뇌를 통하지 않고 의식 자체가 반응하는 것입니까?

스승 : 의식 자체가 있는 일에 따라서 영향을 받는다. 해탈하면 의식 자체가 거울과 같아서 비치는 그대로 보고 말하기에 어떤 일에 영향을 끼치지 않는다.

Q : 제가 이해하기에는 의식이 표출되는 것이고 반응하는 것이 아닙니까?

스승 : 설명하기 위해 자동차에 비유해서 말하겠다. 자동차는 배터리

와 엔진이 연결되어 있는데 배터리를 사용해서 엔진 시동을 걸고 엔진을 통해서 배터리를 충전시킨다. 해탈하면 있는 일에 대해서 반응하므로 뇌를 계속 사용하면서 말하면 충전시키지 못한다. 오직 음식물이나 환경 속에 있는 기운을 가지고 충전시키기에 의식 활동이 같지 않다.

Q : 자동차의 엔진은 사람의 심장에 비유될 수 있습니까?
스승 : 몸의 중요한 부위가 기관인데 심장이 멈춤으로 뇌가 멈추기도 하고 반대로 뇌가 먼저 멈춤으로 심장이 멈추기도 한다. 뇌와 심장은 매우 밀접한 관계를 맺고 있다. 세상의 뜻은 배터리가 전원을 줌으로써 엔진 기관에 동력을 전달하는데 동력의 활동으로 기관에서는 배터리에 전원을 보낸다.

Q : 보통 사람은 어떤 식으로 몸에 에너지를 계속 저장하게 되는 겁니까?
스승 : 자동차의 원리로 보면 배터리를 충전하듯이 우리 몸의 구조도 활동을 통해 충전시킨다. 뇌 자체는 어떤 의식을 표출하고 몸을 움직이는 전원이자 사령탑 역할을 한다고 했다.

Q : 자동차라면 엔진을 돌려서 배터리에 전기를 저장하는 것이 아닙니까?
스승 : 자동차의 구조를 봐야 한다. 동력이 어떤 구조와 연결됨으로써 배터리를 충전시키는 기관이 있을 것이다.

Q : 발전기를 돌리면 거기서 전기가 발생해서 배터리에 저장되는데요?

스승 : 우리 신체도 같은 구조로 되어 있고 보통 사람들은 뇌와 몸을 많이 쓸수록 피로하다. 내가 깨달음을 얻음으로써 의식의 표출이 강력하게 일어나지 않았기 때문에 인간세계를 지배할 힘을 상실했다고 했다. 그래서 있는 일을 보니 판단이나 계획은 매우 뛰어나지만 어떤 힘이 상실되었다. 그래서 나는 서울에 가면 정치인들에게 당신들이 나에게 힘을 빌려준다면 원하는 것을 얻어 주겠다고 말한다. 나는 사실 있는 일에 대해서 눈은 떴으나 실제 힘을 가지고 있지 않다. 힘은 대중 속에 있기에 대중의 힘을 얻지 못한다면 나는 아무것도 얻을 수 없다. 해탈하지 않은 상태에서는 의식이 신체기관을 통해서 뇌를 계속 충전시킬 수 있다. 그런데 이럴 때는 자기라는 육체가 가지고 있는 감정을 의식에서 지워버릴 수가 없다.

Q : 육체가 가지고 있는 힘을 의식에 전달하지 않을 수 있습니까?

스승 : 의식이 가지고 있는 것을 육체에서 거부할 수가 없다. 해탈한 후 나의 정신 구조를 보면 의식이 가지고 있는 것을 몸에 전달하지 않을 수도 있다. 그래서 너희보다 살기는 매우 편한 이유가 육체적이거나 정신적 감정 전달을 막는 차단막이 있는 것과 같다.

Q : 엔진에 발전기가 붙어서 전기를 만들어 배터리에 저장하듯이 몸에서도 일어나는지요?

스승 : 해탈은 업의 소멸로 오니까 의식 속에 있는 일을 육체에 전달하는 일도 보통 사람들보다 무디어진다. 그래서 배터리와 인간의 몸 구조를 생각하는 것은 기관에 있는 일을 정확하게 분석해야 한다.

Q : 얼마 전에 가난한 사람이 6개월 동안 잠을 한숨도 못 잤다면서 여래님을 찾아왔었는데 조금 전 질문이 그때 상황과 비슷한데요?

스승 : 그 여자는 감전시장에서 국수를 파는 사람이었다. 자식은 여럿인데 수입이 얼마 안 되어서 송도에 있는 복음병원에 갔다고 했다. 의사가 자신 없다고 진단하니까 어떻게 알고 내 집에 왔다. 조그마한 사과 천 원어치 한 봉지를 사 왔는데 불쌍해 보여서 진단해 보았다. 전기선이 전신주에 연결되어 있으면서 계속 방전이 되듯이 뇌가 움직이고 있었다. 그러니 잠을 자고 싶어서 스위치를 꺼도 계속 방전되어 전원이 오기 때문에 의식 활동을 중지하려 해도 뇌가 활동을 계속한다. 그래서 내가 정신 수술해서 방전되는 원인을 끊고 원래의 모습대로 엮어줬다. 그랬더니 그날 저녁부터 잠을 잘 잤다고 했다. 나는 의사면허증도 없으며 수술칼도 사용하지 않았고 의통(意通)으로 수술했다. 그런데 나를 믿지 않고 병원에서 처방받은 약의 효험이 아주 좋더라고 했다. 약을 먹고 나았든 내 도움을 받아서 나았든 상관없이 병이 나았으니 좋은 것이다.

Q : 현대의학에 쓰는 신체 도면에는 우리가 볼 수 없는 의식을 표시할 수 없잖아요?

스승 : 어떤 움직이는 기관을 관찰하면 이해가 쉬운데 같은 원리에 의해서 인간의 육체나 모든 살아있는 생명체도 같은 기관을 가지고 있다. 기관의 활동으로 움직이는 이상 정확하게 설명할 수 없다. 항상 있는 것에 비유해서 설명해야 하지만 비유할 대상이 없을 때는 이러한 기관에 비유하면 된다.

Q : 여래님이 아직 엔진에 걸린 발전기 같은 것을 보신 적이 없는 겁니까?

스승 : 나는 발전기 같은 것은 보지 못했다. 사실 특별한 일이 있어야 어떤 문제를 놓고 삼매에 들어서 문제가 있는지 비추어 봐야 한다. 대상이 나타나지 않으면 볼 수가 없고 어떤 대상이 나타났을 때 볼 수 있다.

Q : 제가 이해를 잘못하는 부분이 깨닫게 되면 뇌를 통하지 않고 의식으로 활동한다고 하셨는데 손 하나 움직이는 것도 뇌에서 신경을 보내줘서 움직이는 건데요?

스승 : 해탈하고 나서 제일 먼저 경험한 게 번뇌와 망상으로부터 멀어지고 생각이 멈춰버렸으니 생각을 하게 되면 엄청난 피로가 온다. 당시에 아침에 시 한 편을 쓰려고 생각했는데 의식표출을 하다가 너무 피로가 와서 그만두었다.

Q : 자동차 구조는 발전기를 돌려야 전기를 저장하게 되는데요?

스승 : 사람의 몸에도 그와 유사한 기관이 있는데 아직 노출되지 않았다. 움직이는 물질은 모두 기관을 가지고 있다. 그 기관을 분석해서 어떤 기관이 어떻게 연결되어서 움직이는지 알아내면 인체를 이해하는 데 매우 큰 도움이 될 것이다.

Q : 몸의 기본적인 구조 자체는 깨달으신 분이나 보통 사람이나 똑같은 것이 아닙니까?

스승 : 몸의 기본적인 구조 자체는 똑같으나 나는 해탈했기에 의식과 뇌가 연결된 한 부위가 없어졌다. 그러므로 뇌 자체에서 의식이 요구하지 않는 것을 표출하거나 받아들이지 않는 것이 너희와

다르다.

Q : 어떤 좋은 일을 하고 싶은데 속으로만 생각하고 그것을 행하지 않았을 때 의식에 어떤 영향을 주는지요?
스승 : 좋은 질문이기는 한데 어렵다. 마음에서 나와 세상에 지어져야 마음에 다시 지을 수 있는데 아직 갔다 오지 않은 것이다. 여기서 의식이 열려야 또 하나의 새로운 자기가 난다. 근본 속에는 있는데 변화는 안 했다는 것이라면 의식에는 행위 없이 결과는 오지 않는다. 하지만 좋은 깨달음이 존재했다는 것은 곧 좋은 행을 할 수 있는 시작이니까 좋기는 좋은 것이다.

Q : 제가 다르게 여쭈어 보면 올해에는 농사를 잘 지어야겠다고 마음을 먹었는데 아직 씨는 뿌리지 않았다면 의식에 어떤 영향이 있겠습니까?
스승 : 너의 결심이 결국 씨를 뿌리게 한다는 것이 하나다. 그러한 결심이 자기 속에 존재한다는 것은 곧 그런 행을 있게 할 시초이니 좋은 일이다.

Q : 욕망을 분출하는 게 좋은지 억제하는 게 좋은지 알고 싶은데요?
스승 : 다른 사람과 너에게 피해를 주지 않고 네 마음을 편안하게 할 수 있다면 욕망은 분출되어도 괜찮다. 문제가 어떤 상황인지를 알 때 좀 더 정확하게 도움이 될 수 있도록 대답할 수 있겠다. 하지만 다른 사람과 자기 자신에게 피해를 주지 않았다면 행위가 한을 지을 수도 있고 짓지 않을 수도 있다. 한을 짓는 일이라면 억제하는 것이 현명하다.

Q : 만약 도둑질하고 싶은 마음이 있을 때 계속 억누른다면 마음속에 어떤 기운이 나쁜 쪽으로 쌓이지 않을까요?

스승 : 그것은 무지(無智) 때문에 의식 속에 나쁜 기운이 가득 차 있을 때 일어나는 현상이다. 도둑질하고 싶은 마음이 있을 때는 누군가에게 말을 해서 도움 받아야 한다. 나는 이러한 충동을 느끼는데 어떻게 하면 이를 막을 수 있는지를 생각하라! 그런 충동이 자기와 남에게 피해가 간다면 특별한 방법이 없을 때는 주위 사람들의 협력을 받는 게 낫다. 인간이라면 주위의 협력을 얻어서 그러한 일을 지혜롭게 타개할 수 있는 방법을 찾아야 한다. 그런 생각이 일어나면 혼자서 속에 넣어 두었다가 분출될 때까지 기다릴 이유가 있겠느냐?

Q : 제가 가지고 있는 욕망을 적게 하고 억제하는 길이 있겠습니까?

스승 : 중생이 욕망의 늪에 빠지면 헤어나오지 못하는 수가 있다. 근본과 근기(根氣)에 따라 세상을 보는 마음이 다르므로 간단히 설명할 수는 없다. 남에게 피해가 되거나 자기를 위험하게 하는 욕망이라면 다른 사람과 상의해서 자문하는 방법이 좋을 것이다. 경험이 많은 자에게 그러한 상황에서 어떻게 문제를 해결했는지 지혜를 얻는 것이 좋다. 운전하지 못할 때는 운전 잘하는 사람에게 가서 경험을 듣고 배우면 상당히 도움이 된다. 억지로 모르는 것을 풀려고 하지 말고 풀 수 없는 문제는 경험 있는 사람에게 자문하면 좋다.

Q : 도둑질해서 재미를 본 사람은 그의 의식 속에 각인되어서 도둑질을 안 할 수 없겠네요?

스승 : 자기 업이 자꾸 시키니까 옳지 않은 일을 요구하는 것이다. 도

벽이 심한 사람이 자꾸 돈을 잃으면서도 노름을 반복하는 이유는 자기 속에 입력된 일들이 계속 그것을 요구하기 때문이다.

Q : 요즘에는 가르침이 없는 곳에 왜 많은 사람이 모이는지요?
스승 : 간단하게 말하면 깨달음이 없는 가르침은 업(業)이 죽지 않고 커지니 자기가 원하여 자발적으로 일어나는 것이다. 바위 밑에서 절하고 기도해서 배울 게 뭐가 있으며 바위가 이렇게 살면 복을 받는다고 가르쳐 주는 게 아니다. 이런 일이 일어나는 이유는 자기 속에 있는 업이 거부하지 않기 때문이다. 그런 일은 아무리 하여도 업을 죽이는 게 아니라 더 받아들이게 되면 업의 작용이 커져 있는 일을 거꾸로 보게 된다.

Q : 선생님이 가진 능력으로 무엇을 할 수 있습니까?
스승 : 만일 내 능력을 확인하고 싶다면 세계 최고의 천재들에게 나를 데리고 가라! 문제만 성립된다면 그들이 내놓은 질문에 하나도 틀리지 않고 대답할 것이다. 평소에 열 명도 오지 않는 이 자리에서 이런 말을 하는 것이 이해되지 않을 것이다. 손이 닿지 않는 곳에 있는 나뭇잎에 바늘을 콕 찔러 놓고 눈먼 사람 십만 명을 모아 바늘이 어디 있는지 찾아오라고 하면 무슨 재주로 찾아올 수 있겠느냐? 그것은 불가능하다. 눈을 뜬 자에게 바늘을 찾아오라 하면 바늘은 반경 몇 미터 안에 있는지 힌트를 달라고 질문을 할 것이다. 바늘이 10미터 안에 있다고 하면 10미터 안에 있는 땅과 나무 위의 주변을 살펴볼 것이다. 이렇게 시각을 10미터 안으로 좁혀 보면 찾아낼 수 있게 된다. 이것이 보는 자와 못 보는 자의 차이다. 천재가 천만 명이라도 사실을 보는 자와 대결은 안 되고 세상에 있는 인류 전부를 합해도 나와 대결이

불가능하다. 이 차이가 없다면 깨달은 자와 깨닫지 못한 자가 무엇이 다르겠는가?

Q : 사람의 마음과 의식은 어떻게 만들어지는 것입니까?
스승 : 사람이 활동하게 될 때 의식은 마음속에 있다. 이것이 어떤 현상을 만나면 생각과 판단을 일으킨다. 마음을 일으키면 마음은 행동하게 한다. 행동한 것이 마음을 통하여 자기의식 속으로 들어오고 같은 반복 과정으로 운명이 자기 속에 있었던 인연으로 나타난다. 이렇게 쌓인 것이 자기 속에 있었던 뜻으로 온갖 뜻을 일으키고 자신을 움직이게 한다.

Q : 마음이 행위로 인하여 의식을 만들면 영혼(靈魂)은 어떤 것입니까?
스승 : 나무의 몸통과 잎을 같은 것으로 구분할 수 있는 사람이 있다면 마음과 영혼도 같다고 해도 된다. 나무의 몸통도 씨앗에서 나온 것이고 잎도 씨앗에서 나온 것이다. 이처럼 하나의 근본에서 나타난 현상이지만 설명할 때는 구분해야 한다. 잎은 잎이고 나무는 나무이며 한 번 잎으로 나면 잎으로 존재한다.

Q : 정확히 나뭇잎이고 나뭇잎 줄기이며 나무 몸통으로 구분해야 하지 않습니까?
스승 : 하나의 예로 설명한 것이다. 마음과 영혼을 같은 것이라 구분하지 말라! 마음은 영혼으로부터 나오고 마음의 건강은 영혼을 건강하게 만든다.

Q : 영혼은 마음으로 해서 또 지어지면 두 개를 같이 잘라낼 수는 없

겠네요?

스승 : 나무로 인해 잎이 푸를 수 있고 잎의 작용으로 나무 자신이 병들 수도 있듯이 영혼은 마음으로 인해 건강해질 수 있고 마음은 영혼으로 인해 건강해질 수 있다. 예로 설명한 것이니 이해해서 다른 사람들이 물을 때 잘 대답하면 된다.

Q : 내 마음이 그냥 언짢다고 하면 되는데 사람의 마음씨가 좋으니 나쁘니 하는 것은 어떻게 이해해야 합니까?

스승 : 마음씨라 하면 근본을 말하는 것이고 영혼은 근본이 되는 것이니 마음이 근본의 영혼이고 그 근본에서 피어나고 있는 것이 바로 마음이다.

Q : 의식을 둘러싼 기운이 흩어지면 무(無)의 상태로 돌아갈 수 있습니까?

스승 : 의식이 사라지면 무(無)가 되는데 기운을 붙잡고 있던 의식이 흩어지면 기운도 흩어져 버린다. 너희가 원래 아무것도 없는 데서 태어나지 않았느냐? 태초에 천지가 갈라지고 그 속에서 100% 순수한 에너지가 법칙으로 생성되었다. 그 속에서 진기가 형성됨으로써 조물주(造物主)가 나오는 것이다. 그 조물주는 하나의 큰 원력을 일으켜서 자신 속에서 자신을 통하여 미래를 보게 되었다. 자신 속에 미래라는 세계가 비치니까 무엇이 필요한지 자기 속에서 나타나게 되었다. 그는 원력으로 오늘날과 같은 세상을 창조했으며 법(法)은 조물주가 태어나기 전에도 존재했다. 조물주가 모든 생명체를 만든 것이 아니며 조물주가 나기 전에도 손바닥을 부딪치면 소리가 나게 되어 있었다. 천지가 폭발하고 공간의 소용돌이 속에 존재하고 있었던 이러한 환경의 법

칙 속에서 태어난 것이 조물주였다.

Q : 아무것도 없는 무의 상태가 근본(根本) 자리입니까?
스승 : 하나의 생명체가 태어나면 현상으로 나타나고 현상은 자기의 삶을 결과 속에 남기게 된다. 인간은 영혼을 만들어 남기고 식물은 열매를 만들어 남기는데 영혼이 죽은 자리에서 새 생명의 씨앗이 태어난다. 모든 생명이 죽고 나며 시작과 끝이 존재하는 곳이 근본 자리이다. 끝은 바로 시작이라는 것을 아는 자가 완전히 깨달은 자이다. 완전히 깨달았다는 것을 확인할 수 있고 그것을 설명할 수 있는 자는 지금까지 인류에 두 사람밖에 나타나지 않았다.

Q : 사람의 생명 인자와 의식과의 관계는 어떻게 되는 것입니까?
스승 : 의식에서는 마음이 나오고 행동을 짓고 행동을 통해서 다시 마음으로 연결되어서 돌아온다고 했다. 의식과 마음과 행동은 근본이 가지고 있는 성질이 어떤 현상이 부딪치면 마음이 일어난다. 의식이 어떤 환경 속에서 발생하는데 남자들이 예쁜 여자를 보면 음심이 발동한다. 날씨가 추우면 불을 쬐고 싶고 환경에 부딪히면 의식은 마음을 내놓듯이 의식이 어떤 환경 속에서 발생한다. 마음은 행동을 내놓고 행동은 다시 마음을 짓고 마음은 다시 의식을 만든다. 그러니까 이러한 체계가 처음 듣는 사람들에게는 매우 생소하겠지만 이러한 법칙도 반복 현상의 원리이다.

Q : 의식은 어떻게 만들어져서 윤회가 되는 것입니까?
스승 : 하나의 의식이 형성될 때는 생명의 원리에 대해서 간단하게

설명하겠다. 절에 가면 근본 자리가 어디에 있는지 묻는데 근본은 영혼이 죽고 공간에 생명이 나는 곳이다. 생명이 나는 자리를 근본 자리라고 하고 영혼이 가지고 있는 의식이 완전히 소멸이 되면 여기에는 아무것도 없는데 의식에는 진기가 모여 있다. 의식의 근원만 존재하고 아무것도 존재하지 않는 게 윤회의 비밀이다.

Q : 윤회의 과정에서 생명이 만들어지고 소멸이 되는 것이 원리입니까?

스승 : 자동차의 원리를 모르는 사람은 처음에 운전하려면 골치가 아픈데 원리를 몰라도 차를 한번 탔더니 서울까지 번개처럼 가버리고 편하고 좋더라고 말을 한다. 자동차의 지식이 없는 사람에게 말해도 이해되지 않고 생명의 원리를 들어야 의식이 만들어지는 비밀을 알 수 있다. 새 생명의 근원은 과거의 삶에서 만들어져 축적되어 입력됐던 결과로 의식이 나타난다.

Q : 의식이 만들어지는 과정을 다시 한번 설명해 주십시오.

스승 : 의식의 옆에는 기운이 감싸고 있는데 기운의 파장으로 마음을 발산한다. 의식을 보호하는 기운이 형성되고 죽으면 영혼이라 하는데 여기에서 마음이 발생한다. 마음에서는 행동을 명령하고 마음이 일어나면 행동으로 연결이 되고 행동은 다시 마음으로 들어가고 마음은 행동을 의식에다 연결을 시킨다.

Q : 그래서 토양이 똑같은 곳에서 열매를 계속 심어도 똑같은 열매가 나오는 것입니까?

스승 : 열매를 토양이 다른 곳에 시험 재배했을 때 토양을 변화시키

면 개량된 열매가 나오듯이 인간의 의식도 이와 똑같다. 사업을 하는데 실패가 많고 성공하는 일이 적은 것도 의식이 허약했을 때 생기는 현상이다. 근본은 과거로 인해서 현재의 근원이 있으니 의식 속에는 또다시 생명의 인자가 존재하는 것이다.

Q : 몸에 기운이 현상으로 나타나기 이전에 무게나 힘을 가지고 있습니까?

스승 : 살아서 몸에 기운이 있을 때 무게를 달았다면 죽었을 때와 차이가 조금 난다는 말을 들었다. 죽기 전에 한 번 달아 보고 죽어서 몸무게가 줄었으면 육체 속에 가지고 있던 의식의 기운이 몸에서 빠져나가서 나타나는 현상이다. 공기의 무게를 잴 수 없으나 기체도 공기 속에 섞여 있고 산소 속에도 기체가 섞여 있다. 공기 속에 기운은 담을 수는 없으니 죽었을 때 무게가 줄었다면 영혼의 기운인지 시험해 보면 알게 될 것이다.

Q : 저울에 올려도 판이 안 흔들리면 어찌할 것입니까?

스승 : LPG 가스도 흩어져 있을 때는 기운이 무게를 잡을 수 없지만 통 안에 압축시켰을 때 분명히 무게가 나왔다는 건 사실이다. 가스를 아무리 열어놓고 무게를 재려면 열어놓고는 잴 수가 없는데 가스통 안에 압축시켜 놓고 달았을 때 무게가 나왔다면 사용한 만큼 무게가 줄어들었다는 것이다. 액체로 되어 있을 때는 쉽게 용기에 담아서 달 수 있지만 기체로 되어 있을 때는 가스가 어떤 때에는 액체로 변한다. 바닷물이 기운이 상승하는 때에 기체로 변한다. 기운을 압축할 수 있다면 용기에 담으면 무게가 나오겠고 존재하는 것인데 무게가 안 나올 리가 있겠느냐?

Q : 제가 처음에 선생님 강연하실 때 하나도 못 알아들었는데 말씀을 듣고 또 들으면서 알게 됐듯이 기회를 많이 만들면 사람들이 더 많이 오지 않을까요?

스승 : 그건 당연한 일이지만 수학을 배우지 않은 사람에게 문제를 주면서 수학을 풀라고 하면 힘든 일이다. 문제는 있는 일을 보게 하는 일이 사람들을 가까이 오게 하는 일이고 구하는 일인데 자기 생각이 큰 사람은 절대 자기를 바꾸려 하지 않는다. 가만히 앉아서 날 한번 깨우쳐 보라고 하는 것과 같이 깨달으려고 노력하지 않는데 내가 어떻게 깨우칠 수 있느냐? 네가 만일 깨닫지 못한다면 깨달으려고 노력해야 있는 일을 제대로 알게 될 것이다. 있는 일이 네 영혼을 좋은 세계로 인도할 수 있고 네 영혼을 나쁜 차원으로도 인도할 수도 있다.

Q : 세상의 일이 존재하는 원리도 자연의 법칙입니까?

스승 : 나는 몇 차례에 법석에서 법을 행하고 나서 그곳에 있던 사람들의 의식이 너무 먼 걸 보게 되었다. 사람들은 대부분 나의 가르침을 듣기 위해 온 것이 아니고 집안에 우환이 있든가 자신에게 문제가 있는 사람들 뿐이었다. 처음 그곳에 온 사람들은 아무도 나의 말을 듣고 나서 그 뜻을 알아보지 못하니 기뻐하는 자가 없었다. 그러니까 나는 내가 본 걸 혼자서 떠드는 격이 되었다. 그럴 때마다 나는 세상일은 의식을 바뀌게 하고 의식은 세상을 바뀌게 한다고 설했다.

Q : 여래님의 말씀을 글로 읽으면 이해가 쉬울 것 같은데 글을 쓰는 것이 불가능하신 것입니까?

스승 : 공기가 아주 맑은 곳에 가면 빨리 회복되기 때문에 창작활동

이 가능한데 그렇지 않은 곳에서는 안 된다. 무의식적인 일은 피로하지 않은데 무의식적인 일을 넘어서 버리면 피로가 온다. 어떤 특이한 경우를 만나서 일하게 되었을 때는 가능하다. 내가 눈을 떴다고 해서 세상의 일을 다 아는 건 아니고 세상의 일과 부딪친 만큼 안다.

Q : 의식이 마음을 일으키고 마음이 행동을 일으키며 행동은 다시 마음을 낳는다고 하셨고 해탈하시면 마음이 없어진다고 하셨잖아요?

스승 : 생각을 일으키는 원인이 없어졌으나 필요하면 마음을 내는데 그만큼 에너지 소모가 많은 게 보통 사람과의 차이다. 중생은 마음을 항상 갖고 생각하는데 나는 필요할 때만 낸다. 내가 가지고 있는 의식의 힘을 빌려 끌어오기 때문에 엄청난 힘의 소모가 있다. 나 자신이 어떤 일을 하고자 할 때는 엄청난 힘을 써야 하는데 에너지 소모가 크기에 생각하지 않는다. 내가 만일 너희와 같은 의식 구조로 되어 있다면 어떻게 세상에서 큰소리치겠느냐? 그건 자신 없는 일이고 언제든지 실수할 수 있다. 의식 구조 자체가 너희와 다르니 언제든지 사람들이 질문하면 무엇이나 사실을 보고 대답할 수 있는 것이다.

Q : 여래님은 해탈하셨기 때문에 필요하실 때 마음을 내실 수 있고 마음을 없앨 수도 있다는 것이죠?

스승 : 사람들은 자기가 가진 업이 생각을 짓고 마음을 일으킨다. 내가 사람들이 가진 번뇌와 망상을 보면 그 현상이 거울에 비추어지듯이 내 의식에 나타난다. 내 의식에 비추어짐으로써 어떤 행동이나 활동을 일으키게 되는데 나는 업이 없으니까 마음을 일

으키는 기관이 없다.

Q : 여래님은 보통 때는 마음을 안 내신다는 겁니까?
스승 : 마음을 일으키는 업 자체가 없어졌다. 만일 어떤 사람이 어떤 문제를 보였을 때 거기에 일체 감정이 개입하지 않는다. 그래서 사람들이 거짓말을 할 때 안타까움이 커진다.

Q : 여래님이 컵을 쳐다보시면 마음이 있습니까?
스승 : 컵 자체를 볼 때 컵은 보지만 컵이라는 인식이 나타나지 않는다. 앞에 있는 게 무엇인지 물어야 그때 컵이라고 말한다. 나는 있는 일을 보고 거짓과 진실을 보기 때문에 상대가 거짓을 진실이라 우기면 그때부터 안타까움을 느끼고 그것이 틀렸다는 것을 설명한다. 그래서 사람들의 비위를 상하게 할 때도 많다.

Q : 예전에 노인이 여래님을 보고 마음이 어디 있는지 물었을 때 손뼉을 쳐서 여기 있다고 했을 때는 여래님 마음을 보여주기 위해 손뼉을 치신 것입니까?
스승 : 그렇게 이해하지 말고 어렵게 생각하지 말라! 그 사람이 마음이 어디 있느냐고 물으니 손뼉을 쳐서 여기 있다고 지적해 준 것이다. 이 질문은 매우 좋은 것이 질문과 토론을 통해서 많은 것을 이해할 수 있기 때문이다. 내가 손뼉을 친 이유는 내가 손뼉을 쳤으니 나의 마음을 보라는 것이다.

Q : 제가 지금까지 배워온 마음의 정의와 다른데요. 만약에 컵을 이렇게 쳐다보고 있으면 제 마음은 컵 위에 놓여있는 것이라 배웠는데 선생님이 보면 어떠합니까?

스승 : 너는 컵을 쳐다볼 때 컵이라고 인식하고 있고 나도 봤기 때문에 컵이 있는 것을 기억한다. 설명하자면 내가 본 걸 스스로 인식하지 않고 보는 것이 무엇이든 마음에 담기지 않고 지나가 버린다는 것이다.

Q : 선생님은 보통 사람들이 헛된 생각과 실제로 존재하지 않는 생각을 하는 것 자체가 마음이라고 하시는 것 같았는데 사물을 보는 순간 마음이 일어납니까?

스승 : 어떤 사물을 봄으로써 의식이 마음을 일으킨다. 깨달은 자의 의식은 거울과 같기에 어떤 모습으로 닿아도 반응하지 않는다. 나의 의식은 이 컵을 보는 순간에는 그것을 느끼지 않지만 누가 물으면 컵이 있다고 말할 뿐이고 컵이 필요할 때 컵을 사용할 뿐이다. 이것이 무엇에 쓰는 것인지 이런 생각을 계속 마음에 담고 있지 않다. 마음의 정의(定義)는 어떤 사물을 보고 느끼게 되는 것이다. 어떤 있는 일을 봐도 나에게 크게 영향을 끼치지 않을 때는 지나친다. 너희가 질문할 때 그 질문을 보고 대답할 수는 있으나 어떤 의식을 표출하지 않기에 미리 무엇을 만들어 와서 강연하라거나 설명하라면 엄청나게 힘이 든다는 것이다.

Q : 우리는 어떠한 활동을 통해서 좋은 의식체를 만들 수 있습니까?

스승 : 행위가 없이 생각으로 스스로 깨닫는 일은 너무나 힘든 일이다. 행동을 통해서 정신이 건강해지면 몸이 건강해지고 몸이 건강해지면 생활이 건강해진다. 우리는 생활을 통해서 몸과 정신을 관리할 수가 있고 정신을 통해서도 생활과 몸을 관리할 수 있다. 움직이는 물을 관찰하면 힘이 존재하는데 고여 있는 물은 상하면서 기운을 상실하듯이 우리 몸에 있는 기운도 가만히 있으

면 의식이 죽어간다. 자신이 행동한 순간부터 의식의 작용이 생기니까 자기가 보고 경험한 모든 것을 의식하게 되고 판단하게 된다.

Q : 의식의 기능은 어떤 일에 대해서 계획을 세우고 실천하는 의지를 일으키고 만들잖아요?
스승 : 그래서 인간의 결정체는 활동으로 만들어지는 것이 아니라 활동을 통해서 새로운 의식을 존재하게 하고 의식체 속에서 결정체가 만들어진다.

Q : 의식체 속에 결정체라 하면 열매 속에 씨앗이라고 보면 됩니까?
스승 : 우리는 태어나서 일정 기간에 생명 활동하면 돌아가게 되고 또다시 새로운 몸으로 태어나야 하기에 언제까지 무슨 일을 기다리고 있을 수만은 없다. 인간의 결정체는 주변에 있는 어떤 관계로 이루어지는 것이 아니고 자기에 의해서 결정되니까 의식작용으로 같은 곳에 있어도 받아들이는 게 다르다. 결과 속에 존재하는 것을 자기 속에 받아들이기에 인간은 다른 생명체의 활동과는 다르게 보아야 한다.

Q : 사람마다 활동이 다른데 의식이 건강한 사람이 일하지 않으면 힘들잖아요?
스승 : 정신적으로나 육체적으로 허약한 사람들은 매일 일하는 것이 힘들고 건강한 사람이 매일 놀고 있는 것은 일하는 것보다 힘들다. 그런 면에서 나는 건강한 자이기에 세상에서 너무나 힘들게 살고 있다.

Q : 사람들이 힘든 노동을 하게 되면 의식이 좋아지는 것입니까?

스승 : 힘든 노동을 한다고 해서 의식이 좋아지는 것이 아니라 의지가 약한 사람이 노동함으로 해서 몸의 근육을 다스리게 된다. 있는 일을 보고 두려워하지 않으므로 자기 스스로 일하게 되고 좋은 결실 속에 의식이 들어있으니까 자기 속에 있는 좋은 의식을 찾아낼 수 있다. 깨달음이 있으면 의식은 좋아지지만 노동해도 깨달음이 없으면 힘만 들 것이다. 문제가 있는 사람은 노동을 통해서 자기 문제를 해결할 수 있고 깨달음으로 좋은 의식을 만들 수 있다. 의식은 과거의 생애로부터 오는데 노동함으로 해서 현실에 대한 두려움을 가진 사람의 정신을 변화시킬 수 있다.

Q : 사람들이 가끔 저 사람은 정신력이 좋다 또는 강하다는 말을 많이 사용하는데 정신력이란 의식인지요?

스승 : 운동할 때 의지를 꺾지 않고 포기하지 않았다면 정신력에서 사고(思考)가 나온 것이며 의식을 정신이라고 말한다. 누구는 강한 정신력을 가지고 있어서 일을 할 수 있었는데 누구는 정신력이 부족해서 일하지 못했다고 한다. 그렇다면 이때 쓰인 정신력이라는 말은 의지나 의식과 같은 말이라고 해도 되겠다.

Q : 의식이 좋아지면 좋은 현상이 어떻게 나타나게 되나요?

스승 : 좋은 현상이 나타나는 것은 의식이 감지(感知)하는 것이다. 의식은 어떤 사고(思考)를 보낼 수도 있지만 받아들이기도 해서 좋은 의식이 쌓이게 되면 감지를 통해서 나쁜 일의 예방이 가능하다. 예방하는 것이 자기를 덕이 있는 사람으로 만들게 된다. 좋은 마음을 가지면 능히 불행으로부터 자기를 지킬 수 있고 세상의 많은 재앙에서 자기를 충분히 방어할 수 있다.

Q : 만약에 전쟁터에서 아무리 덕이 있는 사람이라도 총알을 피해 가는 것이 아니잖아요?

스승 : 사실을 보고 판단하는 능력이 빠르다는 것이다. 총알이 날아오면 피하는 방법도 있겠지만 나는 어느 날에 무슨 일이 있을 것이라 말하는 사람이 아니다. 항상 상황을 보고 판단하는 능력이 있어야 자기를 지킬 수 있는데 이러한 능력은 깨달음으로 만들어질 것이다.

Q : 과거에 제가 사과를 하나 훔쳤거나 잘못을 저질렀다면 현실에서 어떻게 과거의 잘못을 바꿀 수 있겠습니까?

스승 : 과거에 어떠한 잘못이 있었다면 너의 의식 속에 이미 입력되었다. 한 번이라도 과거에 행한 일이 자기 속에서 계속 잘못을 만드는 길을 열기에 절대 잘못을 저질러서는 안 되는 것이다.

Q : 그러면 과거에 잘못한 일은 영원히 자기에게 남아있는 것입니까?

스승 : 그 일은 영원히 남아있지만 좋은 것을 받아들이게 되면 잘못된 것은 힘을 상실하게 되고 진실을 계속 들으면 흘러가는 물같이 자기에게 보이지 않고 흘러가 버린다. 깨달아서 좋은 일에 눈을 뜨게 되면 나쁜 일을 안 하게 되는데 그때부터 좋은 의식이 쌓이면서 업이 떨어져서 활동이 정지된다.

Q : 생명체의 신체 기관은 의식기관과는 어떻게 연결되는 것입니까?

스승 : 예를 들어 시골에서 작물을 하나 심어서 자라는 모습을 보면 쉽게 답을 얻을 수 있다. 지금은 못자리하고 있지만 벼가 커서

꽃이 피기 전에 나락은 절대 열리지 않으니 아무도 못 찾는다. 그러나 시기가 되면 꽃이 피고 나락이 열리게 된다. 벼가 익으면 일생을 마치게 되고 그 열매에서 과거에 모태 속에 있었던 일을 전부 관찰할 수가 있다. 모태 속에서 결과의 모태가 성장하는 과정에서 좋은 일이 있었다면 열매를 통해서 부활하는 생명에서 좋은 일들이 보이게 될 것이다. 좋은 인연이 없었다면 절대 좋은 인연은 안 보이게 되어 있다.

Q : 사람의 의식은 기체라고 하셨는데 느낌과 감정과 생각의 차이점이 궁금한데요?

스승 : 의식에 대하여 궁금하면 간단하게 생각해 보아라! 한 번 있었던 일이 자기의 의식에 들어가게 되면 컴퓨터 칩에 입력된 것처럼 지우기 전에는 그냥 지워지는 게 아니다. 계속 자기의 활동에서 튀어나오고 반복해서 자체가 존재하는 것이다. 한번 의식 속에 쌓은 업은 수백 년 수천 년도 자기 속에서 존재하고 어떤 문제가 풀리지 않고 생명이 존재하는 한 계속 존재한다. 그러니까 자기 속에 있던 같은 일을 두고도 사람들이 감정이 다르고 생각이 다르고 보는 시각이 다르다. 그것은 자기 속에 있는 모태에 있는 일들이 다를 때 일어나는 현상이다.

Q : 마음이 일어나는데 의식이 표출될 때 뇌가 움직이는 것이 자동차의 배터리와 같습니까?

스승 : 자동차의 시동을 걸 때는 꼭 배터리가 필요하고 의식을 표출하고 받아들일 때는 뇌가 아주 중요한 역할을 한다. 신경도 뇌에 연결되어 있어서 뇌를 정지시켜 버리면 꼬집어도 아프지 않고 칼을 가지고 몸을 수술해도 아프지 않다. 신경을 일시 차단해서

마춰시키니까 현실 속에 있는 걸 통해서 이해하도록 노력해야 한다. 자기 속에 있는 업의 활동으로 생활이 다르게 발생할 수도 있다. 모태에 있는 일이 똑같지 않으면 느끼고 보는 것이 다를 수가 있다.

Q : 사람이 사물을 느끼고 보는데 무엇이 어떻게 다르게 느끼는 것입니까?
스승 : 사람이 활동할 때 의식을 일으키면 마음이 생기게 되고 업이 활동하면 온갖 생각이 일어나게 되어 있다. 업의 활동으로 자기 속에 있는 일들이 움직이면 온갖 의식이 일어난다. 의식이 강한 힘을 가지고 있을 때는 현실에 있는 일에 탐구하려는 의욕이 심하게 일어난다. 계속 들으면 자기 눈에 보이니 수학을 모르는 상태에서 고등수학까지 하루아침에 터득하려고 하지 말라. 처음에는 1부터 알려고 노력해야 하는데 숫자만 알면 문제 만드는 방법을 알고 자기가 만든 문제의 답이 어디 있는지 알아본다. 수학이 세상을 운영하는 진리에서 나온 것이라고 볼 수 있다.

Q : 아기가 태어나면 부모를 닮는데 의식은 닮지 않는 것 같던데요?
스승 : 자식은 몸속에 순수한 기운 중에서도 진기로 아기를 만든다. 꽃이 피는 것은 나무가 섭취한 기운 속에서 진기가 나오는데 진기가 분출되면서 꽃이 피고 열매가 되는 것이다. 자기의 근본을 만들고 씨앗을 생기게 하는데 씨앗은 나무가 가지고 있는 진기를 흡수해서 나는 것이니까 나무 형태 그대로 입력이 된다. 나무가 가지고 있는 모든 성분이 그대로 입력되어서 심으면 똑같다. 근원을 해부하면 공기와 물과 과거에 입력되었던 나무의 성질이 거기에 그대로 와서 박힌다.

영혼의 실체

　인간이 사는 세계에는 하늘의 신(神)이나 최고의 성인들의 영혼이 올 수 없으며 세상에 오기 위해서는 인간의 몸으로 태어나야만 올 수 있다. 성인이 세상에 태어나야 할 이유는 세상은 법칙으로 존재한다는 사실을 중생들에게 알리는 것이다. 1차원의 세상에는 한(恨) 속에 사로잡혔던 영혼들이 애착에 얽매여서 고통을 해결하기 위해서 가까이에 나타나고 있다. 그들은 세상을 구할 수도 없으며 어떠한 문제를 풀어줄 능력도 없는 이해할 수 없는 사실을 사람들에게 보여줄 수 있을 뿐이다. 그 영혼들은 사람들의 몸을 괴롭게 하고 질병을 주고 몸을 망쳐서 고통에 빠뜨릴 수 있는 능력은 있다. 하지만 너희의 밝은 삶과 축복을 제공할 수는 없는 것이 그들의 정체이다.

Q : 영혼(靈魂)의 실체는 영과 혼이 같은 객체인지 영적인 장애가 의식 속에 어떤 영향을 미치며 장애를 방어하고 대비하는 방법이 있는지요?
스승 : 영체의 실체에 대하여 먼저 이해하는 게 중요하다. 생명의 탄생에는 두 가지 요소가 필요한데 하나는 의식의 부활이고 하나

는 육체의 탄생이다. 의식(意識)은 자기 속에 있었던 모든 기억을 바탕으로 성장해서 정신(精神) 활동을 한다. 예를 들어 어떤 작물을 심었을 때 생명 활동은 결정체를 만들고 결정체는 자기 모태 속에 있었던 일을 그대로 따라서 하고 모태와 똑같은 영체를 만든다. 열매는 죽어서 일정 기간에 떨어져 땅을 만나게 되면 뿌리를 내리고 다시 생명 활동을 시작한다. 세상에 있는 모든 생명체는 같은 원칙을 적용받기에 사람도 자기 모태 속에 지어 놓은 일을 계속 반복하고 있다.

Q : 인간만이 영체가 있고 동물은 영혼이 없습니까?
스승 : 인간의 영체는 에너지로 되어 있고 기운에 의식이 붙어 있는데 살았을 때는 정신활동을 한다. 그리고 생명활동이 끝나고 의식체가 가지고 있는 성질에 따라서 쉽게 윤회한다. 그런데 윤회되지 않은 영체는 실제로 인간의 몸속에 들어와서 몸을 장악할 수 있다. 예를 들어 총격 사건을 보면 자기의 뜻에 따라 한 일이 아니고 외부의 영체가 들어와서 한 일인데도 자기가 꿈에서 한 일처럼 느끼는 경우가 많다.

Q : 사람들은 영체를 눈으로는 볼 수 없는데 신(神)과 같은 것입니까?
스승 : 내가 존재하는 현상을 모두 보는 것은 깨달음을 이루고 해탈(解脫)해서 근본 세계를 보기 때문이다. 사람이 의식의 눈으로 보는 것이 있고 육안(肉眼)으로 보이는 게 있다. 인간의 결정체를 영혼이라 부르는데 동물이나 사람의 결정체는 눈에 보이지 않는다. 영체는 생활하면서 있게 되는 일을 의식에 모두 담고 다시 자기 속에 있는 인연을 통해서 부활한다. 영체는 에너지로 되

어 있기에 기운에 의식이 붙어서 존재한다고 수시로 말했다. 사람이 생명 활동할 때 정신이라고 하지만 육체가 죽으면 영체를 신이라고도 말하고 여러 가지 말로 표현한다. 영체라는 말 속에는 악마나 귀신 그리고 하늘의 신들도 전부 포함이 된다.

Q : 보편적인 삶을 사는 사람들은 사후의 세계에 많은 의문이 있는데 이해할 수 있게 알려주시겠습니까?

스승 : 나는 법칙을 통해서 삶과 죽음 그리고 죽음 후의 일들에 대해 많은 설법을 했으나 너희가 확실히 알지 못하니까 오늘 다시 말하겠다. 사후의 세계에 대해서 스스로 확인할 수 있는 간단한 방법이 있다. 예를 들어 하나의 씨앗에서 싹이 텄을 때도 열매를 볼 수 없는 것과 같이 인간은 살아서 영혼을 볼 수 없다. 의식의 결정체인 영혼은 생명의 인자를 간직하고 있다. 생명의 인자는 의식도 없는 근본 세계에서 과거를 잊어버리고 모태의 인자가 생명으로 태어난다. 사후의 세계에서는 영혼이 얼마나 머물 수 있는지 단정적으로 말할 수 없다.

Q : 사람의 수명을 미리 말할 수 없음과 같습니까?

스승 : 사람의 수명은 정해진 것이 아니지만 탐욕과 무지가 큰 영혼들은 사후의 세계에서 몇 십 년도 머물 수 있다. 무지와 애욕에서 벗어난 영혼은 사후의 세계에 머물지 않고 곧 세상에 돌아오게 된다. 인자를 싸고 있는 껍질과 같은 의식이 쉽게 풀어지므로 인자는 인연을 따라 몸속으로 들어가기 때문이다.

Q : 빨리 윤회하는 사람은 1년 안에 태어날 수 있습니까?

스승 : 사람이 죽어서 일 년 안에 태어나기는 어려운데 어머니의 뱃

속에서 10달을 기다려야 육체가 만들어지기 때문이다. 죽은 순간 모든 것이 흩어지고 바로 인자가 바탕을 만난다면 1년 안에 돌아오는 것도 가능한 일이다.

Q : 사후에 한(恨)의 세계에 빠지면 왜 오랫동안 머물러야 하며 빨리 돌아올 수는 없는 것인지요?
스승 : 한번 애착에 묶이면 쉽게 풀리지 않고 애착과 욕망이 클수록 한의 세계에 오래 머물게 된다.

Q : 한의 세계는 별도로 존재하는 특정한 공간의 차원입니까?
스승 : 한의 세계는 윤회하지 못한 영혼들이 이 세상에 머물면서 인간의 곁에 있다. 모든 생명은 인연에 따라 빨리 좋아질 수도 있고 빨리 나빠질 수도 있다. 가장 염려하는 사람들은 신이나 부처가 자신들을 구해 주리라고 믿는 사람들이다. 그들은 모두 한의 세계에 빠지게 될 것이며 때로는 동물로도 태어난다.

Q : 보통 일반인들이 말하는 신은 인간의 세계에 절대적인 영향력을 행사할 수 있는 어떤 존재를 두고 이해들을 하고 있는데 신의 세계가 실제로 존재하는지요?
스승 : 만일에 어떤 신이 인간의 세계에 절대적 영향력을 행사한다면 최고의 깨달음을 이룬 여래가 세상에 무엇 하려고 왔겠느냐? 중요한 것은 세상은 법칙으로 자기 속에 있는 문제에 의해서 만들어지고 결과가 나오게 되는 것이다. 있는 일에 의해서 메마른 땅에는 물을 주고 거름을 넣어야 그 땅이 자꾸 기름지게 변하고 좋은 곡식의 씨앗이 싹을 틔우고 열매를 맺을 수 있다. 그런데 메마른 땅을 가꾸지 않고 씨앗을 뿌리면 싹이 트기가 힘들게 된다.

그리고 싹은 충분한 영양소를 흡수할 수 없기에 과정에서 힘을 써도 좋은 결실을 얻지 못한다.

Q : 정신(精神)의 병은 뇌에 사진을 찍어도 나오지 않는다고 하던데 원인이 무엇이지요?

스승 : 의식은 눈으로 볼 수도 없고 사진을 찍어도 나타나지 않는데 육체의 깊숙한 곳에 기운에 붙어서 존재한다. 정신병 환자들이 뇌에 이상이 있어서 일어나는 게 아니고 사람은 뇌에 문제가 생기면 멍청해져 버린다. 그것은 의식의 표출이 안 되기 때문인데 그냥 말수가 적어지게 될 뿐이다. 뇌에 장애가 생기면 의식을 표출하고 받아들이는 영향이 있으니까 공부하는 데도 집중력이 떨어지는 것은 사실이다.

Q : 정신병의 원인이 밝혀지지 않았기 때문에 사람들은 대부분 추측하는데 귀신 때문입니까?

스승 : 귀신이라는 것은 영체이고 기운에 의식이 붙어서 존재하는데 우리 몸 자체도 기운 덩어리이다. 정신병 환자들을 보면 진단을 못하는 것이 환자의 99%가 다른 영체의 침입으로 인해서 생기는 것이다. 그래서 광기가 일어나든가 우울증이 생겨서 자살하든가 하는 경우가 많다.

Q : 귀신이 어떻게 남의 마음속을 들여다보는 것입니까?

스승 : 귀신이 사람들을 조종하고 다니는데 신에게 열심히 기도하면 제 몸 주는 것이다. 옛말에 잘못해서 귀신 붙으면 3대가 망한다고 양반집 딸들이 신이 내리고 귀신 붙으면 남부끄러워서 어디 가둬놓든가 했다는 이야기를 들었을 것이다. 예전부터 지금까지

정신병으로 고생하는 사람의 대부분이 이해할 수 없는 행동을 하는 것은 신이 붙어서 살기 때문이다.

Q : 미래를 예언하는 사람들도 귀신 들린 것입니까?
스승 : 내가 세계적으로 큰 귀신 붙은 사람에게 가서 큰소리로 그들에게 말하는 이유는 신의 실체를 알기 때문이다. 사람들이 알아듣지 못하는 이상한 외계인 소리를 하는 사람도 귀신 들린 것이다. 귀신은 사람의 속을 들여다보고 지나온 과거의 일은 잘 알겠으나 앞일은 그 속에 쌓여 있지 않기 때문에 절대 미래를 볼 수가 없다.

Q : 앞날을 예측하기 위해서 무당을 찾아가는 사람들이 많은데 귀신의 힘으로 미래를 볼 수 없습니까?
스승 : 행위의 법칙은 자신이 어떤 일을 얼마만큼 깨닫고 착실하게 하는지에 따라서 앞날이 좋아지고 나빠지는 것이지만 정해져 있는 것이 아니다. 아무리 좋은 운명을 가지고 태어나서 모태에 좋은 것이 많이 있어도 현실에 와서 망칠 수도 있다. 아무리 모태의 근원에 업장이 크더라도 현실에서 깨달으면 바꿀 수가 있는 것이 세상의 일인데 귀신은 절대 모른다. 그런데 생존해 있는 인간 중에서 귀신에게 속아서 항상 화근이고 자기 삶에 불행한 일들을 많이 만들고 있는데 매우 안타까운 일이다.

Q : 귀신이 붙어서 살면 다음 생애는 어떻게 됩니까?
스승 : 좋은 세상에서의 삶을 위해서는 과거의 모든 것을 끊어야 한다. 만일에 깨달으면 좋은 곳으로 가든가 그렇지 않으면 바로 즉시 윤회가 되어 버린다. 사람 속에 와서 붙고 외로워서 제사를

지내 달라거나 산 사람에게 피해를 주는 일은 안 하게 된다. 깨닫지 못하고 애착이나 욕망 속에서 한 속에 살게 되면 사람의 의지가 약해져서 헛것이 보인다. 귀신이 되어서도 자꾸 사람을 끌고 다니면서 자기를 자꾸 약하게 만든다. 그러니까 결국에 나중에 윤회가 되더라도 사람으로 못 돌아오고 짐승의 몸을 받든가 미물의 몸을 받는다고 하는 것이다.

Q : 저는 하나님을 신앙하는 곳에서 방언 기도를 3년 했는데 기도하면서 신이라는 존재에 대해 경험하고 실제로 신과 접촉하는 경험을 몇 번 했는데 좋은 일입니까?

스승 : 네가 겪은 경험은 매우 위험한 일인데 한번 신을 접하게 되면 신은 너의 몸에서 안 빠져나가려고 한다. 그런데 인간과 접하는 신들은 죽어서 윤회가 안 된 신이다. 우리가 살았을 때 몸속에 있는 것을 의식이라 하지만 몸이 고장이 난다든가 의식이 몸을 도구로 성장을 멈추고 몸을 이탈할 때를 사망이라고 말한다. 사망이 되면 의식체는 영체라고 말하고 신이라고 말하는데 이런 영혼들이 윤회가 안 되면 허약한 사람에게 찾아오게 된다. 결국 방언했다면 신을 받았다는 것인데 앞으로 빨리 사실을 깨우쳐야 한다. 그렇지 않으면 병원 신세를 지든가 매우 불행한 생활을 계속하게 된다.

Q : 정신(精神)과 영혼(靈魂)이나 신(神)에 대하여 자세히 설명해 주십시오.

스승 : 우리 몸은 하나의 의식기관과 육체기관으로 이루어져 있는데 정신이 어둡거나 무지할 때 귀신들이 접촉하면 의식기관에 침투한다. 자기의 영혼에 문제가 생기는 때는 몸에 이상이 생겨서 병

원에 가서 진단해도 혈청이나 유전자 검사나 엑스레이를 통해서는 진단할 수가 없으니 정신병으로 분류한다.

Q : 성직자나 도인이라는 사람들을 직간접적으로 경험해본 결과 각자의 수련이 최고라고 아집에 빠져있는 점이 매우 실망감이 들었는데 선생님은 어떻게 보시는지요?

스승 : 그들은 최고라 하지만 수련을 통해서 좋아진 자는 없었고 영을 받아서 나빠진 사람만 있었다. 영이 의식에 침투하면 심하게 이상한 현상이 오는 때에는 정신병원에 수용되기도 한다. 몸이 아프다고 호소하는 사람들이 병원에 가면 의사는 영의 실체를 모르니까 병이 없다는데 오진을 많이 해서 실수한다. 신들도 세상의 이치를 모르나 사람의 의식 속에 있는 것은 사람의 몸에서 나왔기 때문에 어떤 경우에 술(術)을 하나 터득해서 배우면 남의 의식을 보고 읽는다. 점쟁이들이 의식을 보고 조상이 언제 죽었다는 말은 하지만 그 이상은 모른다. 운명을 그곳에 맡겨서 보아달라고 하는 것은 매우 위험한 일이다.

Q : 사람의 정신이 어떻게 존재하며 만들어집니까?

스승 : 정신은 의식의 활동으로 만들어진다. 사람들은 누구나 의식이 활동하는데 만일에 활동할 수 없는 의식이라면 기형아다. 생각없이 동물처럼 주는 밥이나 먹고 일은 하지 못하고 분별력을 상실해서 살게 된다. 지적장애가 있는 사람 중에는 두 부류가 있는데 하나는 머리에 피가 돌지 않아서 뇌에 열이 발생해서 식물인간처럼 살아가는 사람이 있다. 자기와의 일을 통해서 자기를 변화시키고 정신을 만들어 가는데 활동하지 못하면 자기를 만드는 일이 부실하다. 그런 사람은 그냥 말이 없고 활동을 못 하는 것

뿐이다. 또 하나는 오늘날 종교나 여러 단체에서 가르치는 이상한 말을 만들어 아주 조리 있게 한다. 사람들이 사는 자체가 걱정이고 문제가 많아지면서 자기를 상실하게 되면서 영혼이 병들어 자기 정신으로 살 수 없게 된다.

Q : 이 시대에 자기 정신을 가지고 살려면 현실에서 어떤 자세로 살아가야 할까요?

스승 : 현실적인 사람은 배울수록 모든 행동이 분명하고 걱정 없어서 문제없이 살고 현실에서 좋은 자기를 만들어 간다. 그런데 말세에는 신이 내릴 곳이 없으니 풀잎에까지 내린다는 말이 이 시대에 있는 모양이다. 말세가 되어 세상이 망하면 자기 정신을 버리게 되고 영혼이 망해 버린 악마가 되는 것이다. 그러나 이곳에서 세상의 이치를 열심히 들어서 깨달으면 아주 정신이 강한 사람이 되어 살아갈 수 있다.

Q : 살아 있는 자의 일이나 죽은 자의 일이나 똑같이 보면 됩니까?

스승 : 농사 짓는 사람이 곡식을 심어놓고 파수꾼이 새가 날아오면 쫓고 돌을 던지고 하면 새가 앉지 못한다. 그와 같이 지켜주는 사람이 있는 곡식에는 도둑이 적게 들어오겠으나 무방비 상태에서는 위험하다. 열매에 벌레가 앉아 좋은 열매를 파먹고 싶어 하듯이 벌레나 미물도 그런 본능을 가지고 있다. 죽은 신도 사람의 의식에서 났기에 사람의 심리와 같이 순수한 기운을 좋아한다.

Q : 세상에는 이상한 일도 많은데 자동차가 자주 다니지 않는 길을 가다가 차에 치여 사고를 당했다면 어떻게 설명할 수가 있습니까?

스승 : 사람들이 이해할 수 없는 일을 주변에서 보게 될 때 무엇에 씌었다는 말을 듣게 되는데 의식이 허약하고 어두우면 실제로 비일비재하게 일어나는 일이다. 하지만 의식이 밝으면 신의 기운에 씌는 일이 없고 자신을 소중하게 생각해서 깨달음이 크면 재앙이 잘 오지 않는다. 모든 사고로부터 자신을 지키는 길은 건강함을 얻고 유덕해지면 사고가 줄어들고 피해 갈 수 있다. 의식이 좋아지면 에너지의 입자가 움직이는 파장을 쉽게 감지할 수 있게 된다.

Q : 지금 말씀이 현대 물리학에서 물질의 근원을 입자와 파동으로 보는데 선생님은 에너지를 감지합니까?

스승 : 우리의 의식은 진기(眞氣)로 만들어져 있으므로 아주 좋은 기운의 입자는 전파와 같아서 모든 뇌파를 발산하고 받아들인다. 입자는 사람의 눈으로 볼 수 없으나 나는 나의 의식으로 움직임을 감지할 수 있다.

Q : 사람이 삶을 잘못 살면 지옥에 간다고 말을 하는데 실제로 지옥이 어디 지정된 곳이 있습니까?

스승 : 세상에 지옥(地獄)이 있다고 함은 세상과 좋은 연을 맺지 못한 자들이 나쁜 인연에 빠져 거짓을 믿고 한을 의지하게 된다. 그러니 자신이 지은 인연에 얽매여 자신에게 있던 짐을 진자는 쉬고 싶어도 쉴 수가 없고 태어나고 싶어도 태어날 수가 없는 세계에 머무르는 곳을 지옥이라고 말한다.

Q : 삶을 잘못 살면 죽은 후에 얼마나 큰 고통을 보게 되며 지옥이 어떻게 존재하는 것인지요?

스승 : 흐르는 물이 흐름을 멈추게 되면 편안한데 문제는 흐름을 멈춤과 동시에 부패가 일어나고 그 속에서 이끼가 낀다. 다시 말하면 바위에 있는 기운이 분해되어 물속에 기운이 빠져서 활동을 멈추면 바위에서 이끼로 변한다. 사람의 영혼이 육체를 떠나서 허공에 둥둥 떠 있을 때는 아무런 고통이 없고 몸과 영체가 유체이탈하고 나면 몸이 가지고 있던 고통이 멈춰진다. 당시에는 생명 속에 힘이 있으니 중력의 영향을 받지 않는 동안은 매우 편한데 시간이 갈수록 고통스러운 곳이 지옥이 된다. 영체도 삶을 잘못 살아서 업이 무거우면 아래로 내려오게 되는 이치이다.

Q : 지옥이 너무 고통스러우니까 선택할 수 있는 곳을 찾아서 인간 속에 많이 내려오려고 하는 것입니까?

스승 : 내가 설명하고 있는 것은 사람이 도저히 통과할 수 없는 곳에도 영체는 에너지이기에 통과할 수 있다. 이러한 한(恨)들이 사람에게 접근해서 몸에 들어오기 위해서는 기운이 왕성한 곳에는 들어갈 수 없으니까 허약한 의식을 가진 사람의 몸을 찾아 들어갈 수 있다.

Q : 무당이나 도를 한다는 사람들은 귀신이 들어온 것인지 귀신을 보았다는 사람은 무엇을 본 것입니까?

스승 : 인류가 존재하면서 가장 먼저 생긴 직업이 무당이다. 사람이 살다가 죽어서 윤회하지 못한 영혼이 귀신이 되어 사람에게 붙어서 비밀을 훔쳐보고 이야기하는 일들이 많았다. 육체가 없는 영체는 기운이기에 사람들에게 보이지 않으나 귀신은 사람의 의식을 보고 비밀을 알 수 있다. 사람들은 있는 사실을 모르니까 영혼을 달랜다고 굿하고 했는데 문명사회에는 그런 일을 가르치

지 않는다. 다른 영체가 들어온 사람이 도를 가르친다고 하는 대로 따라 하게 되면 기운이 머리에 있는 백회를 통해서 몸속으로 들어온다. 그때 자기 속에 무엇이 들어왔는지 알기가 어려운데 육안(肉眼)으로 볼 수 없기 때문이다. 몸속으로 들어오는 때부터 이해할 수 없는 사람으로 변하고 어느 때는 멀쩡하다가 갑자기 과거에 볼 수 없는 행동이 튀어나온다.

Q : 전생을 기억하는 사람이 있다는데 부활한 것입니까?
스승 : 사람이 죽었다가 한번 부활하게 되면 과거를 버려야 올 수 있다. 그런데 자기의 과거를 기억하는 것이 의식의 소멸이 되지 않았다면 귀신이 몸속에 들어와 있다는 증거이다. 의식체가 소멸이 안 된 영체가 말하는 내용은 과거에 죽어서 윤회가 되지 않고 사람 몸에 붙어서 살아 있는 것처럼 행동하면서 환생이나 부활한 것처럼 행동한다. 죽은 영혼이 한을 해결할 수 없는 상태에서 갓 태어난 아이나 우매한 사람의 몸에 들어가서 그 몸을 이용하는 경우가 많다. 자기가 죽지 않고 영원히 살아 있다는 것을 보이려고 노력하는 것이다.

Q : 요즘 가르친다고 하는 곳을 가보면 느끼는 것이 사람이 우주의 기를 많이 마셔서 건강해진다는 소리는 진실이 무엇입니까?
스승 : 우주에서 사람의 몸에 좋은 기(氣)가 있는지 없는지 나는 모르겠는데 지상에는 몇 만 피트까지 관찰하면 중력 속에 기운이 가득 차 있다. 어떤 방법을 통해서 기운과 접할 수 있는데 좋은 기운도 있고 나쁜 기운도 있다. 심지어 죽어 있는 귀신의 기운도 있고 온갖 생명체에 존재했던 기운들이 섞여 있다.

Q : 그러한 가르침이 인간의 건강과 생명에 도움이 된다고는 믿으면 안 되겠네요?

스승 : 산에서 나오는 물이라고 무조건 좋은 물이 아니고 철분이 많은 물을 마시면 배탈이 나곤 한다. 보이지 않는 기를 좋은지 안 좋은지도 모르고 받아들이는 것은 병을 낫게 하는 것이 아니고 문제를 만드는 것이다. 요즘 많이 나타나는 현상이 나쁜 영혼을 가진 사람이 죽어서 자기의 한을 풀기 위해 허약한 사람에게 접근해서 글을 쓰게 한다. 그리고 어떤 사술(邪術)을 부려서 사람을 속여 책을 만들게 해서 그 내용으로 사람들을 유혹하게 만든다.

Q : 악마(惡魔)와 한(恨)은 어떤 차이가 있는지요?

스승 : 한은 애착과 무지에서 만들어지는데 삶의 결과물이 영체이고 동물은 보통 기체로 만들어지며 식물의 경우 열매를 보면 기운이 고체로 변화되어 있다. 인간의 영혼은 고체가 아니라 기체로 진기에 의식이 붙어서 존재하는데 의식이 나타날 때를 신(神)이라고도 하고 영혼(靈魂)이라고 부르기도 한다. 의식이 사라질 때 윤회했다고 하는데 다른 곳에 태어났다고 말하는 것이다.

Q : 여래님이 어떤 사진 속의 인물이 악마의 기상이 있다고 하실 때 악마와 한이라는 존재가 어떻게 다른지요?

스승 : 한은 죽은 자의 영혼을 말하는데 죽은 자의 유혼(幽魂)이 와 있는 것을 보고서 한이 붙었다고 한다. 어떤 사람들은 무당을 보고 귀신이 붙었다고 하는데 나는 한이 붙었다고 말한다. 그 말은 죽은 자의 마음이 따라다니고 붙어서 다닌다는 것인데 한이 붙은 것이나 귀신 붙은 것이 같은 뜻이다. 그런데 죽은 기운이 붙

은 사람의 얼굴은 항상 짓눌려 있고 잠을 잘 자지 못하고 망상을 많이 하므로 기운이 매우 허약해져 있다. 한이 많아서 지옥에서도 의식이 죽지 않고 인간을 망하게 하는 귀신을 악마(惡魔)라고 한다.

Q : 병원에서 정신이 이상하다고 하면 정신병원으로 보내고 약물치료를 하는데 정신이나 의식은 뇌를 사진 찍어서 볼 수는 없잖아요?

스승 : 자동차에서 배터리로 전원을 생산해 내는 것처럼 뇌는 사람의 머리 일부분의 구조에 불과한데 사람의 운명이나 마음은 의식 속에 담겨 있다. 사람의 의식에 문제가 있으면 미치기도 하고 자살하는 사람도 있다. 공부를 잘하고 못하는 건 뇌가 중요한 역할을 하는데 뇌가 활발하게 움직이면 사물이 잘 보여서 판단력이 높아지고 시각이 밝아진다. 그러나 뇌가 아무리 역할을 잘한다 해도 학교에서 수석은 할 수가 있지만 의식 속에 있는 일을 바꾸는 일은 불가능하다.

Q : 깨달음은 머리로 지식을 얻는 게 아니고 의식으로 실상을 깨닫는 것이라고 봐야 합니까?

스승 : 몸은 음식을 먹어 기운으로 살고 있지만 의식은 자기가 보고 듣고 배운 것을 먹고 성장을 하는 것이다. 그러니까 의식이 좋아야 좋은 일도 할 수 있고 의식이 나빠야 나쁜 일도 할 수 있는데 사람이 나빠지기는 매우 쉽지만 좋아지는 것은 매우 어렵다.

Q : 만일 동물이 영혼을 가지고 있다면 사람의 의식과는 어떤 차이가 있으며 동물들도 생각하고 느끼고 고통 받는 감정이 있습니

까?

스승 : 세상에 귀신이 존재하는 것은 사람들의 한(恨)이 크기 때문이다. 동물은 의식이 약하기에 실제로 사람 귀신을 보았다는 사람은 많은데 동물 귀신을 보았다는 사람은 드물다. 의식이 순수한 사람은 한이 없고 윤회가 빠르다. 사자가 사슴을 잡아서 먹는 것은 동물의 본능이고 배가 고파서 먹었고 아무런 가책이나 후회도 없으니까 한이 없다. 사슴이 사자에게 물려 죽을 때 약하기 때문에 죽는다는 것을 그 세계에서는 알고 있다. 그래서 본능적으로 도망치는 것이니까 죽어도 한이 남지 않는다. 하지만 동물 귀신이 가끔 나타나는 예는 인간에게 양육된 짐승에게 영혼이 나올 수 있고 그 동물이 한을 갖게 되면 동물 귀신이 나타날 수도 있다.

Q : 여우에게 혼불이 나온다고 하는 말을 들은 적이 있는데 사실인지요?

스승 : 중요한 이야기이기에 여우를 정밀하게 투시해 보고 몇 가지를 관찰하면 느낄 수 있는데 한이 없으면 절대로 인간 세상에 귀신으로 나타나는 일은 드물다.

Q : 사후세계는 죽어서 존재한다면 누구나 볼 수 있습니까?

스승 : 사람이 죽어서 사후의 세계를 만났을 때 자기가 살아있는 것과 똑같은 의식이 있다면 이 문제에 대해서 심각하게 생각해야 한다. 왜냐하면 죽었는데도 태어나는 생명의 세계로 돌아오지 못하는 것은 영체 속에 있는 의식이 세상의 일에 붙잡혀 있기 때문이다. 그래서 영체가 자기 속에 가지고 있는 의식을 버릴 수가 없으니까 영체가 의식을 조종해서 계속 활동하게 된다. 이럴 때

자기가 살면서 좋은 일로 만든 좋은 진기를 상실하게 된다. 생명의 활동을 통해서 나타나게 되는 근원의 기운이 어떤 인연과 부딪쳐서 생명으로 환생하게 된다. 인간의 생명에서 만들어진 기운이 망하면 동물로 이동할 수도 있다.

Q : 만일 사후에 자신이 살아있는 것같이 착각하면 미래에 어떻게 심각한 일이 일어나는지요?

스승 : 자기가 죽었더니 누가 울고 하는 것들이 보인다면 그 영체는 문제가 있는 것이다. 그런 책을 써 놓으면 사람들은 죽음의 세계가 어떠한지 궁금하고 신기하게 생각하고 읽을 것이다. 그러나 만일 자기가 죽게 되었는데 살아있는 현상과 똑같다면 빨리 그 의식을 버리도록 노력해야 한다. 산 자가 어떤 일에 괴롭다고 목을 매달아서 생명을 끊는 일도 어려운데 죽은 자신의 의식을 버리는 일은 참으로 어렵고 힘들다. 그래서 죽지도 못하고 산 것도 아닌 지옥을 보게 되는 것이다.

Q : 만약에 그러한 지옥을 본다면 의식을 어떻게 버릴 수 있습니까?

스승 : 그런 경우에는 깨달아야 하는데 살아생전에 있었던 모든 일들을 이해하고 애착이나 한을 일으키지 말고 털어버리는 것이다. 나는 죽은 자이니 다시 태어나기 위해서는 가지고 있는 의식을 버려야 한다고 노력해야 지옥을 벗어날 수 있다. 생각을 일으키지 않는다는 것은 활동하지 않는 것이기 때문에 의식 자체가 아주 빨리 소모된다. 그래서 영체는 자기 속에 있는 의식을 상실하게 되면서 근본의 세계에 오는 것이다. 근본의 세계는 죽음과 마지막의 자리이며 시작의 자리이다.

Q : 근본의 세계를 반야(般若)의 세계라고 하는 것입니까?

스승 : 근본 자리는 한 생명이 활동을 통해서 얻는 모든 것을 끝나고 결정체만 가지고 태어난다. 이 자리에는 의식이라는 게 존재하지 않고 생명을 가진 자가 영체로서는 이 자리를 절대 볼 수 없다. 그러니까 귀신은 죽어도 반야의 세계를 볼 수가 없는 것이다.

Q : 과학적인 실험을 통해서 귀신이 어떤 형태로 활동하는 것을 알 수 있을까요?

스승 : 귀신은 죽은 자가 아직 의식이 전부 해체되지 않았고 그대로 존재하기에 자기 속에 있는 의식대로 행동하는 것이다. 어린아이는 태어나면서 과거에 어떤 학자라도 그가 가지고 있던 모든 기억이 상실되어야 한다. 아무것도 없는 무기(無氣)가 되어야 태어나는데 이런 일은 여러 곳에서 실제 실험을 통해서 밝힐 수가 있다.

Q : 변하지 않는 기운이 우리 몸속에 들어와서 나쁜 작용을 일으키는 것이 귀신의 기운 때문입니까?

스승 : 귀신은 의식이 살아 있기에 사람들의 몸에 들어가서 피해를 줄 수가 있다. 몸속에 들어와 있지만 몸의 주인이 하고자 하는 일과 귀신이 하고자 하는 일이 서로 반대될 때가 있다. 그럴 때 어떤 귀신들은 밥을 먹지 못하게 해서 굶긴다거나 잠을 못 자게 해서 미치게 할 수도 있다. 그렇지 않으면 사람을 허약하게 만들어서 끌고 다니는데 자식이 귀신에게 붙잡혀 미쳐 있는데도 부모가 못 알아볼 때도 있다. 왜냐하면 부모가 자식의 문제를 알아보는 능력이 없기에 오는 현상이다.

Q : 사람의 육체에 귀신이 들어오면 기운이 동화하지 않으니까 질병을 만들고 장애를 일으키게 하겠네요?

스승 : 우리가 음식을 먹으면 음식 속에 있는 것은 전부 자기가 가지고 있는 모든 세력이 해체되어 버리고 무기(無氣)가 된다. 그래서 몸속에 들어오면 몸이 필요한 기관의 세포로 변해서 뼈가 필요한 곳에는 그 성분이 뼈가 성장하는 곳을 도와준다. 간의 성분을 가진 것은 간의 활동이 필요한 데로 넣어주고 심장에 필요한 성분을 가진 것은 심장으로 넣어준다. 독성을 가진 물질이 우리 몸에 세포를 잡아먹고 동화되지 않게 되면 종양으로도 변할 수 있고 궤양을 일으키게도 할 수 있다.

Q : 세상을 잘못 살게 되면 죽어도 살아 있는 거와 같은 세계에서 의식을 가지고 머물게 됩니까?

스승 : 너희가 알지 못하는 세계의 많은 비밀이 존재하고 있다. 귀신은 몸이 죽었는데도 영혼이 죽지 못하니 너무나 고통스러워서 인간의 곁으로 들어오게 되는 것이다. 그때 의식이 강하거나 밝은 사람에게는 절대로 들어오지 않고 의식이 어둡고 무지한 허약한 자에게 들어와서 온갖 장난을 한다. 그래서 귀신을 섬기라고 해서 제사를 지내게 하고 다른 귀신들을 청해서 온다. 그런 곳에 사람이 한번 가면 아편을 먹은 것처럼 중독 증세를 보여서 벗어날 수가 없다.

Q : 육체를 가지고 있지 않은 귀신들도 다른 사람의 영혼을 볼 수가 있습니까?

스승 : 모르는 사람은 모르는 사람의 이야기를 좋아하는데 아는 사람하고 모르는 사람하고 대화하면 사실 상당히 답답한 문제들이

많다. 만일 귀신을 볼 수 있는 사람이 와서 사실인지 거짓인지 확인해 보면 된다. 나는 귀신을 보지는 못하지만 내가 보려면 몸속에 들어와 있는 기운은 나의 기운으로 사람을 도울 수도 있다. 만일 귀신이 너희를 괴롭힐 때 나는 의식을 연결해서 거기에 있는 다른 사람의 영혼을 볼 수가 있다. 여기에 귀신을 부리는 사람이 귀신을 데려오면 어떻게 제거하고 내 말이 맞는지 틀리는지 하는 것을 보여주고 확인하게도 할 수 있다.

Q : 귀신 들린 사람에게 무엇이나 배우면 지옥에 빠질 수도 있겠네요?

스승 : 지옥에 있는 자가 보는 것은 지옥뿐이고 천국에 있는 자는 본 것이 천국뿐이다. 지옥에 있는 자가 천국을 볼 수 없으니까 그들은 사실을 빼놓고 공부하고 있다는 사실이다. 그리고 사실을 빼놓고 대답하고 남을 가르친다면 결과적으로 거기서 배운 자도 자기의 의식을 망쳐 버리게 되고 가르치는 자도 그 일로 인해서 자기를 망치게 된다.

Q : 선생님의 말씀이 영이나 신은 실체가 있다면 살아있는 사람과 다른 점은 무엇이며 공통점은 무엇입니까?

스승 : 사람이 죽어서 업이 없는 영혼은 인간의 세계에 오지 않으며 한과 애착을 가진 영혼만이 인간의 세계에 머물게 된다. 귀신이 사람의 몸에 들어온다니까 처음으로 듣는 사람들은 이해하기 힘들 것인데 내 말의 뜻을 잘 이해해야 한다. 어떤 사람이 아내를 사람들에게 소개할 때 마누라라고 할 때도 있고 어떤 경우에는 부인이라고 할 때도 있는데 같은 대상을 두고 말하는 것이다. 이같이 신이나 영혼이나 귀신이란 말들은 같은 대상을 두고 말하

는데 하층의 영혼들을 대부분 귀신이라고 보면 된다.

Q : 과학자들도 아직 귀신의 존재를 밝히지 못하고 있는데 삶을 살다가 죽은 영혼이 귀신이 되었다면 어떻게 존재합니까?
스승 : 사람의 육체는 부모로 인하여 받는 것이고 생명의 근원은 자기로부터 나는 것이다. 나도 자식을 키우고 있지만 자식은 인연으로 인하여 내가 결혼했더니 부모의 몸을 빌려서 태어난 것이다. 그러니 나와 똑같을 수는 없고 영체의 근본은 다르다. 귀신이라는 걸 투시하면 근원은 에너지인데 의식이 붙어 있다. 의식 속에는 자기가 활동하면서 있었던 모든 기억이 입력되어 있는데 의식이 사라지지 않으면 죽어도 절대 태어나지 못한다. 세상에 다섯 살 된 아이가 대학에서 배우는 수학의 어려운 문제를 풀고 한문을 쓰고 하면 신동이 태어났다고 한다. 그러한 일은 신문이나 방송에도 나오는데 비밀을 알고 보면 태어나는 아이가 몸속에 귀신이 들어갔을 때 일어나는 현상이다.

Q : 사람들이 어떤 선택을 결정할 때 어떤 알 수 없는 이상한 영향을 받게 된다면 귀신 때문입니까?
스승 : 오늘날 세상에서 신으로 인한 피해는 이루 말할 수가 없다. 너희는 신에 대해 이해를 잘못하고 있는데 신은 도대체 누구인가? 며칠 전에 철학관을 운영하는 주인이 방에 불을 질러서 타죽었다는 기사가 방송에 나왔는데 신과의 대화를 위해서라고 했다. 생명체에서 벗어나 있는 의식체를 신(神)이라고 한다. 죽은 자의 영혼도 신이라고 하는데 육체가 없는 신은 인간에게 혜택을 주는 일이 불가능하다. 부처의 신이나 창조 세계의 신은 인간의 곁에 오지 않는다. 하늘의 신들이 인간의 세계에 올 때는 사명을

가지고 인간의 몸으로 오는데 뛰어난 재능과 지혜가 있어 사람들이 천재라고 부른다.

Q : 인간의 곁에 나타날 수 있는 신 자체는 깨달음이 없기에 나타나는 것입니까?
스승 : 그런 현상은 99%의 귀신이 애착과 원한의 관계에 붙잡혀 있는 죽은 영혼들이었다. 나를 죽이려고 하는 악마 때문에 내가 신들의 세계를 본 적이 있었다. 그곳에서도 로켓포를 만드는 군대나 조직을 갖춘 세계도 있었고 바이러스를 만들고 있고 인간의 세계와 닮아 있었다. 떠돌아다니는 귀신도 있고 교회 믿다 죽은 귀신도 있고 종교 계통에 있었던 귀신도 많았다. 그들은 한을 가지고 있기에 신의 힘으로 사람에게 도움이 되는 일을 하는 것은 너무나 힘들다는 사실이다.

Q : 여래님의 힘으로 신들을 못 오게 해서 사람들을 도울 수는 없습니까?
스승 : 나는 깨달음을 얻고 사람들을 도우려고 많이 노력했었다. 그런데 사람들은 나의 도움을 아무도 원하지 않고 신의 도움을 원했기에 나는 이 나라에 큰 도움이 될 수가 없었다. 사람들은 신에 대해서 너무 모르기에 신들린 사람들 대부분이 진리를 팔고 있는데도 알지 못한다.

Q : 사후의 세계에서는 어떤 일들이 있기에 신이 되어서 인간의 세계에 나타나고 영혼들은 그곳에서 벗어날 수 없는지요?
스승 : 신으로 인해서 불행해진 사람들은 많았으나 귀신으로 인해 구원받은 사람이 없다는 게 중요하다. 사술(邪術)을 부리는 힘이

센 신이 오면 따라다니는 신을 하나씩 붙잡아서 사람 속에 넣어 버리면 그냥 미친 사람으로 변해 버린다. 자기 정신을 상실하고 이상한 짓을 하는데 그때부터 마이크를 잡고 길거리에 나와서 예수를 팔고 도를 팔면서 떠들고 다닌다. 그러다 보면 자기의 삶을 버리게 되어서 신이라는 존재 때문에 산 자가 죽은 자로 인하여 피해를 본다. 그러한 사례가 최근에 한국 사회에는 그 숫자가 이루 말할 수가 없다.

Q : 세계를 여행하면 한국처럼 길가에 병원과 약국이 많은 나라를 구경하기 힘든데 많은 환자의 병이 혹시 죽은 자들의 영향이 있는지요?

스승 : 죽은 자들이 세상에 영향을 행사하려고 하는 과정에서 사람의 육체 기능에 고통을 느끼게 되는 확률이 높다. 이러한 질병은 실제로 병원에서 치료해도 일시적으로 낫는 것 같지만 또다시 재발하게 된다. 신병의 예방은 사람들에게 깨달음을 통해서 잘못된 곳에 빠지지 않게 하는 것이다. 내가 사람들에게 애착을 끊으라고 자주 말하는 것이 애착이 온갖 불행을 만드는 원인이기 때문이다.

Q : 한국이 유달리 원인을 모르는 질병이 다른 나라 보다 많은 이유는 무엇입니까?

스승 : 한국 사람들의 삶이 애착과 무지 속에서 살다가 죽을 때 윤회가 되지 않으므로 영혼이 머물 곳이 없으니까 사람 속에 온다는 사실이다. 그래서 사람의 기운과 영혼의 기운이 차이가 있으므로 몸이 무거워지거나 통증이 오는 경우가 있고 알지 못하는 질병의 현상이 일어난다. 너희가 사람들에게 세상의 있는 일에 눈

뜨게 해서 부질없는 애착이나 원한에 얽매이지 않게 해야 한다. 일생을 잘못 사는 일을 초래하지 않으면 이 땅에도 원인 모를 병으로 신음하고 고통 받는 사람이 적어질 것이다.

Q : 원인 모를 질병의 고통으로 살아가는 사람이 여래님의 도움 없이 스스로 회복하는 것이 가능합니까?
스승 : 신으로 인한 병이나 죽어가는 사람은 어쩔 수 없다고 해도 육체적인 질병은 나의 도움 없이도 회복하는 것이 가능하다. 우리의 몸에 들어간 어떤 물질이 변질이 되면서 독성을 일으켜서 옆에 있는 기운을 모아서 병을 만드는 경우가 대부분이다. 종양이나 궤양이 생기는 것은 약물을 사용하여 중화시키면 된다. 그리고 육체 안에 세포 자체도 자기에 대한 애착이 있는데 저항력으로 자연치유가 되는 병도 있다.

Q : 어떤 의식체가 몸에 들어와서 생기는 질병 중에 여래님의 도움 없이는 치료가 안 되는 것도 있습니까?
스승 : 사람들이 알기가 매우 어려운데 한번 애착을 가진 힘이 몸속에 들어오면 몸을 자기 집으로 생각하고 절대 나갈 생각을 안 한다. 어떤 경우에는 상대의 의식을 억누르고 자기를 표현하기 위해서 의식을 내보내게 되는데 다른 사람들이 보게 될 때 조금 이상한 사람이 되었다거나 미쳤다는 표현을 한다.

Q : 여래님이 신으로 인한 질병이 있는 사람에게 도움을 주게 되었을 때 어느 정도의 힘을 사용할 수 있습니까?
스승 : 나는 사람들이 이해하지 못하는 힘을 가지고 있다. 이 힘은 보이지 않는 어떤 의식체를 추적할 수 있는데 붙잡아서 그냥 끄집

어낼 수가 있다. 지금까지 누구에게도 없는 기능을 사용하는 것인데 나의 체내의 기운은 일반 사람과 틀린다. 이것을 곧 과학자의 세계에서 나의 몸에 얼마만큼의 순수한 기운이 존재하는지를 실험하도록 해볼 것이다. 나의 손이나 의식이 상대에게 닿으면 상대가 독성을 가지고 있을 때 모든 나쁜 기운이 나의 몸으로 빨려 들어온다. 그러면 독성이 사라져 버리기에 상대의 아픈 곳이 사라지게 된다. 그러한 현상은 독성이 중화되어서 상대방의 나쁜 기운이 나의 몸 밖으로 빠져나오면 악취가 난다. 병원에서 고칠 수 없는 병을 내가 고칠 수 있는 상황이 가끔 있는데 그런 경우는 있었던 사실을 두고 말할 수 있다. 사실을 밝히려면 과학자들 앞에서 어떤 사례를 놓고 보아야 한다.

Q : 병을 가진 사람 중에서 죽은 자의 영혼과 연관이 있다면 그의 병을 치료해 주게 되어도 원인이 존재하는 한 또다시 나타날 수 있겠네요?

스승 : 죽은 자의 영혼을 가진 사람에게 병을 낫게 해주는 일이 좋은 일인지 좋지 않은 일인지 이번에 알았다. 내가 병을 치료한 이후에 어떤 일이 일어날지 마음대로 할 수 없었다. 내가 그 사람의 질병을 보고 접촉하고 난 후에 나의 몸에 종기가 온 사방에 생기고 통증이 오기 시작하면서 누구에게 맞은 것 같이 얼굴이 부었다. 몸무게가 빠지고 우리가 보통 생각하는 일이 아니었지만 이러한 일은 실제 있었던 일이고 진실이다. 귀신이 자기의 영역에 와서 자기를 해치려 했으니 나를 죽이려고 하는 건 이해가 되었다. 그런데 병을 고친 사람이 병을 고쳐준 나에게 왜 화를 내고 그렇게 날뛰는지 이해하기 어려웠는데 많은 교훈을 얻었다. 세상에는 온갖 일들이 있으니 너희가 보지 않고 확인하지 않은 일

은 믿지 말고 항상 의문스러운 일이 있으면 꼬치꼬치 계속 물어서 진실을 알도록 노력하면 된다.

Q : 질병의 원인으로 죽은 기운들이 들어오는 통로가 어느 곳에 제일 많습니까?
스승 : 지금까지 내가 확인은 전부 하지는 않았으나 통로는 여러 곳이 있다고 믿고 있다. 이 기혈 구멍을 통해서도 들어올 수도 있고 보통 음식을 통해 속으로 들어올 수 있다. 대부분 철학을 한다는 사람들에게 들어온 기운은 머리 대뇌 끝에 와서 붙는다. 그리고 성을 잘 내고 하는 사람은 가슴으로 와서 어깨에 붙고 다리에 쥐가 나고 아프고 허리가 삐뚤어진 사람들도 있다. 이 기운이 몸 안에 돌아다니면서 활동하면 우리의 몸 기관에다가 나쁜 영향을 미칠 수가 있다. 그래서 각각 다른 현상이 나타나는데 대뇌에 붙으면 영감(靈感)을 집어넣어서 어떤 때는 목소리도 들리고 어디로 가라고도 한다.

Q : 가위에 눌린다는 것도 일종의 신을 접하면서 일어나는 일입니까?
스승 : 몸이나 의식이 허약해서 가위가 잘 눌리는 사람은 가위가 왜 눌리는지 그 원인을 관찰해야 한다. 사람들이 가위에 많이 눌린다고 했지만 내가 의식이 연결되면 볼 수가 있는데 그 당시에 연결되지 않은 상태에서는 볼 수 없다. 내가 어떤 정신분열 환자를 한 번 치료했는데 담요를 뒤집어 쓰고 다락에 올라가서 덜덜 떨더라고 했다. 그때 곁에 있던 사람이 여래님 사진을 놓고 기도하라고 했다는데 다음에 와서 하는 말이 이번에는 사진에 괴물만 보이더라고 했다. 그래서 집에 누워서 이야기를 듣고 삼매에

들었더니 괴물이 보이기 시작해서 잡아서 손발을 전부 묶고 처리한 후부터는 안 나타났다는 것이다.

Q : 여래님은 괴물을 어떻게 볼 수 있는 것입니까?
스승 : 내가 삼매에 들면 나는 죽은 자의 세계도 아니고 산 자의 세계에 있는 것도 아니다. 신들의 세계에 있는 영혼들은 나의 의식보다 차원이 아래이니까 유일하게 그 세계에 들어가서 볼 수가 있는 사람은 나뿐이다. 보는 것도 서로의 의식이 통해야 보는데 나는 남의 마음을 보는 것을 거부했다. 내가 지나가는 사람한테 무슨 일이 있는지 알아보려면 앉아서 의식을 집중하면 그 사람의 몸에서 어떤 현상이 나타나는지 정도는 알 수 있다. 나의 의식이 몸의 밖으로 나오면 되는데 나는 신을 통하는 건 아니고 위험한 일이기에 절대 해서는 안 되는 일이다.

Q : 저는 명상하고 있었는데 빛이 빨대에 뿜어져 나오듯이 관자놀이 부분을 때려서 고통스러웠던 적이 있는데 선생님은 이러한 현상들을 설명해 주실 수 있습니까?
스승 : 네가 경험할 수 있었던 영적인 접촉을 하는 사람 중에 네가 겪고 있는 일도 수만 가지 현상 중에서 하나이다. 여기서 더 발전된 해답을 원할 때는 네가 있었던 일을 내가 조금 더 알게 될 때 그 문제를 보고 정확하게 대답할 수 있다. 어떤 모태가 형성되는 과정에 우리가 알아볼 수 없는 업들이 그 속에 영과 접촉할 때 영이 가진 성질이 그런 일을 일어나게 한다. 그러니까 정확하게 분석하려면 문제 파악이 되어야만 가능하다.

Q : 제 속에 있는 고통을 끊을 길이 없는데 어떻게 해야 합니까?

스승 : 우리가 살아가면서 필요한 것은 문제를 아는 것이다. 어떤 일이 어떤 일로 해서 생기게 되는지 문제를 알므로 해서 우리의 삶이 어려운 문제를 만들지 않고 문제를 풀면서 살아가도록 자기를 인도하는 것이 바로 깨달음을 원하는 삶이다. 이런 문제를 알고 이곳에 오기가 힘들지만 배워서 너의 속에 쌓여 있는 의식이 변해서 애착과 한이 없으면 윤회가 되어서 자신을 축복하게 된다. 항상 이런 문제를 주의 깊게 관찰하고 확인해야 한다.

Q : 영국에는 고성에서 유령을 보았다는 사람들이 많은데 수많은 세월의 간격을 두고 다른 장소에서 나타나는 경우가 기록되어 있고 수백 년 전의 복장을 하고 나타나는 유령들도 있다고 합니다.

스승 : 사람의 수명에도 예외는 있는데 평균 수명이 70살이라고 하지만 100살을 더 사는 사람도 많다. 한의 세계에서도 일어나는 일인데 몇 백 년 동안 한의 세계에 붙들려 있을 수 있다. 또 하나의 경우는 다른 귀신이 속임수일 가능성이 있다. 나는 목격자의 진실을 듣고 이 일을 말하고 싶은데 추상적인 말은 하지 않고 질문은 증거가 있을 때 대답하는 것이 좋다.

Q : 죽은 자의 영혼이 변화하는 정도는 어떻습니까?

스승 : 그것은 의식이기 때문에 살아있는 자와 같고 환상이 많이 생긴다. 애착이 클수록 죽음의 세계에서 환상을 보는데 두려움과 외로움과 고통을 주고 의식이 약할수록 환상은 크고 의식이 강할수록 적다.

Q : 영혼이 좋아지고 나빠지는 차원은 있습니까?

스승 : 열매가 나무에서 떨어진 상태에서 더 좋아지는 일은 어려우며

사후의 세계에서 자신을 더 좋게 나게 하는 일은 이치로 볼 때 어렵다. 그래서 나는 항상 너희에게 강조하는데 삶은 더 좋은 자신을 나게 하는 길이다. 생명의 세계에서 자신을 이룰 수 있으니 생명은 큰 축복이다. 삶을 통하여 큰 애착을 가진 영혼은 1차원의 한의 세계에 떨어지고 태어날 때의 순수함을 유지한 영혼은 곧 인간으로 윤회한다. 그보다 순수한 영혼은 높이 상승하게 되는데 몹시 가벼우므로 2차원의 세계를 벗어나 영생의 차원에 아주 편안한 잠과 같은 상태로 있다. 더욱 순수한 영혼은 자기방어의 능력으로 기운이 가벼우니 순수한 의식의 상태로 천국이나 극락이라고 불리는 곳으로 간다.

Q : 영생에 이른 영혼은 결코 인간 이하로 타락할 염려는 없습니까?
스승 : 영혼이 다시 생명의 세계로 와서 자신을 잘 지키지 못했을 때 인간의 성품을 잃을 수도 있고 나쁜 인연을 얻었을 때 자신을 망칠 수도 있다.

Q : 영생의 수준에 이른 영혼이라면 인간의 삶을 통해서도 나쁜 인연은 버리고 좋은 인연을 얻어서 자기를 지키는 능력이 있지 않습니까?
스승 : 근본이 좋은 사람은 훌륭한 인간으로 태어나는 것이 사실이지만 아무리 좋은 것도 자신이 지키지 못하면 자기가 없는 것이다. 내가 황금이나 다이아몬드를 너에게 주었으나 버리면 너에게 없는 것처럼 모든 것은 고정된 것은 아니다.

Q : 영생하면 영혼이 다시 인간 이하로 타락할 염려가 없어야 하지 않습니까?

스승 : 영생의 수준이면 인간 이하로 타락할 염려는 없다. 순도 99%의 순금을 넣고 니켈이나 철분을 녹여서 같이 혼합시켰을 때 순도는 18K나 14K로 떨어져서 변화할 수도 있다. 그렇듯이 자기를 나쁜 환경에 빠뜨려서 망치면 변질할 수 있다.

Q : 이미 영생에 오른 영혼도 나쁜 인연을 만나면 자기를 지킬 수 없다는 것입니까?

스승 : 영혼 자체에서는 절대로 다른 변화가 없으니까 자신이 깨어서 생명의 세계로 돌아왔을 때 인간으로 돌아온다. 그런데 생명의 세계에서는 인연을 통해서 자기를 망칠 수도 있고 환경이나 바탕 때문에 자기를 나쁘게 변화시키는 인연을 얻을 수도 있으니 좋고 나쁜 모든 결과가 인연 속에 있다.

Q : 변할 수 있다면 영생을 얻었다고 말할 수 없잖아요?

스승 : 이 세상에 영원한 것은 없으니 법은 계속 나쁜 인연이 닿으면 나빠지게 되는 것이다. 좋은 것은 좋은 인연에 의하여 좋아지는 것이고 스스로 원함이 있어서 자기의 기대로 좋아지는 게 아니다. 계속 나쁜 인연이 생긴다면 아무리 좋은 것도 나빠지는 것이 법칙이니 물질을 가지고 실험하면 간단하게 알 수 있다.

Q : 영생이라는 단어의 뜻 자체가 영원한 생명이라는 말이잖아요?

스승 : 한번 영생의 수준에 올랐다 해서 영원히 자신에게 지켜지지 않는다. 그것은 자신이 보존만 잘하고 버리지 않으면 영원한 생명을 얻는 것이다.

Q : 식물은 좋은 씨앗이라도 날려가서 자갈밭에 떨어지면 뿌리가 움

직일 수가 없는데 인간은 좋은 영혼을 가지고 있을 때 자기의 의지로써 나쁜 환경을 물리치고 좋은 인연을 택할 수 있겠는지요?

스승 : 네가 쉬운 문제를 어렵게 생각하지 말고 이렇게 이해해 보자! 내가 금을 네게 주었다면 금을 가지고 있으면 있는 것인데 버리면 없는 것이다. 네가 아무리 영생을 얻었다 하더라도 자신 속에 있는 좋은 것도 버리면 없어진다. 그것은 어떻게 말로서 표현할 수 없고 모든 것은 법칙 속에 존재한다.

Q : 영생의 수준에 오른 영혼도 극악한 환경을 만나면 좋은 걸 버리는 어리석음을 범할 수 있다는 거죠?

스승 : 자신이 어리석음을 범해서 자기가 가지고 있는 좋은 것도 잃게 된다면 없는 것이다. 너에게 돈 10만 원이 있었는데 네가 길을 가다가 욕심이 생겨서 도박했는데 모두 잃었다면 없는 것이다. 나쁜 인연을 만났을 때 가진 것을 잃을 수도 있으니까 고정된 것은 아니다. 존재하는 것이 좋아지고 나빠지는 게 법칙으로 인해서 정해지니 거짓을 버리고 항상 진실한 삶을 원해야 한다.

Q : 감 씨앗을 그냥 놔두면 좋아지지 않고 썩는데 영혼도 나빠지는 수가 있습니까?

스승 : 영생 수준에 이르면 나쁜 기운이 닿지 않듯이 가벼운 것은 올라가고 무거운 것은 내려온다. 가벼운 것은 부딪쳐도 깨지지 않으나 무거운 것들이 부딪치면 깨지듯이 한의 세계에서는 비일비재하게 생길 수 있는 일이다.

Q : 기계의 부속이 하나 빠지면 소리가 나지 않듯이 식물의 구조에도 적용됩니까?

스승 : 쌀의 조그만 눈이 땅에 들어가서 변화하지 않으면 절대 싹이 나지 않는다. 어떤 결정체를 놓고 목격한 결과 싹이 날 때는 몸통에서 단단하던 물체가 물렁물렁해지는 게 이미 변화가 시작됐다는 것이다. 그러니까 절대로 자체에서 변화를 주지 아니하면 그대로 보존되는 현상은 인간의 영체를 수박 열매와 같이 생각하면 된다. 수박이 깨어져 씨가 땅과 만나서 부활하고 수박 자체가 그대로 존재하면 땅속에 묻혀도 싹은 나지 않는다. 너희는 이러한 가르침을 자연의 현상 속에 사물을 통해서 계속 관찰하는 노력이 있어야 한다.

Q : 영혼의 상태에서 고정된 의식은 나빠지는 것입니까?
스승 : 영생의 상태에서는 해침을 당하지 않겠지만 한의 세계에서는 의식이 고정되어 있으면 영혼은 나빠진다.

Q : 인도인 소녀가 사고로 죽었는데 자기의 가족 속에 다시 태어났고 전생에 있었던 일들을 기억하고 있었다고 합니다. 이런 일이 여러 사람에게서 발견되었고 증명하였는데 사람들은 의식을 과거로 돌리므로 자신의 전생을 아는 사람들이 많다는데 왜 그렇습니까?
스승 : 지난해 티베트 린포체가 한국을 방문했는데 그는 6살 난 소년이었으며 전생에 뛰어난 고승이 환생한 아이라고 했다. 그는 아기 때부터 스승으로 대접받고 있었고 고승의 말을 쓰고 있다고 했다. 이런 일이 티베트에서 가능하다면 한국에도 미국에도 일어나야 하는 일이다. 왜 티베트에만 그런 일이 있는지 그 소년이 과거의 일들을 알고 있다면 비밀은 간단하다. 전생의 승려가 죽어서 한의 세계에 빠져서 아기에게 들어갔으며 아기는 한의 사

주를 받는 것인데 본인도 모르는 일이다.

Q : 한의 작용이 없는 상태에서 사람이 전생을 기억하는 건 가능한 것인지 아니면 희귀한 것인지요?
스승 : 비유하면 농사짓는 기구를 녹여서 칼을 만들었다면 칼이 전신을 알 수 있겠느냐? 콩이 썩었을 때 새로운 콩의 일생이 시작하는데 새로 열린 콩은 전생의 모습을 볼 수 없고 새로운 생명으로 왔을 때는 과거를 잊는다.

Q : 기억을 담는 부분은 인간으로 볼 때 인체 구조 어느 곳에 해당합니까?
스승 : 사람의 대뇌를 통하여 의식을 내보내고 받아들이는데 의식은 기운을 만들고 기운 속에 인자가 있고 인자는 의식한 것의 뜻을 담고 있다. 인간의 인자는 새로운 생명을 싹틔우고 새 생명은 새로운 인자를 만든다. 전생을 보았다는 사실의 99%는 한의 작용이다. 내가 전생을 볼 수 있다는 것은 입신의 경지에 든 것을 말하는데 깨달음의 경지이며 태어나기 이전의 세계로 돌아가 근본의 세계에 닿는다는 것이다.

Q : 깨달음을 얻으면 전생에 있었던 사실들을 볼 수 있는 것입니까?
스승 : 누구도 볼 수 없는 전생을 말하는 사람은 거짓말이다. 근본의 세계에 들어가면 정신이 밝아져서 사물이 변화하는 이치를 볼 수 있다. 내가 여래였음을 아는 것은 내가 입신의 경지를 넘어섰기 때문이다.

Q : 최면술로 전생을 보는 사람이 있다고 하던데요?

스승 : 최면술에 대해서는 내가 아는 바가 없고 직접 본 후에 진실을 이야기할 수 있겠다. 최면술로 아무 공덕이 없는 사람을 입신의 경지로 끌어간다고는 보지 않는다.

Q : 작물은 땅과 환경의 영향에 의해서 활발히 활동하고 결과인 열매를 맺는데 영혼도 같습니까?
스승 : 의식도 그와 같이 주변에 있던 자기가 가진 깨달음과 환경의 영향으로 인간의 의식도 충분히 활발한 활동을 할 수 있고 좋은 자기를 만든다. 활발히 활동하지 못해도 자기가 좋은 의식을 가졌다면 자기를 해치는 일을 하지 않으니 자연적으로 좋아질 수가 있다. 활발히 활동하는 작물이 자라는 곳에 기름을 부어버렸을 때 땅은 타버리게 되고 작물은 그로 인해서 메말라진다. 그처럼 어떤 과정에서 우리에게 나쁜 해를 끼칠 일들을 인연으로 받아들이게 된다면 그로 인해서 작물과 같이 우리의 의식도 시들고 망할 수가 있다.

Q : 왜 죽어서 신들은 저승도 못 가고 인간 세상을 떠돌면서 인간의 몸에 붙어서 자신이 짊어진 한풀이를 하려 하는지요?
스승 : 신이 이 시대의 사람들이 가지고 있는 가장 큰 문제이다. 이제 너희는 어떤 경우에도 다른 대상에 의해서 자기가 좋아지거나 좋은 영향이 있다고 생각해서는 안 된다. 말일 신을 섬겨서 어떤 이해할 수 없는 이익을 얻었다면 그 일로 인해서 더 큰 손실이 있다. 있는 일을 깨우치지 못한다면 무지를 얻게 되고 자기를 망하게 할 것이니 나는 어떤 신이 사람들을 잘되게 한다고 믿지 않는다. 왜냐하면 인류의 역사 속에서 신이 인간을 부활하게 했고 천국에 가게 했고 깨닫게 한 일이 있었다는 증거를 아직도 확보

하고 있지 않기 때문이다.

Q : 의식이 죽었을 때 사라지기 전에 생명 인자의 마지막 부분에 기록됩니까?

스승 : 너희는 의식이 죽으면 어디로 가는지 사실 이해가 안 될 것이다. 인간의 결정체인 영혼에 대해서 말하면 인간이 죽으면 의식이 몸 밖으로 나오게 되는데 신이라 하기도 하고 영혼이라고도 한다. 이것을 관찰해서 마음으로 보면 형태를 가지고 있는데 사람의 살았던 형체이다. 어떤 사람은 보니까 자기보다 크다는 사람도 있고 작다는 사람도 있는데 사람의 시각에 따라서 다르게 보인다. 그런데 사진을 찍으면 나타나지 않는데 마음과 마음이 보는 것이고 의식과 의식이 본 것이다.

Q : 사진을 찍을 때 나타나지 않는 것은 환상이었습니까?

스승 : 환상이라고는 말할 수 없는데 어떻게 그러한 일이 존재할 수 있었는지 보면 의식은 마음의 세계로 느낄 수 있다. 존재하는 것을 정확하게 사진이나 현대 과학으로 추적하면 기체뿐이며 의식은 기운이 서로를 붙잡고 있기에 존재하는 것이다. 이러한 법을 듣고 마음의 평화를 얻고 몸이 죽게 됐다고 할 때는 삶을 지혜로써 보호하면 죽을 때 숨이 끊어지면 깊은 잠에 떨어지는 것 같다. 계속 깊은 잠 속으로 빠지면서 의식이 사라져 버리고 윤회가 되어 태어난다.

Q : 자기라는 존재는 어떻게 생겨난 것이며 진기를 본인이 스스로 만드는 것입니까?

스승 : 인간이 살아서 만드는 것이 진기(眞氣)이고 진기가 싹을 틔우

고 생명 활동을 통해서 다시 생산해 낸다. 나무는 나무의 삶을 통해서 열매를 만드는 것처럼 순수한 기운은 자기 자신이 만드는 것이다. 너는 자기의 삶을 통해서 영혼을 만들고 있는데 열매는 영혼과 같은 것이니 나무는 죽으면 열매를 통해서 태어난다. 그리고 너는 죽으면 영혼을 통해서 윤회하며 네 삶을 통해서 영혼이 만들어지고 죽으면 영혼을 통해서 다시 태어난다.

Q : 사람들이 나 자신이라고 할 때 나는 무엇입니까?
스승 : 네 속에는 하나의 의식이 존재하고 의식은 과거로부터 오는 것이다. 과거 속에 존재한 네가 현실을 통해서 미래를 만들고 있고 그 의식이 영혼이 된다.

Q : 여래님은 이치를 통해서 과거의 저를 알 수가 있습니까?
스승 : 과거의 네가 어떤 자인지를 알아낼 수가 있는 것은 비유로 이같이 보면 된다. 한 톨의 씨앗을 땅에 심으면 씨앗이 있을 때는 자기의 과거가 입력되어 알아낼 수가 있는데 씨앗이 썩어야만 싹이 난다. 태어날 때는 과거를 모두 다 잊어버리고 오는데 모든 기억은 썩어서 사라짐으로 새 생명의 뿌리가 나온다.

Q : 제가 과거에 살았던 모든 관계가 입력된 것입니까?
스승 : 네가 어디서 나서 어떻게 살았는지 하는 과거의 삶의 과정이 뜻으로 입력된 것이다. 그러니까 굵은 밤을 하나 심으면 싹이 나서 밤알이 굵고 조그마한 밤알 하나 심으면 조그마한 열매가 열렸다. 근본이 가지고 있는 과거가 그 속에 입력되어 있기에 현상이 나타나는 것이 원인과 결과의 법칙이다.

Q : 모든 사람이 세상의 뜻을 알면 속지 않을 것인데 근원적인 것을 말해 줘야 할 것 같은데요?

스승 : 내가 하는 말을 현실을 모르는 자는 근원도 모르고 미래도 모른다. 현재를 알아야 현재 속에 과거도 미래도 있는데 현재의 눈앞에 있는 것도 보지 못하는데 어떻게 미래를 볼 수 있겠느냐?

Q : 영혼은 기체에 의식이 붙어 있는 것이라고 하셨는데 기체에 대해서 구체적으로 설명해 주십시오.

스승 : 모든 생명체의 근원은 기운이 진화돼서 떠돌다가 어떤 바탕과 결합하면 바탕의 기운을 받아서 몸체를 만들고 생명체로 부활하게 된다. 그래서 인간의 생명체 역시 근본은 기운이고 있는 일로 인하여 생기게 되는 의식이다. 인간의 영체를 구체적으로 비유해서 설명하면 콩 나무에서 콩이 열리고 콩 나무가 쓰러지고 말라서 없어지고 나면 남는 건 콩알뿐이다. 이 콩알을 우리는 열매라고도 말하고 씨앗이라고도 말한다. 그런데 열매라고 말할 때는 콩 나무에 붙어 있을 때가 열매이고 떨어져 땅에 심었을 때는 씨앗이라고 말할 수가 있다.

Q : 영체는 몸과 결합이 되어 있을 때는 생명이라고 말하고 영체를 두고 의식이라는 것입니까?

스승 : 생명 속에 있는 의식체는 생명에서 죽고 나서 생명에서 벗어나서 떨어져 나가서 영체가 별개로 독립되는 것을 신이라 말하고 영체라 한다. 콩 나무가 콩을 있게 하고 콩 나무는 사라지고 떨어진 콩을 인간의 영체에 비유할 수가 있다. 그리고 영체가 부활하기 위해서는 콩이 땅을 바탕으로 태어나겠지만 인간은 부모를 바탕으로 해서 태어난다.

Q : 부모는 몸을 빌려준 사람이고 저의 의식은 영체로부터 오는 것입니까?

스승 : 영체를 정확하게 분석하면 기체에 의식이 붙어 있기에 사고력을 가지고 있으니까 좋은 것을 알기도 하고 나쁜 것을 판단한다. 그러니까 귀신이 사람한테 무지하니까 제사 지내 달라고 요구하는데 인간의 영체를 형성하는 기체는 아주 강력한 힘을 가지고 있는 것이 틀림없다.

Q : 인간이 영적인 진화를 계속해 나가는데 제일 처음 시초는 어떻게 존재하는 겁니까?

스승 : 지금 말해 주어도 잊어버릴 것인데 누가 알지 못하고 동물의 영체도 있다는데 의식의 형성이 안 되면 영체가 만들어지지 않는다. 영체는 대부분 인간의 영체만 존재하는데 정확하게 해부하면 어떤 에너지에 하나의 의식이 붙어 있다고 계속해서 말했다. 그래서 에너지 자체가 어떤 독립된 상태에서 움직이고 활동하게 되는데 실제로 에너지를 의식의 눈으로 보면 사람의 모습으로 비친다. 그래서 에너지가 과거에 살았던 사람이라는 것을 즉시 알 수가 있는데 그 실체가 귀신이다.

Q : 인간의 영체는 작물에서 열매가 열리는 것처럼 사람은 의식을 통해서 다시 태어나는 것입니까?

스승 : 세상에서 인간이 태어났다면 의식을 가지고 의식 활동을 하는 것이다. 보고 느끼고 어떤 머리를 쓰고 하니까 그때부터 영체가 만들어진다. 한번 만들어진 영체는 사라지지 않고 계속 에너지 속에 붙어서 반복해서 태어나는 것을 부활이라고 말한다. 콩 열매가 어떻게 만들어졌는지는 콩 나무가 자라서 활동하는 과정에

서 꽃이 피고 열매가 만들어진다. 열매가 땅에서 부풀어 터져서 싹이 나게 되면 열매는 없어져 버리고 껍질만 붙어 있다가 사라지게 되면 진화된다. 그러니까 인간의 영체도 의식이 사라져 버리면 부활한다.

Q : 생명의 근원은 어디에서부터 시작이 되었습니까?
스승 : 생명 활동이 영체를 만드는 근원이 되고 하나의 기운이 생명의 근원이 된다. 어떤 물질의 성질을 봤더니 물질이 변화하기 전에는 똑같은 성질을 가지고 있었다. 영체가 활동을 통해서 자기 속에 있는 일을 의식은 옳고 그름을 분간해서 자기에게 이로운 일을 선택하게 된다. 그래서 점점 좋아지고 이런 일을 모를 때 자기의 생각에서 항상 활동하다 보니까 자꾸 나빠지게 되는 것이다. 기운은 대부분 사람으로 살았던 사람이 사람으로 태어나는 일이 제일 많다. 조금이라도 깨달아서 있는 일을 보면 의식 활동에서 영체는 만들어지게 되는 것을 볼 수 있다.

Q : 사람의 영체는 의식이 통하면 볼 수 있는 것입니까?
스승 : 유령을 보았다는 것은 유령의 의식이 인간의 의식에 비쳐서 살아있는 사람처럼 보이는 것이다. 실제 이런 소문이 있는데 오래전에 어떤 운전사가 고갯길을 넘는데 흰옷 입은 여자가 손을 들어서 태워다 줬더니 집으로 들어갔다고 한다. 차비를 안 가지고 와서 한참 기다렸다가 그 집에 찾아가서 방금 여기 젊은 여자가 안 들어왔냐 하니까 그런 일이 없다고 했다. 그래서 있었던 일을 설명했는데 어디에서 만나서 여기까지 차비를 준다고 해서 태워주었다고 했더니 그 집에 있는 사람이 차비를 주었다고 했다. 딸이 몇 년 전에 죽었는데 오늘이 제삿날이라고 했다는 이야

기가 있다. 얼마든지 서로 의식이 통하면 목격할 수 있는 일이다. 지금부터 50년 전에 우리 사회에는 억울하게 죽은 사람이 원혼이 되어서 사람들이 보았다는 일들이 많았다.

Q : 예전 시골에서 혼불이라고 불 모양으로 비추는 일이 많이 일어났다는데 귀신의 장난입니까?

스승 : 영체라고 하는 것은 어떤 기운에 의식이 붙어 있을 때를 말한다. 사람이 죽어서 눈에 비친다든가 인간이 느끼는 곳에서 서로 접촉한다는 것은 죽은 의식체가 세상에 대한 어떤 문제에 애착이 있을 때나 원한 관계에 붙잡혀 있을 때 나타난 현상이다. 자신을 소멸해 버리게 되면 의식을 붙잡고 있는 기운 자체가 힘을 상실하게 되고 의식은 자체에 있는 기운을 소모해 버린다.

Q : 사람이 활동이 없는 상태에서 기운 자체는 소멸이 가능할 수 있습니까?

스승 : 예를 들어서 밤나무에서 열린 새로운 밤은 싱싱하지만 오래 저장하면 썩게 되고 점점 힘을 잃어버린다. 그러므로 생명으로서의 자기 본래의 모습으로 나는 일이 불가능해진다. 이런 일은 얼마든지 자연에서 식물의 열매를 사용해서 확인해 볼 수가 있다. 애착이나 한이 있어서 인간 세계를 떠돌게 되는 영혼들은 대부분 인간의 모습으로 돌아오는 것이 힘들다.

Q : 사람들을 만나면 자기는 사람으로 다시 태어나고 싶지 않다고 하는 말을 듣는데 안 태어날 수 있습니까?

스승 : 그런 사람들은 사람으로 태어나기가 힘들다. 사람으로 태어나는 것이 싫다면 사람으로 태어나는 길도 모를 것이고 항상 애착

이 크다. 자기가 사람으로 태어나고자 노력하지 않았기 때문에 사람으로 태어나지 않는다 해서 좋은 혜택이 그에게 돌아오는 일은 절대 없다. 사람으로 안 태어나면 개라도 태어나고 개로 못 태어나면 지렁이라도 태어나야 하고 미물이라도 못 태어난다면 식물로도 태어나야 한다.

Q : 한번 형성된 기운은 아무리 흩어져도 없어지지 않고 변화할 뿐이지 절대 없어지지 않는다는 것입니까?

스승 : 세상을 정확하게 관찰하면 모든 물질이나 있는 것들은 돌고 있으며 계속 반복하는 과정에서 많은 인연을 만나서 변화한다. 인연 속을 여행하는 것을 이해하지 못하고 사는 사람도 결국 자연의 섭리에 순응한다. 세상은 모든 생명을 있게 했으나 생명은 기운을 변화시킴으로 세상 자체를 있게 하는 원인이 된다. 세상은 세상 자체가 가지고 있는 구조를 통해서 활동을 일어나게 하고 세상 자체에 모든 일을 있게 하고 있다.

Q : 식물이 자라서 결과물이 열매를 열리게 한 것이라면 영혼은 무엇으로 어떻게 볼 수 있습니까?

스승 : 식물의 열매인 영혼은 씨앗으로 보는데 벼의 영혼은 나락이다. 쌀 안에 씨눈이 있는 것이 쌀의 의식인데 벼의 모든 성장 과정이 입력되어 있다. 씨눈 속에 통일벼는 통일벼의 성질이 그대로 들어있고 일반 벼도 성질이 씨눈 속에 그대로 있다. 그래서 성장 과정에서 씨앗이 굵은 게 굵어진 이유가 입력되어 있다. 그리고 작은 건 작아진 이유가 입력되어 있는데 바탕과 환경의 영향으로 작은 게 나온다.

Q : 바탕과 환경 때문에 좋고 나쁘게 변질이 생길 수 있는 것입니까?

스승 : 씨앗이 자라온 과정의 결과가 전부 씨눈 속에 입력이 되는데 쌀은 고체로 되어 있으니까 눈으로 보고 확인을 할 수가 있다. 하지만 인간의 영체는 기체로 되어 있어 확인할 길이 없으나 분명한 것은 기체가 생명을 부화시키고 있고 생명으로 나타나고 있다는 것이다.

Q : 사람의 영혼은 씨앗이 열매가 되는 과정처럼 만들어집니까?

스승 : 식물의 열매가 만들어지는 과정을 살펴보면 씨앗을 심었더니 씨앗이 떨어진 곳에서 싹이 나서 자라면서 또 하나의 씨앗이 열렸다. 싹이 커서 꽃이 피고 열매가 나왔다면 씨앗에는 어떻게 자랐는지 살았던 과정이 그대로 입력이 되어 있다. 이 문제가 사람이 왜 좋은 삶을 살아야 하는지 나쁜 삶을 살면 안 되는지의 문제에 대한 대답이 그대로 자기의 삶이 입력돼 있다는 것이다.

Q : 영혼이 각기 다른 차원에서 머무는 시간이 다른 이유가 있습니까?

스승 : 내가 영혼은 삶의 결과 속에 존재한다고 한 것은 각기 다르게 살아왔기 때문에 차원이 다르다. 악업이 많으면 한의 세계에서 오래 머물러야 하고 사람답게 살아서 업이 가벼우면 윤회하게 된다. 그래서 말만으로 알아듣기 힘들고 영혼이란 의식이 기운을 모으고 기운이 하나의 의식을 나게 한다고 이해하면 된다.

Q : 의식 자체가 기운을 모으는지 아니면 의식에서 나온 행동이 기운을 만드는지요?

스승 : 의식 자체가 행동을 나게 하고 행동을 통해서 기운이 만들어지고 기운이 다시 의식을 나게 한다. 우리가 행동하는 삶 자체가 기운을 만드니까 콩에서 콩 싹이 나고 싹에서 콩이 열리는 것이 윤회라는 가르침이다. 기운이 의식을 나게 하고 의식에서 기운이 나게 하니 닭이 먼저인지 달걀이 먼저인지 싸울 필요가 없다.

Q : 사람의 경우에 하나의 영혼에서 여러 개의 영혼이 날 수 있습니까?

스승 : 한 알의 씨앗이 싹을 틔우고 열매를 얻기 위한 힘은 땅으로부터 받아들인다. 인간의 영혼도 윤회의 과정에서 여러 개의 인자로 날 수가 있다. 마음은 의식을 싸고 있으며 의식이 좋을수록 하나의 영혼으로 태어나고 의식이 나쁠수록 분열된다. 나와 같은 사람은 실제로 3천 년 이전 한번 태어났으며 3천 년이 지난 오늘 여래는 오직 단 한 사람이 다시 존재하게 되었다.

Q : 저희가 영혼을 알지 못하고 살았는데 앞으로 어떻게 살아야 하는지 일러주십시오.

스승 : 너희가 알아야 할 일은 배워야 하고 깨달음이 필요하다. 그러나 누구도 자기의 미래에 대해서 모르고 있는 것은 너희가 자신의 영혼을 위해서 한 일들을 모르기 때문이다.

Q : 현재 사는 일도 모르는데 죽은 영혼의 세계를 어떻게 알 수 있겠습니까?

스승 : 자기 삶의 목적에 대해서 생각해 보고 어떠한 사실이 존재하는지도 질문하면 나는 세상의 문제에 대하여 대답할 수 있으며 인간의 문제를 풀 수가 있다고 말했다. 실제 이러한 문장을 쓰는

사람은 나 외에는 절대 없는데 너무 위험하기 때문이다. 나는 하늘과 세상의 소망을 위하여 생명의 세계에 왔으나 실제로 나를 따르고 찾아오는 자는 극히 드물다. 왜냐하면 사람들은 모두 자기를 버리고 살고 있지만 진정 신이 그들을 버린 것이 아니며 자신들이 신들을 버린 것이다.

Q : 저희는 신의 세계에 대하여 이해하기 힘든데 귀신이 사람을 죽일 수도 있습니까?

스승 : 신은 정신이 밝고 세상일을 많이 알고 의지가 강한 사람 속에는 못 들어왔다. 어리석은 사람들은 모르고 속는데 성질이 다를 뿐이지 에너지에 의식이 붙어 있어 힘을 가지고 있다.

Q : 깨달은 분이라면 현실을 보고 미래를 예측할 수 있겠지만 신의 기운은 미래를 못 보는 것입니까?

스승 : 나는 세상 이치를 보고 이런 일이 생긴다고 설명한 것이다. 우리는 몸에 가려서 귀신을 잘 볼 수 없으나 귀신은 전파를 이용하는데 보낼 때도 전류나 에너지를 사용한다. 기운은 어떤 에너지이지만 의식도 기운으로 되어 있다. 석탄은 석탄이 가지고 있는 물질의 기운을 이용해서 열을 발생하는데 불을 만드니까 에너지라고 한다.

Q : 미래를 예언하는 사람은 어떻게 알아맞히는 것입니까?

스승 : 김일성이가 죽는 날을 미리 예언했다는 건 일반인들이 예언한 게 아니라 전부 귀신 붙은 자들이다. 우리 역사 속에서 예언자라고 하는 자들은 대부분 귀신과 접촉하고 있다는 사실이다.

Q : 선생님께서 신을 받아들이는 건 굉장히 위험한 것이라고 하셨는데 사람들이 신에게서 벗어났다는 것을 어떻게 인식할 수가 있을까요?

스승 : 신은 자기중심적으로 한번 들어오면 자기 집인 줄 알고 끝없이 상대를 이용하려고 한다. 신을 받는 것은 자기 영혼을 살해하는 것과 똑같다. 종교가 신을 전파하고 사람들에게 보게 했다면 똑같은 것인데 벗어나려면 업장을 소멸해야 한다.

Q : 살아있는 사람이 어떻게 생명체 속에 깊숙이 박혀있는 업장을 소멸하겠습니까?

스승 : 지금까지 너희가 들은 것으로 전부 쓸데없는 짓만 하고 자기에게 위험한 일만 있게 했다. 나는 한 번도 신을 섬기라고 얘기한 적 없고 신이 오면 쫓아버렸다. 항상 성인들이 가르친 것은 있는 일을 사람들에게 알리고 깨우치는 일에 중점을 두고 가르쳤다.

Q : 요즘 종교 계통에도 신을 내세우면서 활동하는데 기를 말하는 사람들이나 체조한다는 사람들도 귀신 기운입니까?

스승 : 요즘 세상에는 죽은 자가 날뛰는 곳이 많은데 우주의 기운이 체조한다고 몸속에 들어오는 일을 절대 없다. 과학적으로 분석하면 대기층은 기운이 차 있는 층을 중력대라 하는데 기체가 희박한 곳은 대기권 밖이다.

Q : 어린애가 글자를 배우지 않고 알아보는 것은 다른 의식이 들어왔을 때 가능합니까?

스승 : 내가 같은 말을 계속하는데 이 말은 쉽게 말해서 귀신이 어리

석은 사람 속에 들어와서 조종하게 되면 남들이 볼 때 매우 똑똑하게 보인다. 그것은 어리석은 사람의 의식이 나타나는 게 아니고 신의 의식이 그 몸을 빌려서 나타나기에 다른 행동이나 말이 그 속에서 나오기 때문이다.

Q : 초등학교에 가지 않은 아이도 대학에서 가르치는 영어와 수학을 척척 풀고 있는데 진실은 무엇입니까?

스승 : 그런 것을 배워서 자기 속에 넣고 있는 신이 하는 말인데 절대 배우지 않은 것을 아는 것은 불가능하다. 한번 태어나는 어린아이들은 자기가 가지고 있는 모든 의식을 털어버려야 태어날 수가 있다. 신동이 태어나서 배우지 않은 책을 읽었다면 거짓말이고 아이에게는 죽은 영혼이 들어와 있는 것을 누구든지 확인할 수 있다.

Q : 한국에서 종교라고 내세우는 곳에는 명상을 배우고 가르치는데 그 방법으로 깨우칠 수 있습니까?

스승 : 그들이 취하는 동작의 내용을 보았는데 문제를 보면 답이 있다. 세력을 모아 기(氣)를 내세우고 그런 책을 만든 곳에는 사람들 대부분이 귀신이 와 있었다. 옛날이나 지금이나 귀신이 없는 곳은 사람이 안 모이니까 가르침들이 귀신의 가르침이었다. 그들이 시키는 대로 하게 되면 폐인이 되어 버린다. 기운이 머리에 올라가서 상기되는 병인데 아무 일도 못 하고 말은 번지르르하게 하고 시키는 대로 10시간이고 용을 쓰면 심장병을 얻게 된다.

Q : 가만히 앉아서 명상하면 깨달음을 얻을 수 있다는 건 매우 위험

한 일이겠네요?

스승 : 지금까지 많은 곳에서 깨달음을 얻겠다고 우스운 일들을 많이 하고 있다. 예를 들어 아이를 낳아서 산속에서 글도 가르치지 않고 나무나 하고 혼자서 키웠는데 아이에게 남의 말이나 듣고 앉아 있으면 글자를 알아볼 수 있겠느냐?

Q : 자기 몸속에 스스로 신을 받아들이게 하는 수도 있습니까?
스승 : 질병도 사람들에게 피해를 많이 주지만 몸에 신이 들어와 있는 현상 또한 큰 피해를 주게 된다. 신이 몸에 들어왔을 때는 여러 가지 질병 현상이 나타난다. 신이 몸에 온 사례는 우리 주변에서 볼 수 있는데 너무 많기에 일일이 말할 수가 없다. 예를 들면 학생들이 시험을 잘못 보았다고 아파트에서 떨어지는 것은 정밀하게 분석하면 몸에 영이 들어와 있고 집에서 가출하는 어린 학생 대부분이 마찬가지다. 그리고 머리에 혈이 막혀 있을 때 집중력이 떨어지기에 부모나 주변의 간섭을 피해서 자유롭게 자기가 시키는 대로 활동하기 위해서 집을 나가는 아이도 있다.

Q : 기록상으로 부처님께서 오신통(五神通)을 했다고 기록 속에 나와 있는 건 고행 6년을 통해서 몸이 상당히 야위어져 있었을 때인데 신통이란 영과의 접촉입니까?
스승 : 자기의 마음이 밖으로 나오면 신통은 가능하겠지만 나는 의식이 상당히 앞서 있는데 그런 실험을 하지 않았으니 모르겠다. 그러나 내 앞에서 일반인들이 사술(邪術)을 함부로 부리지 못하게 하는 건 가능하다. 기회가 있으면 사람들의 궁금증을 덜어주기 위해서 내가 봐야 대답할 수 있으니까 볼 수 있는 기회를 만들어야겠다. 내가 깨달음을 얻기 전에 2년 정도 산속에 가서 있으면

그런 현상이 일어난다는 것을 느꼈다. 또 여행 중에 고통스러웠을 때 히말라야 같은데 들어가서 몇 개월 정도 되면 그런 현상이 올 것이라고 느낀 적도 있다.

Q : 부처님은 6년 고행을 했으니까 몸이 약해졌을 때 공덕으로 마음이 몸 밖으로 나올 수도 있었을 것인데 아무리 몸이 약해도 안 나올 수도 있는 것입니까?

스승 : 몸과 정신이 강한 자는 절대로 육체를 이탈하지 않는다. 나의 영혼의 불은 업을 태워 생명의 세계로 보낼 수가 있으니까 어떻게 되는지 모르겠다. 시간이 지나면 하나하나 본대로 이야기해 줄 테니까 안 본 것을 말해서 나중에 틀리면 거짓말하는 것이 아니냐?

Q : 사람들이 신에게 몸을 주고 사는 것이 말세에는 얼마든지 일어날 수 있다면 어떻게 해야 자기를 지킬 수 있겠습니까?

스승 : 말세에는 사람들이 자아(自我)를 상실하고 있는데 자기 자신을 죽이는 것과 같다. 인간의 생명을 받고 만물의 영장인 인간으로 태어났을 때 너희에게는 많은 기회가 주어진다. 깨우칠 기회도 있고 스스로 배울 기회도 있으며 자신을 좋은 쪽으로 바꿀 기회도 주어져 있다. 자아를 상실하게 되면 모든 기회마저도 상실하고 모태에도 근원이 없어지기에 인간 세계에 부활하는 것이 어렵다.

Q : 나쁜 사람들이 있는 곳에 태어나지 않았으면 좋겠다고 자아를 상실하면 태어나지 않겠네요?

스승 : 콩밭에 가서 콩을 하나 심고 기름을 뿌려서 뿌리에 닿으면 서

서히 말라 죽는다. 콩이 제대로 일정 기간 활동이 없으면 여물지를 않고 나온 콩들은 비실비실해서 심어도 부활이 안 되는데 인간의 영체도 이와 같다.

Q : 인간의 의식이 사라지면 전생은 절대 알 수가 없는 겁니까?
스승 : 씨앗의 눈이 깨지기 전에는 그 속에 들어있으니까 자기가 어느 나무에서 났는지 기억할 수가 있지만 깨어져서 흩어지면 의식은 존재하지 않는다. 자기의 의식이 아니라 생명이 태어나서 따른 의식이 붙어올 때 전생을 기억하는 것이다. 천재가 났는데 다섯 살짜리가 5개 국어를 한다면 대부분 자신도 모르는 다른 의식이 붙어 있다. 윤회하고 태어나는 생명은 절대로 이미 변화해 버렸기 때문에 의식이 깨어져 버리면 전생은 알 수가 없다.

Q : 영혼이 다른 차원 속에서 각각 생명의 기간이 다른 이유는 무엇입니까?
스승 : 영혼의 수명이 다른 이유는 물체가 가진 성질 때문이다. 나는 삶을 통해 이르는 4개의 차원에 대해 말해 왔다. 먼저 한(恨)의 차원에 머무는 영혼에 관해 설명하면 한은 애착으로 마음이 굳어진 영혼(靈魂)이 한의 차원에 머물게 된다. 애착으로 마음이 강하게 굳으면 굳을수록 그 영혼이 한의 차원에 머무는 시간은 길고 한이 작은 영혼은 짧게 머문다.

Q : 지구의 어느 특별한 곳에 영생의 차원이 있습니까?
스승 : 영생의 차원에 있는 영혼은 지구의 환경의 영향에서 벗어나 있으므로 매우 자유롭고 매우 의식이 높은 상태에 있다. 그러므로 중력의 영향을 받지 않기에 아주 편안한 잠 속에 있는 상태이

다. 그리움이나 괴로움과 같은 욕망이 없는 상태가 계속되는 동안 몇 백 년 또는 천년도 이러한 차원에 머물 수 있다. 이것이 하늘나라라고 하는 천국의 차원이지만 이곳에 이르는 일은 매우 어렵다.

Q : 어떤 말을 이해할 때 그 말이 나오게 된 배경을 모를 때는 사실을 어떻게 이해해야 합니까?

스승 : 좋은 가르침은 사실 속에 있고 나쁜 가르침은 사실과 동떨어져 있다. 모든 현상은 증거로서 보면 되는데 나는 소위 미륵불이라고 자칭하는 사람을 찾아본 적이 있다. 선전용으로 걸어놓은 사진에 이상한 현상이 있었다. 그의 입으로부터 안개와 같은 희미한 것이 길게 나와 있었다. 그것이 속임수가 아니고 정말 그런 현상이 나타났다면 그 주위에는 귀신들이 늘어서 있다는 말이다.

Q : 귀신의 힘으로 사람의 몸을 마비시키거나 일시적으로 죽은 것처럼 보이게 할 수 있습니까?

스승 : 다른 의식이 사람의 의식을 누르면 사람의 신체는 죽은 것처럼 비슷하게 된다. 어떤 무지한 자가 산속에서 기도하고 오더니 갑자기 박식해지게 되었다면 이런 현상이 일어나는 것은 간단한 일이다. 이 시대는 법이 어둡고 사람의 마음이 캄캄하므로 이런 일들이 비일비재하다. 악마는 항상 천사의 말을 쓰지만 그들의 답은 영원히 실현될 수 없는 것이 그 속에 길이 없기 때문이다. 갑자기 이상한 현상이 일어나 행동하는 사람은 다른 의식의 조종으로 움직인 것이다. 한마디로 말해서 어떤 의지가 약한 사람의 몸에 죽은 자의 의식이 들어오게 된다면 의지가 약한 사람일

수록 자기 상실이 빨리 온다. 이럴 때 환생이 아닌 어떤 영체의 침입으로 나타나는 현상이라고 말할 수가 있다. 그런 현상을 환생이라고 믿는 건 잘못된 이해에서 비롯된 것이다.

Q : 사람의 의식에 죽은 자의 영혼이 접하고 있어도 자기 자신이 생각과 행동을 하는 게 본래의 의식에서 하는 생각인지 알 수가 없겠네요?

스승 : 많은 사람을 만났지만 다른 의식의 조종을 받으면서도 본인은 그 일을 일깨워 주기 전에는 자신이 다른 의식의 조정을 받는다는 사실을 스스로 깨닫는 사람을 본 적이 없었다. 특별한 경우에 아는 사람이 있었는데 어떤 여자가 나를 찾아왔는데 자기 속에 신이 들어와 있다는 걸 알았다. 가만히 앉아 있으면 하루 내내 귀에다 대놓고 노래를 불러서 귀찮도록 들리니까 한 번씩 짜증이 나면 그 속에 들어와 있는 게 화를 낸다고 했다. 인간의 몸속에 들어와서 살았을 때 노래를 좋아했고 죽어서도 사람 귀에다 대고 노래나 부르고 있다. 하지만 사람들 대부분은 자기 속에 무엇이 접근해서 들어와 움직이고 있는지를 알 수가 없다.

Q : 만일에 알고 해결하려고 노력해도 자기의 행동에 부자유가 생기는데 방법이 있습니까?

스승 : 영혼들은 자기의 정체를 모르게 하고 있고 사람들은 대부분 이런 영체가 접근해도 모르고 살고 있다. 나는 이런 일을 겪고 있는 사람들에게 말했다. 있는 일에 대해서 이해하고 자기가 어떤 문제에 붙잡혀 있는 것을 알게 되면 스스로 풀면 된다. 다른 의식의 조종을 받기 싫으면 세상일을 알고 의지로 스스로 판단해서 움직이면 조종을 안 받는다. 하지만 대부분 사람은 조종받

으면서도 자기가 조종 받는지 알고 있지 않았다.

Q : 영체가 접목되어서 하는 행위인지 식별하기가 지극히 어려울 것 같은데 어떻게 사실을 알 수 있을까요?

스승 : 얼마 전에 잘 아는 지식인이 잘못된 영혼의 조종을 받는 것을 보았다. 그에게 큰 불행한 일이 일어나게 되니 조심해야 한다고 했으나 잠깐 놀래고 충격 받는 기색이더니 아무렇지도 않게 생각했다. 그런데 며칠 후에 보니까 그때는 이미 그 영체가 그를 조종하고 있었다. 너희는 이런 일을 쉽게 생각하겠지만 지식 있는 사람도 이런 상황에 빠지는데 일반 사람들은 사실 자기 속에 어떤 일이 생겨도 모른다.

Q : 어떻게 하면 이런 일이 생기지 않게 할 수 있습니까?

스승 : 열심히 일하고 있는 일을 올바로 이해하고 열심히 사는 사람에게는 일어나지 않는 일이다. 이런 불행한 입장에 서지 않으려면 자신이 있는 일을 이해하고 있는 일에 대한 대처가 필요한데 그렇지 않으면 누구나 이런 불행한 일에 끼어들 수 있다는 사실을 항상 잊지 말라!

Q : 석가모니는 가르칠 때 많은 신들이 배우려고 찾아왔다고 했는데 선생님이 해탈했을 때를 설명해 주십시오?

스승 : 해탈하면 어떤 사람이 나보고 욕해도 증오가 안 생긴다. 그냥 보지 않은 일에 대해서는 믿음도 안 생기고 번뇌도 없고 망상도 없고 배가 부르면 부른가보다 그것뿐이다. 석가모니는 신들에 대해 말을 함부로 하고 악령들의 적이 되는 게 상당히 부담스러웠을 것이다. 신들이 배우러 왔다고 하는 말은 후대에 만들어진

글이다. 나는 너희에게 사실을 보여주기 위해서 신들이 가진 문제를 많이 말하고 있다.

Q : 이 시대에 살면서 신을 경계해야 하는데 죽은 자의 접근으로부터 피하려면 무엇을 어떻게 해야 합니까?

스승 : 죽은 자의 표적이 된 종교인들이나 점쟁이보다 도 닦는다고 하는 단체에서 신을 받았다면 죽은 자들을 끌고 다닌다. 그런 곳에 신들린 사람들이 많이 활동할 수가 있으니 조심해야 한다. 정신이 건강한 사람들은 자기 일이 바쁘기에 나쁜 정신을 가진 이들과 잘 어울리지 못한다. 항상 서로 속이지 않고 믿을 수 있는 사람이 좋은 사람이다. 신과 거짓을 믿는 자들은 이 시대에서 모두 사라지게 될 것이다. 모든 구원은 자기 속에서 이루어지니 남에게서 이루어지기를 바라는 사람은 자기 구원은 하지 못한다. 자기 영혼을 영생시키는 길은 빨리 세상일을 배워서 양심과 용기를 얻어야 한다. 있는 일에 대해서 눈을 뜨고 의지해서 사람들에게 축복받는 일을 해야 한다.

Q : 의식이 아직 익지 않는 아기들도 신이 들어갈 수 있습니까?

스승 : 아기들도 떠돌아다니는 신이나 영체가 들어올 수가 있다. 그 예로 갓 태어나는 아기들에게 들어왔다는 티베트의 린포체인데 어리다고 신이 붙질 않는다고 생각해서는 안 된다. 티베트에는 태어나는 아기의 몸에 붙는 신들이 많으니까 린포체라 하고 몇 살이 되면 어디서 무엇을 했는지 생전에 쓰던 물건 같은 걸 내놓고 확인시키는 작업을 한다고 한다. 그러니까 태어난 아이에게도 전통이 있는 곳에는 인간의 의식이 하는 일이다. 귀신도 살았던 인간의 의식이니까 태어나는 어린아이의 몸에 들어가서 환생

한 것처럼 연극하는 수가 많이 있다.

Q : 귀신은 무엇을 먹는지 제사 음식은 맛이 좀 이상하던데요?
스승 : 신은 음식 속에 있는 기운을 먹는데 기운이 빠지니까 음식 속에 있는 기운이 빠져나가면 맛이 변한다. 귀신은 기운을 먹고 기운으로 살아가는데 아주 정교한 저울에 올려놓으면 약간의 무게 차이가 있을 것이다.

Q : 소련에서 실험했는데 사람이 죽었을 때 몸무게의 차이가 38g 차이가 있었다는 보고가 있었는데요?
스승 : 사람이 살아있을 때보다 죽었을 때는 영혼이 빠져나가니까 무게가 줄 수가 있다.

Q : 인간이 천국에 올라가거나 지옥계에 남게 되거나 하면 환상의 세계라고 이해해야 합니까?
스승 : 사후세계의 비밀에 대해서 어떤 곳인지 설명할 수 있는데 자신이 지어 놓은 삶이다. 지금 종교에서 말하는 책에 있는 이야기는 중생이 만든 천국이고 깨달은 자가 말하는 천국이 아니다. 열반은 자기의 의식에 나쁜 것이 하나도 묻지 않았고 전부 떨어져 나가고 전부 몰아냈을 때 마음은 고요하다. 그러니까 번뇌와 망상이나 나쁜 현상이 일어나지 않는 상태에서 죽으면 열반에 드는데 편안함 속에 존재하다가 다시 태어난다.

Q : 저희가 이러한 문제에 대해서 알려고 해도 의식이 눈을 뜨기 전에는 아무리 들어도 마음에 닿지 않겠습니다.
스승 : 백문이 불여일견이라고 하는 게 백 번 듣는 것보다 한 번 보는

게 낫다는 것처럼 너희의 의식이 닿아야 이해하게 된다. 나도 깨달음을 얻고 나서 사람들이 창조주의 세계에 대해서 질문하니까 나의 의식이 창조주는 어떻게 나게 되었는지 보려고 노력했다. 나의 의식이 닿으면 거기에서 일어나는 실체를 보았는데 하나의 순수하고 진실한 기운이었다. 100%의 진기는 모든 현상이 기운의 조화로 인해서 현상 또한 존재하게 되며 현상은 기운을 생산하고 기운은 현상을 만든다. 기운의 조화로 만물이 존재한다고 보면 틀리지 않는다.

Q : 현상계의 활동을 통해서 모든 뜻 속에 있는 진기의 기운이 뭉쳤을 때 창조를 하게 됩니까?
스승 : 생명 활동을 통해서 의식에 존재하는 기운을 좋게 만들고 나쁘게 만드는 역할을 한다. 의식이 100%의 순수한 기운이 되었을 때 그 속에서 나오는 기운이 염력을 발휘해서 실제 모든 창조가 가능하다.

Q : 왜 죽은 신들이 세상일에 도움을 못 주는 것입니까?
스승 : 내 말은 산 자보다 죽은 자가 더 잘 알아듣는다. 왜냐하면 죽은 자들은 한만 가지고 있지 욕망으로부터는 벗어나 있다. 인간이 먹는 음식을 먹지도 않고 명예가 필요한 게 아니니까 인간과 관계할 수 없다. 죽은 자는 물질이 필요하지 않고 소유욕이 상실된 상태에서 잘 보이기 때문에 귀신이 조금만 밝으면 나를 안다. 그러면서 죄를 지은 영혼은 자기 신분을 속이기 위해서 나를 매우 경계하기 때문에 현상을 보고 말을 해주면 크게 해는 없다. 그러나 그들은 살면서 지은 공덕이 없기에 세상을 구하는 일을 도울 수가 없는 것이다.

Q : 귀신들은 문제는 알지 못해도 벽 뒤에 있는 것이나 무엇을 잘 알아맞히지 않습니까?

스승 : 진리를 알아보고 가르치는 것이 아니기에 이치는 모르고 틀리는데 다만 사람의 의식 속에 쌓인 과거를 본다. 귀신은 몸을 가지고 있지 않기 때문에 사람의 의식을 들여다보고 어제 어딜 갔다 왔는지 지난날을 맞추는 것이다. 과거에 보지 않은 일도 기운이 사람의 의식 속에 있으니 알아맞히는 것이지만 돌아올 일은 의식 속에 쌓이지 않기에 모른다.

Q : 의식이 있었던 일을 전부 잠재하고 있으니까 귀신이 보고 알아맞힐 수 있다면 속아 넘어가면 큰일이겠네요?

스승 : 신이 많이 날뛰는 세상은 꼭 멸망하는데 이스라엘은 그렇게 열심히 신을 섬겼지만 가져온 결과는 국가의 붕괴와 멸망뿐이었다. 중동에서는 알라를 열심히 섬겨도 그 사회는 어둡고 율법이 엄하고 제약이 너무 많은 사회이다. 신이 큰 자리를 차지하고 있는 사회는 항상 불행한데 지금 세상에는 어느 곳이나 많이 왕성해지고 있다.

Q : 병원에서 고치지 못하는 환자를 고쳤다고 말하는 사람이 있는데 진실은 무엇인지요?

스승 : 재미난 이야기들이 종교 계통에 가서 병이 나았다는 사람치고 병이 제대로 나은 사람을 나는 보지 못했다. 사람들은 다 나았다고 하는데 확인해 봤는지 물으면 안 해봤다고 했다. 그러면 그들이 시키는 걸 하면 좋아진다는 것인데 내가 좋아진 예는 확인할 수가 없었다. 이상한 말을 하는 곳에서 듣고 수행한 사람들은 결과적으로 의식이 망하기 시작했다. 다른 부작용들이 많이 일어

나고 있었는데도 사람들은 모르니 좋아졌다고 말하는 것이다.

Q : 죽은 영혼도 알고 보면 우리 앞에 살았던 사람들이고 그 몸에서 나온 결정체이겠네요?

스승 : 나는 세상을 구하러 온 자이기에 죽은 영혼들을 절대 박대하지 않는다. 내가 세상에서 할 수 없는 일 하나는 사람의 의식에 붙어 있는 귀신을 잡기 위해서 사람들의 의식에 들어가는 일은 절대 안 한다는 것이다. 내가 만약 그 일을 한 번만 하게 된다면 인간의 의식을 자유자재로 조종하는 사람으로 변해버린다. 그것은 최면이 아니고 걸어가는 미인에게 의식을 당기면 로봇처럼 내가 조종하는 대로 마음을 쓰는 대로 움직이게 된다. 그러나 그런 일은 나를 망치게 되는 일이고 매우 위험한 일이기에 절대 할 수 없다고 말하는 것이다.

Q : 여래님은 깨달음을 얻기 전에 이런 일을 예시했고 신통은 절대 없다고 하셨는데요?

스승 : 깨달음을 얻기 전에 예시(豫示)에서 지리산 중턱에서 토굴을 하나 만들어 놓고 있었는데 많은 영혼이 와서 나의 주변에 모여들고 받들고 있었다. 그래서 나를 망치는 너무나 위험한 일이라는 것을 알고 섬을 찾아다닌 것이다. 섬에는 영혼이 없기에 잠시 쉬면서 본래 모습으로 돌아가게 되었는데 신통을 하면 산 자보다도 죽은 자가 더 많다는 것을 알게 된다. 기억해야 하는 것이 지금 세상에는 지옥문이 열려 있는지 산 자보다 떠도는 영혼이 더 많다. 그 많은 수십억 명의 영혼들이 와서 자기를 구제해 달라고 발목을 잡고 눈에 보이면 괴로워서 못 견딘다. 내가 잠을 자려고 하는데 앞에 둘러앉아서 아부나 하고 음식을 시켜서 사

다 주고 하면 나를 망치는 것이다.

Q : 이 시대에 가장 위험한 것이 죽은 자를 가까이하는 것이고 조심 해야 한다고 하셨는데 왜 그렇습니까?

스승 : 나는 산 자와 죽은 자의 일을 분명히 말하는데 죽은 자는 다시 태어나야 하는 것이 이치이다. 산 자를 괴롭히고 산 자를 해치는 데 자기의 모든 힘을 쏟아서는 절대 안 된다. 윤회해야 하는데도 무지하므로 죽은 자들은 자기 속에 오는 외로움과 두려움과 힘든 것을 해결하기 위해서 산 자의 몸으로 들어온다. 산 자는 활동의 부족으로 편안하게 느끼나 결과는 자기를 영원히 사라지게 하는 일을 초래한다.

Q : 생명체의 활동이 부족하면 자아의 상실 현상이 나타나게 됩니까?

스승 : 이런 일은 흐르는 물을 통해서 볼 수 있는데 움직이는 물은 썩지 않는다. 하지만 가만히 고여 있으면 물질이 가지고 있는 힘으로 같은 물이라도 힘의 성질에 의해서 부패할 수도 있다. 생명이 자기를 지키는 길은 세상일이 하나로 정해져 있는데 몸은 의식의 도구이고 의식 활동을 위해서 몸이 필요한 것이 생명의 법칙이다.

Q : 생명은 활동의 법칙으로 존재하는데 죽은 자를 받아들이면 활동의 부족 현상이 온다고 이해해야 합니까?

스승 : 다른 의식체를 받아들이고 자기 몸을 관리하게 했다면 활동 부족에 의해서 좋은 결실을 보지 못한다. 다음 생애에 모태가 만들어지지 않으면 부활이 안 된다. 이것은 시스템을 만들어 놓고

확인하면 어디서든지 드러나게 되어 있는 데도 분명한 일을 사람들은 아무도 알려고 노력하지 않는 것이 문제이다.

Q : 기운이 안 좋은 사람들을 만나면 제 몸이 안 좋아지는 경우는 왜 그런지요?

스승 : 사람의 몸에는 기운이 있는데 다른 기운이 접근하면 부담을 느낀다. 부담이 느끼는 게 몸이 괴롭다던가 잠이 안 오거나 어떤 부위에 이상 현상을 두고 말하는 것이다. 이런 현상이 있을 때는 인간이 사는 사회의 말세에는 많은 영들이 죽어서 윤회가 안 되고 애착으로 인하여 인간의 세계에 존재하고 있다. 이런 영혼이 사람의 몸에 붙을 때 신이 붙은 사람이 둘이 있을 때 성질이 다르면 서로 싸운다. 불교의 이름만 들은 귀신하고 기독교 이름만 들은 귀신이 상대를 서로 사도(邪道)라고 하면서 싸운다. 동질성을 가지지 않는 기운이 상대에게 있을 때 평범한 사람들이 이해하지 못하는 현상들이 나타난다.

Q : 어떤 종교에는 공개적으로 주인공에게 자신을 맡겨버리라고 하는데 맡기면 어떻게 되는 것입니까?

스승 : 자기의 의식은 몸을 이용해서 활동하고 있고 그 과정에서 영체가 만들어진다. 그런데 주인공에게 맡겨버리면 그 의식은 어떻게 되겠느냐? 그 의식은 활동 부족에 의해서 제대로 결실을 보지 못하면 인간으로 부활하는 게 불가능하다. 나는 이런 사실을 보면서 종교가 황당무계하고 사람들이 자기를 버리고 살아야 한다는 이론이 나오고 통하는지 모르겠다. 그 사람들은 일사불란하고 질문이 없으며 실질적인 질문을 하면 그 신은 대답하지 못하고 이상한 소리를 한다. 거짓말이 진짜보다도 듣기에 호소

력이 있다는 것을 너희는 알아야 한다.

Q : 이 시대의 종교는 질책 받아야 하는 게 아닙니까?
스승 : 종교가 필요한 사람은 갖더라도 강요해서는 안 되고 종교의 지도자들은 우리 인간 사회에서 하는 일을 분명히 알고 행동해야 한다. 종교가 사회에 도움을 주어야 하는데 요즘 종교는 현실과 동떨어져 있고 이상을 주고 있다. 종교가 인간의 사회에 무엇을 했는지 증거를 보여주면 나도 인정하겠다. 증거를 보기 전까지는 현실 속에 있는 일을 부정할 마음도 없고 믿지도 않는다.

Q : 과학의 세계에서는 확인된 사실의 증거를 보기 전에는 믿지 않는데 나라고 하는 실체는 누구입니까?
스승 : 나는 나이고 나를 위해서 살고 있고 나의 활동으로 내가 만들어지고 활동 과정에 있었던 일을 통한 영혼인 결정체에서 나는 부활한다.

Q : 사람들이 모르고 종교를 선택하게 되면 더 큰 한과 애착을 갖게 되고 자기의 미래를 어둠 속에 밀어 넣는다면 우리는 어디에 의지하고 삽니까?
스승 : 세상일에 관심을 가지지 않는다면 너희는 세상일이 어떻게 존재하는 일인지 절대 알아볼 수가 없다. 어떤 일도 알아보지 못한다면 공덕을 짓고 싶어도 자기 자신이나 세상에 축복되는 일은 못한다는 사실이다. 내가 세상의 일을 놓고 현실 속에 있는 사람의 미래가 어떻게 될 것인지 보았다. 99.9%의 영혼이 사라지고 있었는데 종교를 가진 사람이 구원받는 일은 진짜 낙타가 바늘구멍을 통과하는 것보다 어렵다고 했듯이 안 된다는 것이다.

Q : 그러면 종교를 가진 사람은 어떻게 해야 합니까?

스승 : 내가 자주 말하는 것은 인간 세계에도 곧 변화가 온다. 변화기라고 하는 때에 모든 생명이 죽어버리면 새로운 생명이 나타난다. 그 근원은 바로 해일과 지각변동과 지진 현상에 의한 소용돌이 속에서 기운이 생기게 되고 기운의 진화로 모든 현상이 나타나기 시작한다.

Q : 과학자들이나 어떤 학문에 의해서 이런 사실이 밝혀진 적이 없지 않았습니까?

스승 : 종이에 글을 남겼다 하더라도 수천 년을 지탱하지 못한다. 천 년이나 이천 년 지탱하다가 없어져 버리면 전설로 내려오는 걸 잘 알아야 한다. 우화도 어떤 문제를 이야기로 만든 것인데 있는 일을 보면 알아볼 수가 있다.

Q : 세상의 이치를 윤회의 과정으로 보면 변화기의 현상을 알 수 있습니까?

스승 : 나는 미국을 여행하면서 과학자라는 사람들과 많은 대화를 나눴다. 지금 지구에는 한참 맨틀 작용이 일어나고 있는데 핵이 활동하면 하나가 두 개가 되고 두 개가 네 개가 되고 네 개가 여덟 개가 되어서 무한정의 핵분열을 만든다. 어느 시기에 지상에 화산을 폭발시키고 큰 재앙을 인간 세상에 가져올 것이다. 하지만 너희는 노력해서 이치를 깨우치면 이곳에 온 보람을 느낄 수 있으며 영생을 얻을 수 있을 것이다.

Q : 사람들이 대부분 이런 말은 낭설이라고 말할 텐데요?

스승 : 하나의 여물지 못한 씨앗에 압력을 가해서 활동에 지장을 주

게 한다면 씨앗은 싹을 틔우지 못한다. 그러니까 거짓된 현실을 따른다면 자기의 정신을 망칠 것이고 영혼이 망해 버리면 미래는 없다. 지금 세상은 진실이 아닌 거짓이 지배하고 있는 현실이다. 너희의 삶이 가치가 없어 보여도 아름다운 삶이니 진실하게 살려고 노력해야 한다.

Q : 선생님은 절대적인 신을 보는 것이 가능합니까?
스승 : 깨달은 자는 신으로부터 독립이 되어 있기에 신을 받아들이고 숭배하는 일을 하지 않는다. 왜냐하면 세상을 운영하는 자는 신이 아니고 하나의 법칙으로 운영되기 때문에 그 법칙을 존중할 뿐이다.

Q : 우리는 죽어서 잘 되기 위해서 깨달아야 합니까?
스승 : 살아서 잘되지 않은 사람은 죽어서도 잘될 수가 없다. 살아서 깨우치지 못한 자가 어떻게 죽어서 깨달을 수 있겠느냐? 세상에 엄청난 숫자의 영혼들이 인간이 사는 세계에 떠돌아다니고 있는 것은 깨달음이 없었기에 불행한 일들이 존재하는 것이다. 그러니까 항상 우리가 다른 사람들을 이해시킬 때는 있는 일을 근본으로 삼고 어떤 바탕에서 변화하는지를 사람들에게 말해야 한다. 우리 자신이 어떻게 하면 좋아지고 나빠지는지를 말할 때는 먼저 바탕을 설명해야 한다. 바탕에 따라서 같은 근본이 변하는데 좋아질 수 있고 나빠질 수도 있으니 바로 있는 일의 가장 중요한 근본을 깨달음으로 알 수 있다.

Q : 저는 명상을 통해서 깨달음에 이르고 마음속에 있는 것을 모두 비워버리면 자연적인 지혜가 나타나는 것으로 알고 있는데요?

스승 : 마음을 비워버리면 그 속에 다른 의식체가 들어오게 되면서 자기도 모르는 행동을 하게 되고 사람들이 모르는 말을 하게 되는데 그 일은 매우 위험한 일이다. 그것은 깨닫는 것이 아니고 다른 영체를 자기 몸속에 받아들여서 영체의 조종을 받게 된다는 사실이다. 이 시대에 이렇게 위험한 일들이 세계 곳곳에서 일어나고 있다. 자기도 모르게 그런 일에 빠지는 사람들이 점점 늘어나고 있는 것은 자기 영혼을 살해하는 일이다.

Q : 기록에 보면 석가모니 부처님 시절에 제자들이 나무 아래에 고요히 앉아서 명상하지 않았습니까?

스승 : 명상은 흔들리는 자기의 마음을 붙잡고 안정시키는 하나의 수단에 불과한 것이다. 중생들은 명상하지 않고 일을 통해 마음을 안정시킨다면 일하는 게 좋은지 가만히 앉아 있는 게 좋은지 생각해 보아야 한다. 열심히 일하면 노력의 결과를 현실에서 얻을 수 있다.

Q : 부처님께서 제자들에게 일을 시키지 않고 왜 명상하라고 했을까요?

스승 : 인도 지방에는 고대의 풍습이 있었는데 수행한다는 사람이 오면 집에 있던 밥을 나누어 주었다. 밥은 때가 되어 동네에 가면 얻어 올 수 있어서 일할 필요가 없었고 그래서 나무 아래에 앉아 있었다. 중생은 잡다한 짓을 하지만 제자들이 인간이 가진 욕망의 세계에 빠지게 되면 수행자의 삶을 버리게 된다. 그래서 노는 것보다 나무 아래에 앉아 있으면 마음을 다스리는 것이 유익하고 세속에 물들지 않았다. 예쁜 여자를 보지 않으니 욕정도 일어나지 않고 고요히 앉아서 스승의 말씀을 사유했다. 식사 때가 되

면 동냥 가서 밥 얻어서 먹고 자기들끼리 토론하며 공부하면 되었다.

Q : 깨달음은 무엇이며 과학적으로 어떻게 표현합니까?
스승 : 세상의 모든 현상은 있는 것들의 활동과 그 속에 있는 법칙으로 만들어지는 것임을 어떤 과학자도 부인할 수 없는 사실이다. 어떤 쇠를 합금했더니 서로 다른 성질을 가진 것을 만들어내는 게 진리이다. 그러니 어떤 인연을 만나 활동하게 될 때 결과를 얻어올 수 있다. 어떤 일이 어떤 결과를 만드는지 진리 속에 있는 일을 보고 말할 수 있을 때가 깨달음이다. 아무도 볼 수 없는 벽 뒤에 있는 걸 보는 것은 깨달은 게 아니고 귀신이 본 것이다. 비정상적인 있을 수 없는 일이 일어날 때는 일단 의심해야 하는데 명상이나 신을 모신 곳에서 시키는 행동을 하게 되면 자기의 의식 속에 귀신을 넣게 되는 것이다.

Q : 영혼이 잘못 살아서 지옥에 떨어졌다면 어떻게 해야 할까요?
스승 : 너희는 있는 일을 제대로 이해함으로 만일에 이런 지옥계에 떨어졌더라도 자기를 버리고 스스로 업을 어떻게 죽일 것인지 생각해야 한다. 남을 사랑하고 축복이 되고자 할 때 세상을 보고 자기 속에 있는 업을 태우면 된다. 살았을 때 한 시간에 할 수 있는 일이면 죽어서는 열 시간이 걸려야 되겠지만 이런 노력이 있어서 자기의 의식 속에 있는 업을 태우기만 한다면 윤회될 수 있다. 그러나 사실 죽음 이후에는 스스로 업을 버리는 일이 불가능에 가깝기에 미리 깨달아야 한다는 것이다.

Q : 한국이 세계에서 약국과 병원이 가장 많다는 현상은 왜 그렇습

니까?

스승 : 재미난 현상이 약국이 많고 병원이 많다는 건 환자가 많다는 것이다. 관찰한 결과에 의하면 신체 기관에 이상이 있어서 병원에 오는 사람은 극히 드물다. 대부분 통증을 느끼고 병원에 와서 호소하는데 수입 좀 올리고자 하는 의사들은 그냥 병명을 만들면서 약주고 진통제 넣고 처방한다. 그런데 촬영해서 신체 기관에 이상이 발생하지 않는 질병은 신병(神病)이라고 한다. 어떤 의식을 가지고 있는 살아있는 기운이 몸에 붙었을 때 많이 일어나는 현상인데 너희는 이런 일을 잘 알아야 한다.

Q : 이중성격을 가진 사람이 있는데 두 개의 마음을 가졌다는 것은 죽은 자가 자기를 조정하는 것입니까?

스승 : 자기의식이 강할 때는 이성적인 일을 분별하고 통제할 수 있다. 그러나 요즘은 다중성격을 가진 사람도 있는데 귀신이 여럿이 들어와 있는 것이다. 보통 사람은 웬만한 일들은 자기 속에서 일어나는 행동을 자신에 의해서 통제할 수 있다. 하지만 자기의식이 상실되고 다른 의식이 발동하게 되면 이성을 제어하고 행동을 통제하는 일이 불가능하다. 온갖 시련이 자기 속에 와 있는데 이럴 때 해결 방법은 과거에는 무당이 굿으로 다른 의식을 물리치는 것이다. 그런데 이 시대에는 너무나 이런 일들이 흔하게 나타나니까 죽은 자도 상당히 영악해져서 굿 가지고는 귀신들이 잘 떨어지지 않는다.

Q : 무당이나 종교인의 방법으로는 귀신이 사람의 몸에서 안 나가는 것입니까?

스승 : 귀신의 기운이 가지고 있는 성질로 사람의 몸을 이용하려고

할 때 다른 의식이 나타나는 것이다. 그런데 무당이나 종교인의 방법으로 물리치려 하면 신들이 더욱 발악한다. 상대에게 고통을 주고 힘을 빼고 항복을 받으려 하는데 산 자와 죽은 자의 싸움이 된다. 죽은 자는 기운이 의식에 묻어 있는 것이니 기운이 사람의 몸을 괴롭게 하고 통제하려 하지만 겁을 낼 필요는 없다. 그런데 진리를 알아서 세상일에 눈을 뜨고 바로 행하려는 노력이 있을 때 재앙과 잘못된 불씨도 사라지게 된다.

Q : 오늘날 이런 고통을 겪고 있는 사람들을 많이 보게 되는데요?

스승 : 많은 사람이 겪으면서도 왜 이런 일들이 있게 되는지 어떻게 해결하는지 방법을 모르니 과거의 부처는 중생은 눈뜬장님이라고 말했다. 그리고 부처는 이러한 일을 보고 인간 세계에 존재하고 있는 잘못된 애착이나 한을 끊기 위해서 일생을 중생 속에서 살려고 노력했다. 이 점을 항상 잘 기억하고 잘못된 곳에 빠지면 잘못을 얻는 일은 수월해도 잘못을 해결하기 위해 상당한 노력과 투쟁이 필요하다. 이 싸움은 깨달음과 큰 근기(根氣)가 필요하다는 것이다.

Q : 요즈음에는 사람들이 있는 일을 모르기 때문에 매우 위험한 일들을 자행하고 있는 것 같은데요?

스승 : 실제로 매우 중요한 것이 기(氣)와 같은 말을 쓰는 사람 중에 99%가 신과 연결이 되고 있다. 신이라 하면 어떻게 생각할 줄 모르지만 여기서 말하는 신은 인간으로 살다가 죽은 영체를 말한다. 영체가 윤회 되지 않고 그들이 가지고 있는 애착을 풀 길이 없다. 그래서 사람을 상대로 장난하고 있는데 이런 장난에 걸려드는 일이 점점 많아지고 있다. 실제로 이 영체들의 침입이 있

을 때 사람들은 느끼지 못할 때가 많으므로 내가 어떤 경우에 사람들의 그런 모습을 보고 지적해 줄 때가 있지만 기분 나쁘게 생각하는 예들이 더 많다.

Q : 사실 저희는 기(氣)의 실체를 모르지 않습니까?
스승 : 계속 이 시간을 통해서 너희에게 강조하는 일은 절대로 산 자와 죽은 자가 엉켜 있어서는 안 되며 산 자는 절대로 죽은 자의 이용물이 되어서는 안 된다. 이러한 주장은 과거의 세계에서도 끝없이 전해져 왔지만 근래에 와서 이런 주장은 오히려 뒤바뀌고 있다.

Q : 어떤 사람들이 우주의 기가 어떻다고 말할 때 어떻게 설명해야 합니까?
스승 : 우주에서 가장 생명 활동이 강하게 일어나고 있는 곳은 지구이니 지구의 기운이 제일 좋다. 사람들이 알아듣기 쉽게 지구의 중력대 안에 기가 있다고 하는 것은 모르겠다. 하지만 지구가 우주에 속한 하나의 별이라면 우주의 기를 말하는 건 남을 속이는 일에 불과하다.

Q : 왜 산 자가 죽은 자의 이용물이 되어서도 안 되는지 말씀해 주세요?
스승 : 산 자는 삶 속에 있던 활동을 통해서 자기의 영혼을 만들고 그 영혼을 통해서 끝없는 내세와 이어진다. 죽은 자의 조종을 받고 이용당하면 자기의 의식을 잊어버리게 된다. 그러면 의식은 죽은 자의 일을 했기에 죽은 자가 가지고 있는 의식을 받게 되어 죽으면 똑같이 윤회가 되지 않는 매우 불행한 하나의 영혼이 되

기 때문이다.

Q : 이런 일이 자기와 무관하지 않다면 어떻게 해야 하는 것입니까?
스승 : 너희는 신을 되도록 경계하고 막아야 하는데 실제 나는 여러 가지의 면에서 보아 왔다. 죽은 자와 연결된 어떤 사람은 한번 오지만 대부분 곱지 않은 인상들을 주었다. 생명을 갖지 않는 영체들은 자기 기분에 의해서 좋아졌다가 나빠지기도 한다. 좋다고 받아들여도 영체로써는 좋을 수가 없고 이미 그들 속에서는 가르침이 필요가 없다. 그러기에 어떤 때는 죽은 자들로부터 나의 가르침이 큰 대접을 받을 수 없었다. 이런 일을 항상 중요하게 생각해서 실수하지 않는 삶을 되찾기 위해 지혜를 구하려고 노력해야 한다.

Q : 기(氣)를 움직여서 운동을 하고 명상으로 깨달았다는 사람이 많은데 진실을 모르니까 사람들이 속게 되는 것 같은데요?
스승 : 1970년 이후에 세계에서 명상에 대한 관심도가 크게 일어나고 있었는데 그 결과 사람들의 의식이 신들에 의해서 붙잡히고 있다. 자기의 몸을 귀신이 이용하니 자기를 잊어버리게 되고 할 일을 스스로 하지 않게 되니까 모르는 말을 확인하지 않아서 사람들을 속게 만든다. 죽어서도 윤회가 안 된 귀신들이 하고자 하는 일을 대신하고 살면 자기가 하는 일이 잘되지 않는다. 열심히 일하면 좋은 결실을 줄 것이며 정신 건강에도 좋다. 그러니 살면서 일하는 동안에 땀 흘리는 것이 최고의 운동이다.

Q : 요가 운동과 명상은 어떻게 다른 것입니까?
스승 : 요가에서도 체조하는 것은 괜찮겠지만 앉아서 명상하는 동작

은 매우 위험하다. 명상과 같은 가르침을 통해서는 콩을 심어서 잎은 무성하나 열매가 열리지 않는 현상과 같다. 삶에서 결실을 얻지 못하는 생명체는 부활이 되지 않는다. 붓다가 앉아 있을 때 나처럼 손을 이렇게 모으고 가부좌의 자세를 취했다. 붓다는 최고의 경지에 이르렀으므로 이런 동작을 취하면 몸에 있는 에너지가 자연적으로 활동하면서 고요한 경지에 들 수 있다. 그러면 자기 손상은 가져오지 않는데 일반사람은 실상을 모르니까 명상하지 않고 체조 운동하는 것이 더 좋다.

Q : 손바닥을 통해서 기(氣)가 나가고 들어온다는 말을 들었는데 불상에서 손을 펴고 있을 때와 같은 자세를 취하면 우리 몸에서 기운의 파장이 일어납니까?

스승 : 내 집에 목욕탕을 하니까 광고하는 사람이 온다. 그런데 일본에서 어떤 사람이 고안한 기계로 물이 흘러가는 관에 자력을 발생하는 기구를 붙이면 물이 통과하면서 자력의 힘을 받게 되고 엄청난 생명력을 얻는다. 기계가 관에 물이 흘러가는데도 이물질이 끼지 않는다는 것이다. 이와 같은 이치인데 불상의 모습처럼 자세를 취하면 기가 파장을 일으킨다. 석가모니가 죽고 나서 가르침을 배웠으나 근원적인 내용을 모르는 사람들에게 전수만 되는 과정에서 이상한 수련으로 엄청난 힘을 얻었다. 이러한 수련으로 죽은 영의 기운과 접촉을 했고 몸에서 기운이 발생하는 착각을 하고 이해하기 어려운 이상한 현상을 느낀 것이다.

Q : 수련한 사람들은 잘못 전해진 일로 인하여 많은 문제를 가지고 있는데도 모든 고통에서 벗어나서 평화를 얻는다고 착각한 것입니까?

스승 : 이것은 고통에서 벗어나는 것도 평화를 얻는 것도 아니고 이때 나타나는 현상은 몸에 죽은 자의 영체가 하나 들어오게 되었을 때이다. 어떤 경우에는 영체가 몸을 요구할 때가 있는데 의식을 밀어내고 그 자리에 들어가게 된다. 그때부터 자기의 의식은 휴면상태에 들어가게 되는 것인데 그런 현상은 편안한 게 아니고 자기를 죽이는 일이다. 활동의 법칙으로 결과가 만들어지지 않는다면 활동하지 않는 물체는 그때부터 자기를 상실하게 된다. 이것이 세상이 생겨나면서 지금까지 존재하는 법칙인데 누구도 이 법칙을 피할 수 없고 피해서 살 수가 없기에 진리라고 말한다.

Q : 사람들이 살면서 가장 많이 경계해야 할 문제는 어떤 것입니까?
스승 : 있는 일을 바로 알고 속지 않는 것이 자기 자신을 돕는 일이다. 이것은 육하원칙으로 누가, 언제, 어디서, 어떻게, 무엇을, 왜 보급하게 되었으며 장단점이 무엇인지 항상 모를 때는 검증해야 한다.

Q : 우리 곁에 죽은 자의 영혼이 있다면 어떻게 알아보고 검증할 수 있습니까?
스승 : 확인하지 않은 상태에서는 사실 구분이 불가능하며 너희의 육안(肉眼)으로 구분하기는 매우 힘들고 불가능하다고 봐야 한다. 이 시대에 가장 경계해야 하는 것은 죽은 자에게 자신을 빼앗기지 않는 일이 매우 중요하다. 여기에 오는 사람을 제외하고는 세상 사람들 대부분이 죽은 자들에게 자신을 빼앗기고 있다. 우리가 사실을 알고 보면 대화하고 있는 상대가 누구인지 모른다. 자기를 상실하게 하는 일은 본인이 볼 때는 일을 하다가 휴식하는

상태와 같다. 서로 비밀을 모르니까 귀신이 들어와도 자신은 알아보지 못하고 속는다는 것이다. 그러면 그 몸의 주인은 자고 있고 그 몸을 움직이는 새로운 주체는 바로 죽은 자의 영혼이 되는 것이다.

Q : 명상이나 호흡법이 신을 부른다면 다만 뇌를 건강하게 하는 방법은 없습니까?

스승 : 명상이 사람들에게 좋고 나쁜 것을 알려면 있는 일을 조사하고 확인한 후에 결과를 대답해야 한다. 최근까지 명상이 없었는데 많은 곳에서 갑자기 붐이 일어나고 있는데 명상의 실체에 대해서는 먼저 아는 게 중요하다. 지금까지 수천 년 동안 인간이 지구상에서 생존하면서 모든 사람이 불편함이 없이 숨을 쉬고 살았다. 그런데 이 시대에 와서 호흡법이 사람의 뇌를 좋게 한다고 말하는데 결과에 대한 검증이 없이 어떻게 좋을 것이라고 믿어야 하느냐?

Q : 저는 명상이 내부의 의식을 개발한다고 생각하는데 선생님이 가르치는 수행법이 있습니까?

스승 : 모든 사실은 증거로 보아야 하는데 명상을 통하여 뛰어난 인재가 났다면 좋은 것이라고 할 수 있겠다. 하지만 좋은 결과가 나타나지 않았다면 정신 개발이나 자기의 영적 문제 해결에는 아무런 도움이 되지 못한다. 나는 사람들에게 열심히 일하고 검소하게 아껴서 쓰고 정직하게 사는 게 행복을 얻는 길이라고 가르친다. 농부가 농사짓는 법을 알고 밭에 나가서 작물의 성장에 필요한 여러 가지 일을 열심히 해야 농사가 잘되어 결실을 얻을 수 있다. 그런데 일하지 않고 가만히 앉아서 좋은 결과를 얻는다

는 말을 절대 믿어서는 안 될 것이다.

Q : 저는 척추가 아픈데 누군가 명상을 통해서 병을 고칠 수 있다는데 어떻게 해야 할지요?

스승 : 사람들은 자기의 행동이 자아를 상실하고 있는지 좋아지고 있는지를 모르고 있다. 네가 아무것도 모르고 무지한 자의 말을 듣고 그를 따라가면 몇 년 후 너는 걸어 다니지 못할 것이다. 명상하면 병을 고치고 지혜가 생기는지 간단하게 생각해 보자. 아이가 태어나자 아무도 살지 않는 산속에서 키운다고 가정하여 가만히 앉혀놓고 명상하라고 하면 말이나 글도 모를 것이고 바보가 되는 것이다. 인간은 있는 일을 보고 배워야 사실을 알 수 있고 배운 지식도 쌓이고 지혜도 생기는 것이다.

Q : 명상이 올바른 길이 아니면 무엇이 자기가 원하는 최선의 길이 되어 자아 완성이 될까요?

스승 : 명상으로 모든 생각을 버리는 건 자아 상실이고 조용한 시간에 자기의 문제를 발견하고 소망을 찾는 건 자아 완성의 길이다. 자아 완성은 혼자서 모든 생각을 잊고 생활 속에 존재하는 문제를 사유해서 알고 깨달음을 위한 목적의식을 찾으면 된다. 네가 10년을 명상해도 병은 낫지 않지만 만일에 깨달음을 원한다면 나는 네 통증을 1분 안에 사라지도록 할 수 있다.

Q : 종교를 통하여 자기 자신을 구할 수 있습니까?

스승 : 이 시대는 세상 곳곳에 위험이 도사리고 있으니 속담에 돌다리도 두들겨 보고 건너라는 말이 있듯이 무엇이든지 있는 사실을 확인하고 믿어야 한다. 만일에 산으로 간다거나 종교 계통에

들어가면 너는 자신을 상실할 수도 있다. 내가 도와주지 않는다면 너는 그런 유혹으로부터 스스로 이기기가 힘들 것이다. 이 시대에 가장 위험한 일은 악마에게 영혼을 빼앗기는 것이고 거짓으로 인하여 자신을 버리는 일들이다.

Q : 사람이 죽은 신에게 자기의식을 빼앗기지 않고 지키려면 어떻게 해야 합니까?

스승 : 살면서 가장 조심해야 할 일은 자기를 신에게 빼앗기지 않는 일이다. 이미 자기 속에 죽은 영혼이 들어왔다고 해도 진리의 말을 듣고 자기의식 속에 담아 있으면 자기 속에 있는 것과 싸우게 되고 빼앗기지 않는다. 천하를 얻는다 해도 자기를 잃으면 삶이 아무 소용이 없듯이 자기 몸을 빼앗기면 영혼을 죽이는 일이 된다.

Q : 어떻게 세상이 끝없이 존재하는지 왜 이 시대에 종말이 올 것이라고 예언되어 오는지 알 수 있는지요?

스승 : 세상은 지금 종말을 앞두고 있는데 많은 신들이 날뛰고 있고 영들이 인간의 몸속에 들어오기 위해서 많은 기회를 노리고 있다. 종교의 이름을 빌려서 들어오기가 쉬운데 자기 마음을 놓고 고요하고 편하게 있으면 도둑이 빈집에 들어오듯이 의식의 문을 열고 들어온다. 그런데 죽은 영이 인간의 몸에 들어와서 살아있는 몸을 이용하면 그때부터 벽 뒤에 있는 것을 볼 수 있고 사람의 의식 속에 있는 일도 읽는다. 이런 일이 발생하게 되는 사람은 예전에는 무당이나 명도들이었는데 요즘의 종교에서도 신이 들어오면 자기가 깨달았다고 착각하는 경우가 많다.

Q : 죽은 영들이 선생님의 말씀을 들어서 다시 세상에 태어나면 되지 않나요?

스승 : 내가 세계를 여행하면서 누구의 대접도 받지 못하면서 사람들을 깨우치려고 다니는데 나를 만나서 무지가 깨지기를 바라기 때문이다. 어둠을 깨우면 그때부터 빛을 받아들여서 현명해지게 되는 것은 엄청난 은혜이다. 나는 세상에 엄청난 은혜를 베풀기 위해 돌아다녔는데 아무도 환영하지 않는 건 사람들이 자기를 상실하고 있기 때문이다. 나는 살아 있는 자를 지키려 하니까 세상일을 밝히는 것인데 죽은 영혼의 입장에서는 편안하게 남의 몸을 빌려서 잘살고 있는데 자기를 쫓아내고 간섭하는 것이다. 그래서 나는 불청객이 되는 것이어서 그들은 영의 세계에서 사활을 걸고 나의 빛이 들어오는 것을 막으려 한다. 그래서 어디를 가도 대접받을 수 없고 내가 할 일이 없으니 나그네처럼 살아야 하는 것이다.

Q : 사람의 영혼은 마음속에 있는 것입니까?

스승 : 마음속에 있는 실제 영혼이 어떻게 생겼는지 이치를 보여줄 터이니 이 쌀을 보아라! 이것은 식물의 씨앗인데 여기 쌀에 눈이 하나 있고 눈을 보호하는 막이 있다. 모든 식물의 열매를 보면 씨가 있는데 씨를 하나의 영혼이라고 말한다. 쌀눈에서 높은 온도의 기운과 부딪치면 쌀벌레로 변한다. 어렵게 생각할 것 없이 자연 속에 있는 걸 분해해서 그대로 보면 모든 생명체는 똑같은 현상에 의해서 반복하고 있다. 실제 밤을 까보아도 삶으면 퍼석퍼석하지만 단단한 게 있고 눈이 있다. 사람에 비유하면 하얀 것이 순이고 씨를 싸고 있는 것을 마음이라고 보면 된다. 마음이 영혼을 항상 보호하는데 마음이 약해지면 영혼 자체도 약해진

다.

Q : 사람의 인체는 의식의 활동을 위해서 존재하는 것입니까?
스승 : 사람의 인체는 의식의 표출과 받아들이는 역할을 한다. 의식체가 변화를 시도하게 되는 원인은 인체를 통해서 보고 듣고 받아들이고 자기를 표출하는 과정에서 변화가 일어난다. 인체에 문제가 있어서 의식 활동을 잘하지 못할 때는 장애를 일으키게 된다. 인간은 의식을 가진 하나의 대상인데 자기가 한 일을 의식 속에 전부 쌓이고 의식은 하나의 영체의 구실을 하는 것이다.

Q : 영체는 죽음에 임하게 되면 인체와 분리됨으로 해서 독자적인 자기를 존재하게 합니까?
스승 : 영체 속에서 발산하던 의식이 사라지면 곧 생명으로 태어난다. 의식이 사라졌다고 해서 과거에 자기에게 있었던 일이 없어지는 건 아니다. 의식은 사라졌어도 그 속에는 자기 속에 있었던 게 그대로 잠재해 있다. 그래서 자기 속에 잠재해 있는 복합된 일들이 계속해서 반응을 일으키고 영원히 자신 속에 있었던 일을 지키려 한다.

Q : 신(神)과 의식을 다르게 표현하는 것입니까?
스승 : 생명의 세계에서는 삶을 통해서 영혼을 나게 하는데 신이라는 것은 마음과 의식이 엉켜있는 상태이다. 의식 속에 근본이 들어 있는 것을 신이라 하고 바깥에 싸고 있는 것을 의식이라고 한다. 입자가 있는데 신이 근본의 세계에 들어갈 때는 의식에 붙어 있는 게 파괴되어 없어지고 근본의 세계에 와서 새로운 생명으로 연결된다. 이것이 바탕에 들어가게 되면 필요한 정(精)의 기운을

얻어야만 하나의 생명으로 부활한다.

Q : 몸속의 정이 가지고 있는 기운을 얻었을 때 자기의 기운이 합해져서 생명이 태어나면 정(精)은 남녀가 다 가지고 있는 것입니까?
스승 : 나는 뜻의 세계를 설명할 수 있을 뿐이다. 기운을 얻어서 생명으로 태어나는데 이것이 음양이론이고 생명공학이다. 남녀가 가지고 있는 정을 받아서 생명으로 태어나는데 그냥 정자가 여자 몸에 들어갔다고 해서 생명으로 나는 게 아니라고 했다. 사람의 몸속에 있는 정을 얻어야만 생명이 된다.

Q : 땅을 얻어야 발아하듯이 식물의 씨앗이 땅에 심어지는 것하고 똑같네요?
스승 : 식물이 나는 것이 사람이 태어나는 것과 똑같다. 그런데 어떤 사실을 보면서도 사실이 마음에 닿지 않아서 보아도 이해하지 못하기 때문에 자신이 의식에 닿을 수 없다. 근본의 세계는 의식이 파괴되어 버린 상태이고 모든 생명의 결과가 끝나고 시작하는 지점이다.

Q : 근본 세계 속에는 아무것도 없다고 했는데 기체는 있습니까?
스승 : 근본의 세계에 도착해 버리면 아무것도 없고 모든 걸 버려야만 갈 수 있다. 의식을 가지고는 근본의 세계에 갈 수가 없으나 기체가 존재하는데 모든 것은 정상적으로 움직인다.

Q : 기체가 존재한다면 물질인데 물질이 존재한다면 아무것도 없는 게 아니지 않습니까?

스승 : 내가 말하는 것은 근본 세계에는 의식이 없는 세계이다. 공간에는 기체가 존재하고 있고 공기가 있으니까 숨을 쉬고 있다. 반야심경에서 말하는 반야의 세계가 근본의 세계이다. 의식이 존재하지 않고 의식을 가진 자는 거기에 올 수가 없는 곳이어서 신도 이러한 세계를 거쳐서 다시 자기가 나게 된다는 것을 모른다. 그러기에 산 자는 죽음이 두려워 겁을 내고 신은 자기가 죽지 않으려고 발버둥 친다. 모든 생명은 영원히 죽는 게 아니고 변화해서 다시 태어나는 것인데 모르니까 오래 살려고 하는 것이다.

Q : 신이 인간을 만든 게 아니고 인간이 신을 만든다는 이야기를 들었는데 그 말이 맞는지요?

스승 : 너의 질문은 닭이 달걀을 만드는 것이 먼저인지 달걀에서 닭이 나오는 것이 먼저인지 묻는 것과 같다. 신이 죽으면 사람으로 태어나고 사람이 죽으면 신이 나오게 되는 것이다. 네가 신이 되려면 지금 상황에서 보면 사람이 먼저인데 신이 보면 사람이 되려면 신이 먼저이다. 사람이 볼 때는 신보다 사람이 먼저고 신이 볼 때는 사람보다 신이 먼저다. 닭이 볼 때는 달걀보다 닭이 먼저고 알에서 볼 때는 닭보다 달걀이 먼저다. 질문에 따라서 대답은 달라지는데 항상 어떤 문제를 먼저 놓고 답을 봐야 한다.

Q : 의식은 기체로 되어 있다고 말씀하셨는데 확인하는 방법이나 검출하는 방법은 있습니까?

스승 : 확인하려면 기구가 필요한데 인간의 영혼을 가지고 시험을 통한다는 것은 어떤 식으로 잡아서 시험관 속에 집어넣을 수가 있겠느냐?

Q : 영혼이 기체라는 것을 어떻게 알 수 있습니까?

스승 : 심령 과학자들을 초대해서 나와 만나면 그들에게 강한 신들을 보내서 약한 귀신을 내 앞에 나타나게 한다. 그러면 나는 나타나는 귀신을 염력으로 붙잡아서 심령의 눈과 연결이 될 때 사실을 볼 수가 있다. 그때 내 염력으로 태워버리면 형체도 없어져 버린다. 예를 들어서 누군가를 의식 속에 약한 신을 들어가도록 하면 그 순간에 숨이 넘어가는 것처럼 기절한다. 그때 내가 투시하면 신의 일은 죽은 자만이 볼 수가 있지만 내 마음에 있는 불이 태워버리면 신은 존재하지 않는다. 신이 기체이기 때문에 일어나는 현상인데 지혜의 눈을 가진 자만이 알 수가 있다. 물질은 항상 찌꺼기가 남게 되고 의식을 형성하고 있는 기운이 파괴되면 생명 인자는 보이지 않는다.

Q : 식물의 경우에는 씨앗이 땅을 만났을 때 씨눈에서 싹이 트기 시작하죠?

스승 : 씨앗이 땅과 접목되었을 때 입자인 기운이 다른 기운과 만나게 되고 다른 기운을 얻게 되자 생명 활동이 일어난다. 이것이 윤회의 법칙 속에 존재하는 진실인데 사람들은 사실 세계에 눈을 뜨지 못한 상태에서 이해하기가 매우 어렵다.

Q : 현상계에 존재하고 있는 모든 생명체는 기운의 현상에 불과한 것입니까?

스승 : 기운은 현상을 나게 하고 현상은 기운을 모은다. 그래서 근본을 만들어 자신과 똑같은 씨앗을 생산해 낸다. 과거에 지은 결과로부터 태어나는 것이지만 오늘의 삶을 통해서 자신을 만들고 있다. 네 삶의 활동을 통해서 얻어지는 기운을 생성해서 자신의

영혼을 만드는 것이 생명 속에 존재하는 비밀이다.

Q : 삶과 죽음과 태어남의 세계가 어떻게 해서 연결되는지 확인할 수 있습니까?
스승 : 사람이 죽게 되면 사후에 차원이 있는데 영체가 업이 없으면 상승해서 영생의 세계나 극락세계로 간다. 그런데 무지해서 큰 업을 짊어지고 있는 사람은 죽으면 추락해서 인간 세상으로 떨어져 버리게 된다. 인간 세상으로 떨어지면 잡귀가 되어 떠돌아 다니다가 사람에게 붙든가 무덤 같은 데서 귀신으로 고통을 느끼다가 진화됐을 때 사람으로 돌아온다는 보장은 없다.

Q : 영체는 자기에게 있었던 일이 자기의 의식에 쌓여서 죽으면 존재하는 것입니까?
스승 : 의식이 사라지면 다시 생명으로 태어나는데 생명 속에는 영체 속에 있던 성질이 그대로 다시 활동을 시작한다. 생명을 통해서 업의 활동이 시작되면 과거에 있었던 일이 계속 꼬리를 물고 되풀이되고 깨달음이 없으면 계속된다.

Q : 과거의 부처님이 육도윤회에 짐승으로 태어날 가능성이 있다고 했는데 선생님의 말씀이 그 뜻입니까?
스승 : 세상은 법칙으로 인하여 공식과 원칙 속에 존재하니까 어떤 다른 결정체를 가지고 시험을 해 보면 된다. 그 결정체가 어떤 환경의 변화가 빨리 일어난 상태에서 진이 빠지게 되면 자체로 부활하는 게 불가능하다. 나는 절대 신들을 박대하지 않는데 이 시간에 만일에 허공에서 내 말을 듣는 신들이 있다면 어떻게 자기가 윤회할 것인지 들어서 빨리 윤회해야 인간으로 돌아올 수

있다.

Q : 인간이 열심히 일하고 순수하게 살다가 죽는다면 죽음과 동시에 바로 윤회할 수 있습니까?

스승 : 태어났다가 죽음과 동시에 영체가 깊은 잠에 빠지면서 원점으로 돌아와 버린다. 인간으로 태어나도 업이 커서 추락한 영체들은 윤회가 빨리 되지 않아서 육도윤회를 할 가능성이 있다.

Q : 극락세계에 간 영혼들은 다시 태어나지 않습니까?

스승 : 의식 자체가 죽으면 무아의 세계로 가고 근원이 태어남의 세계로 돌아온다. 불교와 접해본 사람들은 반야심경의 내용을 알 것인데 석가모니가 해탈했더니 근본의 자리에 도착하고 보니 깨달음의 자리였다. 텅 비어서 아무것도 없는 상태가 되어서 다시 태어나는 곳이 근본 세계이다. 극락계에 있던 영혼도 자기의 의식이 죽으면 하나의 생명으로 태어나며 세상에 와서 누구의 가르침이 없어도 매우 뛰어난 사람으로 변하게 된다. 자기 속에 있던 일이 항상 자기를 지배하게 되고 영향을 끼치게 된다는 사실을 중요하게 생각해야 한다.

Q : 현재 인간의 세계에서 머물러 있는 영혼들이 종말의 시기가 오면 어떻게 됩니까?

스승 : 모든 생명체는 인연법으로 태어나서 죽기에 어떻게 될지 나도 모른다. 애착으로 윤회가 안 되는 영혼이 자기의 모태를 상실하게 되면 종말의 과정에서 변화기의 파장으로 파괴되고 말 것이다. 전부 흩어져서 원점을 돌아가겠으나 세상 자체가 없어지는 것은 아니다. 현상계는 새로운 활동으로 만들어진 인연 속에서

새로운 많은 것들이 다시 태어날 것이다. 이러한 원리를 알게 되면 너희는 영원히 자기를 보존할 수가 있다.

Q : 이 시대에 왜 죽은 사람들이 산 사람의 세계에서 넘쳐나고 있습니까?

스승 : 삶의 교육이 부족하기에 죽은 영혼들이 갈 길을 잃어버리고 산 사람의 곁에 떠돌아다니고 있는데 윤회가 안 되기 때문이다. 보통 사람들이 죽은 영혼인 귀신이 산 사람의 곁에 떠돌아다니고 있는지 알 수가 없다. 귀신이 사람의 의식에 자기의 모습을 비춰주지 않으면 산 자는 죽은 자의 모습을 볼 수가 없다. 그런데 죽은 자가 어떤 원한을 가졌을 때 자기가 죽지 않았다는 걸 의식에 비춰준다.

Q : 귀신에게 자신이 붙잡혀 있는지 병원에 가서 진단받아도 알 수가 없지 않습니까?

스승 : 요즘 병원에는 대단한 성능을 가진 특수촬영기가 많아서 자기 몸이 이상이 있을 때 검사하고 촬영하면 금방 나타난다. 그런데 몸에 신의 기운이 들어왔을 때 쉽게 원인이 발견되지 않고 고통만 느낀다. 항상 말하는데 의사들이 기운을 모르니까 그냥 병명을 하나씩 지어주고 약을 준다. 그런데 약을 먹으면 조금 나았다가 또다시 고통이 오고 완치가 되지 않는다. 이것은 신의 접근으로 인해서 일어나는 현상이라고 보아도 틀리지 않는다.

Q : 신이 자기 몸에 붙었는지 의식할 수 있습니까?

스승 : 이러한 현상이 몇 백 가지로 나타나기 때문에 하나하나 설명하기 어렵다. 신이 몸에 붙었을 때 몸이 자주 아프다거나 머리에

스트레스가 많은 경우가 많다. 그리고 어떤 사람은 신이 어깨에 앉아 있으면 어깨가 무거운 쇳덩이로 누르는 것같이 아프다고 한다. 어떤 기운은 자기의 모습을 보여주는 것도 있고 대화까지 하는 것도 있다. 하지만 상대가 거부할지 모르니 되도록 정체를 숨기려고 한다.

Q : 귀신이 사람의 몸에 들어올 때 본래 가진 의식은 어떻게 되는지요?

스승 : 인간과 접촉한 귀신들이 육체가 없으면 의식이 있어도 말을 할 수가 없다. 기관을 이용한 의식의 표출이 되지 않으니까 사람의 몸에 들어와서 의식의 기관을 점령하고 살아 있는 것 같이 행세할 때가 있다. 가슴속 깊이 갈비뼈가 있는 자리가 의식체가 몸을 조정하는 곳인데 머리의 뇌와 연결되어 있다. 자동차의 운전사는 자동차를 통해서 운전하듯이 의식체는 활동한 걸 자기 속에 그대로 간직해서 새로운 생명의 세계로 순환시키는 것이다. 그런데 귀신이 사람의 몸에 들어오면 본래의 의식은 자아를 상실해서 자폐증세를 일으켜서 사람들이 이해할 수 없는 행동을 하는데 문제아가 되는 경우가 많다. 귀신이 들어 왔을 때 의식체가 둘이기에 두 가지의 말과 행동이 나오는데 이중인격자가 되는 것이다.

Q : 사람이 아무 일도 하지 않고 의욕이 없으면 의식체가 약해져서 자폐증이 오는 것입니까?

스승 : 귀신이 사람의 몸을 이용할 때는 본체인 의식체는 휴면상태에 들어가 잠들어 있으니까 활동하지 못하고 부실해진다는 사실이다. 예를 들어 컵에 물을 가만히 두어 1주일 정도 지나면 부패가

되는데 물을 흔들어 주면 부패의 속도가 늦어진다. 그런데 심하게 흔들고 돌리면 죽었던 물도 살아난다. 이러한 원리는 어느 곳에도 적용되는데 세상은 원칙에 의해서 정해져 있고 정해져 있는 일을 진리라고 말했다. 죽은 귀신들처럼 살다가 사람 속에 들어와서 자기가 가지고 있는 영체의 기운을 상실해 버린다. 그래서 인간으로 부활이 안 되니 자체의 힘이 약해진 만큼 동물의 세계로 윤회 되는 것이다.

Q : 옛날에도 인간이 끝없이 살아왔는데 문명이 발달할수록 왜 귀신들이 많아지는 것입니까?
스승 : 과거에는 종교를 믿지 않고 대접에 물 떠다가 마당에서 자식 잘되게 해달라고 소원을 빌곤 했다. 항상 현실에 부딪히면서 먹고 살려고 열심히 일했기에 잡념을 가지지 않았다. 그런데 물질문명의 급격한 형성으로 정신적 붕괴 현상이 왔다. 유사종교가 많이 나오고 유교의 영향으로 억울한 삶을 산 사람이 많았고 인간의 영혼을 애착과 한 속에 묶게 되어 무지에 빠뜨리게 되었다. 그래서 죽은 후에 윤회하지 못하고 지옥에 빠져서 귀신으로 헤매는 것이다.

Q : 신병을 가진 사람과 가깝게 지내면 그런 기운이 자기 자신에게도 영향을 미칠 수 있습니까?
스승 : 신병을 가진 사람에게 이유 없이 가까이 갈 필요가 없다. 조상의 귀신이 붙어서 사는 사람에게 가는 데는 큰 피해를 보지 않으나 종교 계통이나 이상한 잡귀가 있는 곳에 가는 일은 위험하다. 귀신 중에도 거짓말 많이 하고 살다가 죽은 귀신이나 종교를 맹신적으로 믿다가 죽은 귀신은 매우 위험하고 사람에게 해를 입

히는 경우가 많다.

Q : 요즘에는 자폐증 환자가 많은데 인간으로 태어나기 위해서 가져야 할 정신적 가르침을 주십시오?
스승 : 세상에 정해져 있는 일들은 활동의 법칙에 따라서 좋은 일과 나쁜 일을 만나게 하고 있다. 활발하게 활동한 건 튼튼하고 건강하지만 활발하게 활동하지 못한 건 비실비실하게 되어 있다. 이 시대에 자폐증 환자가 많은 건 하는 일이 없기 때문인데 현실에 있는 일을 붙들고 매달리면 의식 활동이 제대로 이루어지고 자기를 잃지 않는다. 현실에서 부딪히고 이루려고 하면 의식이 건강해지면서 나중에 큰일도 할 수가 있다.

Q : 종교 계통에 가면 신과 접할 확률이 많게 됩니까?
스승 : 평범한 사람들이 신과 접한다고 해도 모르는 수가 많다. 왜냐하면 몸에 붙어서 사람들이 가지고 있는 신선한 생명의 기운을 느끼며 살기에 표시가 나지 않는다. 어떤 경우 한을 가진 신이 한을 풀고자 할 때 사람의 신체를 움직이게 된다. 몸을 아프게 하거나 집안에 풍파를 일으켜서 자기의 존재를 알리려고 한다. 그래서 사람들은 무당집을 가게 되고 무당은 신이 붙었으니 굿을 하라고 한다.

Q : 우리 삶에 도움도 되지 않고 남을 가르치는 자질이 부족한 사람이 선생으로 있는 학교에 자녀를 보냈을 때 피해가 있겠습니까?
스승 : 어떤 귀신은 사람들처럼 친구를 많이 거느리고 다니는데 잘못하다가 신을 붙일 수도 있다. 실제로 선생이 정신적인 문제가 있는지 검토해야 하는데 안 되는 게 현실이다.

Q : 영체가 사람들에게 접촉하는 것은 무엇을 바라기 때문입니까?
스승 : 허공에 떠도는 영체들은 삶을 무지하게 살았기에 참으로 외로운데 영체를 정확하게 관찰하면 기체에 의식이 붙어서 사는데 기압골의 영향을 아주 세게 받는다. 오늘과 같은 중력대에 변화가 일어나고 있는 현실 속에서 영체로서 기압골 속에 존재하는 건 매우 외롭고 힘든 일이다. 예전에 비가 오려고 할 때 공동묘지에 가면 사람들의 울음소리가 들린다고 했었다. 비가 오면 기압이 무거워지니까 영체는 큰 고통을 느끼고 우는데 지나가던 사람이 분명히 영혼의 울음소리를 들었다고 말하는 사람이 많았다. 하지만 녹음을 하려고 해도 바람 소리만 들린다는 것이다.

Q : 인간에게 접근하는 영체를 동정해야 하는지요?
스승 : 영체도 살았을 때는 인간이었으니까 나는 귀신을 박대하지 않고 동정하는 편이다. 나는 사람을 잘 대해 주면 상대도 잘할 것이라고 알고 내게 의지하려는 여기 오는 사람들에게 많이 노력했다. 그러나 있는 일을 정밀하게 분석해서 해답을 구하기 전에 믿었을 때 많이 실패했다. 영체가 사람의 몸에 들어오게 했을 때 자기도 모르는 행동을 돌발적으로 유출할 때가 있다. 그래서 애착이나 어떤 중력의 변동으로 영체가 견딜 수 없을 때 인간에게 접근한다면 경계해야 한다.

Q : 살면서 애착이 많은 영혼이 그 애착을 풀기 위해서 인간의 몸에 접근하는 것입니까?
스승 : 세상에서 가장 생기가 왕성한 곳이 인간의 몸이기에 기체는 사람의 몸속에 들어와서 기압골의 영향을 피할 수가 있다. 애착이 많은 귀신 중에도 사회에 나쁜 영향을 크게 끼치지 않는 수도

있는데 종교 계통에 있는 귀신들은 무섭다. 영체와 접촉하는 사람이 깨닫지 못한다면 자기의식의 상실로 인해서 다시 인간의 세계로 돌아오는 것이 불가능하다.

Q : 사람들에게 어떤 때에 귀신이 들어오는 것입니까?
스승 : 사람들이 대부분 자기 정신이 있을 때는 문이 잘 열리지 않으니까 들어오지 않는다. 예를 들어 집에 문이 잠겼으면 도둑이 들어오기 힘들지만 열어놓았을 때는 쉽게 들어올 수 있다. 실제 어떤 사고를 당해서 의식을 잃고 무방비 상태에 있을 때 들어올 수가 있다. 그리고 이상한 단체에 가서 공부한다고 할 때나 종교단체에서 기도한다고 할 때 자기 몸속에 받아들일 확률이 높다. 가장 높은 확률은 책을 보고 주문을 외울 때 무방비적 상태에 있는 신체의 혈을 통해서 들어올 수가 있다.

Q : 만신들이 산에 가서 기도하면 모든 일이 쉽게 풀린다고 가자는데 따라가면 안 되겠네요?
스승 : 그것은 매우 위험한 일이니까 신을 받아서는 안 된다. 일시적으로 취직이 되어 너의 문제를 푼다고 해도 귀신에게 모든 인생을 떠밀어 버리면 자신을 귀신에게 맡기는 게 된다. 너는 대학도 나왔고 좋은 친구도 사귈 수가 있으니 여기에 매주 와서 있는 일을 배우면 얼마든지 훌륭한 삶을 살 수가 있다.

Q : 신과 접한 사람이 죽었을 때 의식체도 모두 없어지는 것입니까?
스승 : 산 사람처럼 기운이 쇠하면 의식 자체가 허물어져 버리는 때에 윤회가 되는 것이다. 몸속에 들어와서 육체를 점령하고 있는 영체가 애착이 사라지면 죽어버리니까 의식은 독립하면서 회복

된다. 사람의 몸 자체는 정교한 기능이 있으니까 활동을 통해서 다시 의식을 만든다. 그런데 이 과정에서 의식이 점령되면 다른 의식의 지배로 행동이 나타나게 된다는 것이다.

Q : 영체의 기운이 의식 안에 있는 경우와 몸 안에 돌아다니는 것의 차이는 무엇입니까?

스승 : 의식이 점령당하고 있을 때는 말도 하지 않고 근엄한 인상을 짓고 극심한 우울증이나 정신분열 증상이 발생하게 된다. 의식 안에 들어오지 않고 몸속에 활동할 때는 질병을 일으키는데 가만히 붙어서 있으면 사람이 정상적인 활동하고 생활하니까 자기 몸속에 영체가 들어온지도 모른다. 그래서 있는 일을 보고 어떤 행동을 하는지 많은 관찰을 통해서 알아볼 수 있다.

Q : 정신이 분열되는 증상으로 병원에 입원하는 사람은 어떻게 일어나는 것입니까?

스승 : 정신이 분열된다는 환자의 대부분이 사람의 의식에 들어온 기운의 세력이 강해졌을 때 나타나는 현상이다. 내가 며칠 전에 정신과 의사를 만난 적이 있는데 자기들이 사람들의 심리를 연구한다고 했다. 현대의학에서 이러한 영적 문제는 인간의 보편적 능력으로 이해할 수가 없고 그 속에 있는 일과 이치에 대하여 모르니 의식의 비밀을 상상이나 추적도 하지 못한다. 사람에게 들어온 다른 의식의 힘이 커서 광증이 생기는데 수면제를 먹여도 잘 듣지 않아서 잠을 잘 수가 없다. 왜냐하면 기운이 의식과 뇌를 움직이기에 뇌가 계속 활동하면서 의식에 압박을 주니까 수면 상태에 들어갈 수가 없는 것이다.

Q : 현대의 의학에서 병의 원인을 모른다면 병원에서 어떻게 치료하는 것입니까?

스승 : 환자가 날뛸 때 가족들이 견딜 수 없어 병원에 데리고 가면 빨간 알약을 준다. 내가 후쿠오카 대학 정신과 과장에게 들은 이야기로는 그 약은 일시적으로 뇌와 연결된 말초신경을 차단한다는 것이다. 뇌와 의식의 연결고리를 차단하는 브레이크 역할을 하면 의식은 의식대로 놀고 뇌는 따로 놀아서 생각이 일절 나지 않게 한다. 의식을 일으키면 눈앞에 있는 것만 보이고 안 일으키면 멍한 상태가 되는 것이다.

Q : 다른 의식체가 몸을 장악하면 큰 힘을 일으켜서 건장한 사람 4명이 미친 사람 하나 못 당한다는 말이 있던데요?

스승 : 자동차의 가속 페달을 밟아 대면 시동이 걸려 엔진이 빨리 돌아가서 동력이 엄청나게 발동되어 큰 힘을 일으킨다. 그와 같이 정상적인 사람은 동력이 약하게 걸리지만 미친 사람은 다른 의식체가 일시적으로 급속히 동력을 밟기 때문이다.

Q : 불면증으로 시달리는 사람도 정신분열과 상관이 있습니까?

스승 : 불면증은 정신의 문제가 아니라 신체 구조의 이상으로 뇌와 말초신경이 붙어서 있기에 뇌가 전원과 연결된 상태로 계속 깨어 있으므로 잠을 잘 수가 없다. 컴퓨터의 구조나 뇌의 구조는 같은데 컴퓨터에 전원이 켜지면 화면이 들어오는 것처럼 뇌와 말초신경이 고장이 나서 계속 붙어서 있으면 뇌가 깨어 있어서 잠을 자지 못한다. 컴퓨터가 작동하지 않게 하려면 전원을 끊어야 하는데 전원이 고장 나서 차단이 되지 않아서 뇌가 작동하는 상태가 된다. 졸음은 와서 죽겠는데 잠을 자려고 하면 정신이 말

똥말똥해져서 잠을 잘 수가 없는 것이다. 이런 사람은 다른 의식체가 없는데 힘이 빠지니까 오히려 무기력해진다.

Q : 지금 세상에서 다른 영혼과 연결된 사람이 전체 인구의 80%라고 하셨는데 귀신과 접하고 있는 사람을 구해줄 수 있습니까?
스승 : 사람에게 들어온 영들은 살았을 때 자기에게 있었던 일에 의해서 성격이나 성질이나 성품이 결정되기에 상대의 몸을 빌려서 원하는 걸 얻고자 한다. 사람이 무지하게 살고 삶에 대한 애착이나 한을 갖게 되면 죽은 영체가 풀어지지 않으니까 자기를 가지고 있다. 그래서 스스로 자기를 깨우치려고 하지 않는다는 것이다.

Q : 귀신으로 인하여 사람들이 만나게 되는 병은 어떤 게 있습니까?
스승 : 영의 기운이 사람의 몸속으로 들어와서 조종하고자 할 때는 온갖 병이 나타난다. 가슴이나 심장에 이상이 올 수 있고 머리나 다리 그리고 허리에 이상에 올 수도 있다. 너무나 많은 유형의 질병 형태로 나타나기에 그 수를 일일이 헤아릴 수가 없다. 종교계통에 오래 다닌 사람일수록 큰 병이 많은데 허리가 아프던 병의 기운이 어깨로 올라가면 허리는 나았는데 어깨가 아프게 된다. 어깨가 아픈 병 때문에 기도했더니 어깨는 나왔는데 머리가 너무나 아프니 평생 기도만 하고 살아야 한다는 것이다. 죽을 때 영혼이 애착을 버리고 죽을 수가 있다면 즉시 부활한다. 그런데 삶을 잘못 산 사람이나 세상에서 거짓말이나 하고 남을 속이고 살던 사람이 죽으면 애착이나 한이 있어서 의식체가 영혼의 의식이 풀어지지 않는다. 에너지에 의식이 붙어서 있는 영혼을 귀신이라고 말한다.

Q : 정상적인 사람이 변했을 때 죽은 자가 들어오면 빙의라고 하던데요. 빙의를 사실적으로 설명할 수 있는지요?

스승 : 산 자와 죽은 자가 함께 어울리는 건 서로에게 이롭지 못하다. 사람의 몸을 자동차에 비유하면 운전사는 의식과 같은데 의식은 활동 속에 있는 일을 통해 성장한다. 다른 의식체가 사람의 몸에 들어오면 자신이 몸을 관리하고 싶어 한다. 이럴 때부터 2개의 의식 중에서 산 자의 의식체는 휴면상태에 들어가게 되고 활동이 정지되어 성장을 멈추면 삶의 가치를 상실하게 되는 것이다.

Q : 여래님이 살아 있는 기운이라고 할 때 기운 속에 의식이 존재한다고 보아야 합니까?

스승 : 기운 속에는 두 가지가 있는데 음식을 통해 들어오는 기운은 무기인데 우리 몸에 금방 흡수되는 기운이다. 우리 몸에 흡수되지 않는 자기 의지의 상실로 접하게 되는 살아있는 기운이 정신의 분열을 일으킬 수 있다. 우리 몸에 금방 흡수되는 기운이 몸속에 들어오면 필요한 세포를 생산하고 몸을 움직이는 에너지원이 되어준다. 그러나 우리 몸에 흡수되지 않는 살아있는 기운이 들어오면 질병을 유발하게 된다. 정신 질환자가 가진 기운은 우리 몸속에서 강력한 의식을 가져서 몸을 공격할 수 있는 기운이기에 사람들은 큰 애로를 겪는다.

Q : 죽은 자의 결정체는 기체에 의식이 붙었다고 하셨는데 의식이 붙어서 있는 한 기체는 분해되지 않습니까?

스승 : 에너지 자체로서는 아무것도 할 수 없는데 사람의 몸에 들어오면 영향을 끼칠 수 있다. 사람의 몸체는 구조역학으로 되어 있는데 컴퓨터나 자동차도 같은 구조이듯이 영체가 사람의 몸에

붙으면 몸을 조종할 수가 있다. 귀신이 사람의 몸속에 한 번 들어오면 그 속에 머무르려는 습성이 있기에 몸을 자기가 사는 집이라고 생각한다. 그래서 이런 일을 해결하는 것이 쉽지 않다는 것이다.

Q : 저는 병원에서 병명이 이인증이라고 진단받았는데 마치 제가 머리 위에서 자신을 내려다보듯이 몸으로부터 분리가 되어 있는 겁니다. 알약을 먹고 있는데 치료될 가능성이 있습니까?
스승 : 알약을 먹는다고 네가 가진 장애가 치료되는 게 아니다. 먼저 병의 원인을 알아야 하는데 지금 다른 영의 활동이 시작되고 있고 몸과 의식이 분리되는 일이 생기는 모양이다. 질병이나 바이러스는 자기방어 능력을 갖추고 있지 않기에 면역기능을 높이거나 약물을 투여했을 때 잡을 수가 있다. 그러나 영체는 분별력을 가지고 있고 피하고 방어하는 능력이 있기에 현대의 의학으로 잡는 게 어렵다. 내가 과거에는 고차원의 신들에게 부탁해서 많이 해결했는데 세상일에 아무런 도움이 되지 않았다. 그 사실을 알게 되자 고차원의 신들도 이제는 잘 도와주지 않는다. 모든 일은 상대적이니 네가 강해지면 영체는 너에게 영향을 끼치지 못한다. 이 세상에서 모든 생명의 근원은 기운인데 기운이 진화되어서 환생의 원인이 되니 있는 일을 배우고 깨달아서 스스로 해결해야만 한다.

Q : 병원에서 치료를 완전하게 포기한 암에 걸린 사람이 갑자기 기도해서 낫는 수도 있잖아요?
스승 : 몸의 기관에 나쁜 기운이 뭉치면 계속 나쁜 기운을 만든다. 몸의 체질에 융합할 수 없는 기운의 세력이 커지면 종양이 된다.

병원에서 약을 먹어도 일시적으로 나은 것 같은데 병원에서 치료를 완전하게 포기한 병은 신병이라고 보아야 한다. 신병에 의해서 온갖 현상이 나타나는데 원인이 신병으로 암이 발생했을 때 어쩌다 낫는 것 같다. 그러나 기운이 자체의 의식을 가졌으니까 더 아프게 만들고자 해서 어떤 기관에 자극을 주면 통증을 만들 수가 있다. 어느 절에서 기도를 며칠 동안 하면 아주까리기름을 준다고 하는데 먹으면 병이 씻은 듯이 나아버리는 것 같다고 한다. 그것은 병을 주고 약을 주는 것같이 어떤 병을 주었는지 알면 치료도 쉬운 법이다. 그런데 어느 날 다시 재발하는데 다시 기도하는 곳으로 가야 하니 그런 일을 평생 반복해야 하는 것이다.

Q : 세상에 있는 일이 강한 게 약한 걸 잡아먹잖아요. 몸속에 살아있는 영체가 들어와도 자기 자신의 기운이 강하면 제압할 수 있겠네요?

스승 : 자신의 기운이 강하면 다른 기운을 흡수할 수도 있고 제압할 수도 있다. 의식체는 나무에서 열매와 같은 것이기에 몸의 일정 부분에 붙어서 살므로 빠져나오는 게 상당히 힘들다. 몸과 고리가 끊어져야 빠져나오는데 평범한 사람의 의식의 힘으로 제압하는 게 거의 불가능하다. 하지만 세상의 법칙이 동물도 강한 걸 보면 약한 건 숨고 도망가듯이 우리의 의식체도 있는 일을 잘 알고 강해지면 잘못된 영체가 몸에 들어와서 이용할 수 없으니 피해 간다는 것이다.

질병은 무엇인가

　우리 몸은 면역기능이 있기에 음식물이나 공기에도 몸에 해로운 기운이 들어오면 면역체계가 작은 병균은 잡아먹어서 정화시킨다. 몸 안에 면역기관이 약하면 위궤양 환자가 수술 받는 수도 있고 약물의 도움을 받아서 치료하는 사람도 있다. 사람들이 살아가는 과정에서 몸이 건강하고 정신이 건강해서 잠을 잘 자는 것도 축복이다. 가족 중에도 본인은 아픈 데가 없다고 해도 실제 활발한 활동을 창출해 내지 못한 사람들은 건강에 이상이 있다고 보아야 한다. 건강은 두 개의 분류로 나누어서 정의할 수가 있는데 하나는 정신적인 건강이고 하나는 육체적인 건강이다. 정신이 허약하여 힘이 없을 때는 끈기 있게 일하지 못하고 항상 시작은 잘하면서도 끝에 가서 좌절되게 된다. 의지가 허약하고 나약해도 문제가 있는데 신과 자기의 의식과의 연관이 있다. 꼭 정신병원에 가야 정신적인 문제를 가진 환자라고 말할 수 있는 것이 아니다. 이론상으로는 알고 있으나 행동으로 옮기지 못하는데 오늘날 우리가 사는 사회에도 이런 환자들이 수도 없이 많다.

Q : 질병은 어떻게 해서 생기게 되며 현대사회에 가장 큰 질병의 원인은 무엇입니까?

스승 : 음식을 섭취하면 우리 기관에서는 물질이 가지고 있는 에너지는 대소변으로 나오는 사이에 이미 다 빼먹어 버린다. 음식이 가진 좋은 기운을 뽑아서 사용하고 필요 없는 물질은 대소변으로 뽑아낸다. 이미 대장에 들어가 버리고 나면 소화를 시켜 배출시켜버리는데 이렇게 해서 생기는 질병은 극히 일부이다. 어떤 물질이 가지고 있는 독성이 우리 몸속에 들어와서 중화되지 않는 것이 있는데 대학에서 의학 공부를 몇 년 해도 정확하게 가르칠 수 없는 것이다.

Q : 독성의 원인을 현대의학에서 알아낼 수 없습니까?

스승 : 죽은 자가 산 자의 몸에 들어와서 활동할 때 생기는 현상들이다. 죽은 자의 기운은 자체의 방위 능력이 있기에 절대 우리 몸에 들어와서 동화되지 않게 되어 있다. 그건 하나의 완성된 의식체이기 때문에 우리 몸을 조종하고 있는 의식체와 똑같다. 예를 들어서 기운이 척추에 붙어서 오르락내리락 반복하면 척추에 이상이 생긴다.

Q : 인체가 어떻게 만들어지고 기능이 어떻게 유지되는지요?

스승 : 어린애가 점점 커가기 위해서는 뼈가 만들어져야 하고 모든 장기도 커져야 하고 키가 작은 애가 커지려면 피부가 늘어나야 한다. 이런 모든 일이 어떻게 해서 이루어지는지를 알아야 한다. 먼저 음식물을 통해서 몸이 섭취하는 에너지가 우리 몸에 동화되면서 몸에 있는 부위를 성장시키고 관리하는 일을 한다. 우리가 살아가는데 필요한 자동차가 기름이 있어야 가고 에너지원이

있어야 자동차가 움직인다. 그것처럼 사람 또한 외부 에너지의 섭취를 통해서 자기가 필요한 장기를 만들고 안에서 피를 만들며 뼈를 만들고 여러 가지 역할을 하고 있다.

Q : 사람들이 갖게 되는 신체 구조에 질병이 어떤 원인을 주는 것입니까?

스승 : 여러 가지 원인이 있어서 생기게 되는 질병의 첫째가 독성이다. 외부의 어떤 물질이 우리 몸에 들어와서 동화가 되지 않고 자체적인 활동을 하게 될 때 언제든지 우리 기관에 치명적인 질병을 일으킬 수가 있다. 세력이 아주 적을 때는 문제가 되지 않지만 계속 동화가 안 되면 우리 몸에 있는 세포 에너지를 섭취해서 세력을 힘을 얻게 된다. 자체가 소멸하지 않을 때 동화되지 않는 독성이 우리 몸속을 따라서 돌아다니면서 강한 것은 잡아먹지 못하는데 약한 부위에 에너지를 잡아먹고 성장하게 된다. 이것이 어느 정도 성장하게 되면 통증을 유발하든가 질병을 만드는데 궤양이나 디스크 같은 질병을 만들게 된다. 심지어는 이 독성의 활동이 담석이나 요도결석을 만들고 혈관에 콜레스테롤을 끼게 해서 피의 흐름을 방해하고 부식하게 만든다.

Q : 우리가 스테인으로 만든 파이프를 사용할 때는 잘 안 일어나는데 철 파이프는 몇 년 지나고 나면 실제 물의 통과가 잘 안되는데요?

스승 : 모터를 돌려도 잘 안 올라오니까 전기료가 많이 들어간다. 작년 목욕탕을 수리하면서 철근을 깨 놓은 걸 보면 큰 구멍이 손가락 하나 들어갈 만큼 배관에 녹이 끼어 있었다. 그런 현상을 일어나게 하는 것처럼 사람의 경우에는 심장병이나 고혈압이나 여

러 가지 질병을 만들게 한다.

Q : 우리가 살면서 왜 질병을 중요하게 생각해야 하는지요?
스승 : 사람이 질병이 없으면 약간 추위도 잘 이기고 버티어서 생활하는데 아무 문제가 없이 새로운 생활에 필요한 일들을 만들어 간다. 그러나 건강이 나빠지면 그런 일이 쉽게 이루지 않고 조금만 춥거나 더워도 심하게 느끼기에 생활에 불편이 많이 생기니 질병을 중요하게 생각해야 한다.

Q : 요즘 유행하는 수행 중에 기운을 움직여서 병을 치료한다고 하는 것은 어떤 것인데요?
스승 : 어떤 사람의 이야기를 들어보면 쿤달리니를 하면 엉덩이 끝에서부터 아주 뜨거운 기운이 올라오면서 몸과 정신이 상쾌해진다고 한다. 그런 일을 계속하면 열기가 움직이면서 뼈가 산성화되어서 약해지는데 히로뽕이나 마약을 맞는 것같이 비슷한 현상을 일어나게 한다. 이런 기운이 몸에 들어와서 활동하게 될 때는 신체 속에 있었던 세포들이 가지고 있는 기운을 변질시켜서 독성이 생길 수 있다.

Q : 과학실험을 통해서 독성이 생기는 것을 확인할 수가 있겠습니까?
스승 : 물에 어떤 물질을 계속 희석하다가 활동을 멈추고 며칠 동안 물을 가만히 놓아두면 아무것도 없는 것 같다. 하지만 제대로 활동하지 못하고 일정한 온도가 올라가면 변질이 온다. 그와 같이 에너지가 우리 몸속에 있는 활동을 저하하면 충분히 활동하지 못한 에너지들이 변질하는 과정에서 독성이 생기게 된다. 요즈

음 많은 사람이 이러한 독성에 의해서 고통을 갖게 되는 예들을 많이 볼 수가 있다.

Q : 약물을 과다하게 복용했을 때와 잘못된 수행으로 얻는 고통이 같은 것입니까?

스승 : 이런 예가 마약 같은 종류를 복용한 사람들은 후유증 때문에 계속 마약을 맞는다. 마약을 한번 맞은 사람은 끊지 못하고 계속해서 마약을 맞아야 하는지 알 필요가 있다. 그래야 마약에 대한 경계심을 어느 정도 갖게 될 수 있기 때문이다.

Q : 마약(痲藥)이 사람의 정신을 마취하거나 환각작용을 하는데 왜 마약이란 이름을 붙였습니까?

스승 : 약물을 먹으면 마의 힘이 몸에서 나타나기 때문이다. 이것이 우리 몸에 들어와서 일정 기간 활동하고 사라지면서 흡수되지 않은 것들이 남게 되고 쌓이면 하나의 세력이 된다. 기운이 머리 위로 올라가면 머리가 깨지고 신경이 약해지면서 미쳐버린다. 그래서 마약 중독자들이 후유증이 심해지면 유리창을 깨고 자해하고 칼을 가지고 설치는 일들이 많이 있다. 이런 일은 신문을 통해서도 보고 실제 많이 들어서 알고 있을 것이다.

Q : 독성이 몸을 따라다니다가 어떤 기관에 붙게 되면 그때부터 질병을 유발하는 원인이 되는 것입니까?

스승 : 질병은 체내에서 생기게 된 에너지의 변질로 독성이 생겨서 모든 질병의 원인이 존재하게 된다. 그래서 내가 너희에게 활동하라는 말을 항상 하는 것은 육체가 움직이면 쉽게 독성이 빨리 쌓이지 않는다. 활동하는 과정에 약한 것들은 변질이 되었던 기

운이 다시 제 자리로 돌아온다. 예를 들어 물을 가지고 실험하면 고인 물을 다시 흐르는 물에 부어서 관찰하면 알 수 있다. 폭포수의 물이 깨끗한 것은 더러운 물도 물질 속에 있던 부유물질들이 다시 깨져서 청정수로 돌아오기 때문이다.

Q : 강력한 활동으로 독성이 다시 깨져서 다시 원래의 모습으로 돌아온다는 것입니까?

스승 : 물을 한 컵 떠 놓고 계속 작은 모터를 이용해서 돌려주면 흐르는 물은 썩지 않고 고여 있는 물은 활동하지 않으면 썩는다. 활동의 부재에서 자기 인체 내의 에너지의 변질이 오고 약화 되는 원인은 오니까 이런 일을 보고 열심히 활동하라는 것이다.

Q : 수도관에 녹이 끼어 있다고 가정하면 어떤 약품을 넣으면 씻겨 나가는 수가 있는데요?

스승 : 일본에서는 관에다 자석으로 전원을 발생하면 녹이 떨어지는 현상이 있다고 한다. 사람의 육체가 가지고 있는 기운도 어떤 물체가 물질 속에서 변화를 관찰하면서 수도관에 맞추어서 비유해 볼 수가 있다.

Q : 제 남편은 책을 본다거나 신경을 쓰면 머리에 쥐가 난다는데 왜 그렇습니까?

스승 : 일시적으로 머리의 어떤 신경 부분이 경색이 와서 쥐가 나는 경우도 있다. 통증을 느낀다는 것은 경색 현상이 온다는 말인데 바닷가에서 수영할 때도 쥐가 나는 사람이 있다. 바늘로 어디 부위를 쑤셔버리라는 것은 피가 나면 쥐가 안 흐른다. 어떤 압력에 의해서 머리의 신경을 쓰면 기관에서 생기게 되는데 일시적인

흐름이 기체의 흐름이나 혈관의 흐름이 멈추면 쥐가 난다. 하지만 어떤 현상이 무조건 아프니까 쥐가 난다고 했다면 여러 가지 검사해 봐야 한다. 그렇지 않고 쥐가 난다면 모세혈관이 통하다가 멈추어서 나타나는 기능장애인 경우도 있다.

Q : 증상을 보면 젊은 사람이 지구력이 없고 처음에는 굉장히 거창하게 시작은 하는데 단거리 마라톤 선수처럼 에너지를 가지고 있는 것 같아요?

스승 : 나타나고 있는 현상이 말했듯이 원인은 한번 보아야 하는데 왼쪽 혈관 쪽에 이상이 있을 수도 있다. 남편에게 물어보고 사실이라면 원인은 어떤 독성물질에 의해서 생길 수도 있는데 혈관 구조의 장애도 기운이 왕성해지면 없어진다. 물에 어떤 강력한 힘이 에너지가 생기게 되면 혈관의 이물질이 녹아서 나가버린다. 독성인지 모세혈관에 이물질이 끼어서 신경을 많이 쓰면 장애가 나타나는지 검토해볼 필요가 있다. 왜냐하면 그러한 장애가 나타나면 뇌가 활발하게 움직여주지 않기 때문에 사실 지구력이 없다고 봐야 한다.

Q : 자기에게 빨리 이익이 돌아오는 일은 열심히 하는데 가슴 속에서 열이 많이 난다고 하는데요?

스승 : 사람이 며칠 굶었다가 음식이 들어가면 가슴에 기운을 뽑아 버리는데 가슴속에 열이 난다니까 일반 사람들은 감지를 못한다. 나무도 기운이 있을 때는 딴딴한데 기운을 빼 버리고 나면 퍼석퍼석해지듯이 기운이 빠지면서 일어나는 현상이다.

Q : 사람이 생선을 먹었을 때 가시도 그렇습니까?

스승 : 생선 속에 있는 기운을 빼 버리면 가시가 퍼석퍼석하게 된다. 심지어 쇳덩어리도 기운만 뽑아내 버리면 빨리 물질이 변해서 부식될 수 있다.

Q : 사람들이 몸도 무겁고 마음도 무거워진다고 말하면 곁에 있는 사람도 자기도 모르게 따라가는데 마음이 우울할 때 어떻게 하면 좋아지나요?

스승 : 배터리는 직렬과 병렬이 있는데 6V짜리를 병렬로 연결하면 12V가 나오는 것과 같이 사람의 몸속에는 에너지가 있다. 의식이 좋은 사람들이 모여 서로 손을 잡고 마음을 동시에 놓아버릴 때 여러 사람의 에너지가 엄청난 힘이 돼서 돌아간다. 그때 자기의 쌓여 있는 스트레스가 사라져 버릴 수 있다. 그렇게 하면 병이 예방되고 작은 스트레스나 질병의 원인이 사라지는데 마음이 맑은 사람이나 건강한 사람끼리 함께하면 보약보다 좋다. 하지만 신들린 어두운 사람이 중간에 끼어 있으면 나쁜 기운이 옮겨 올 수 있다.

Q : 질병 구제의 근본적인 의미가 어디에 있을까요?

스승 : 질병의 근본적인 의미는 행복한 삶을 위해서이다. 질병이 없으면 활기찬 삶을 가질 수 있고 자기를 잘 이루기가 쉽다. 농사꾼이 힘이 왕성하면 지게를 져도 짐도 많이 지고 땅을 기름지게 해 주고 땅을 잘 가꿀 수 있지 않겠느냐?

Q : 질병에 대해서 신경을 써야 하는데 건강을 유지하는 어떤 길이 있습니까?

스승 : 우리 몸은 면역기관의 활동으로 작은 병균 같은 것은 잡아먹

어 버린다고 했다. 어떤 음식물이나 공기를 마시면 활동할 동안에 기운 자체가 몸에 해로운 기운은 정화하는 것이다. 사람이 음식을 먹어서 음식이 가지고 있는 좋은 기운은 뽑아서 몸에 필요한 곳으로 보낸다. 필요 없는 물질은 대소변으로 뽑아내어 버리는 것처럼 똑같다. 예를 들어 가슴에 궤양 같은 게 있으면 면역기능이 발동함으로 치료한다. 면역기관이 약하면 위궤양 환자가 수술받는 수도 있고 약물의 도움을 받아서 치료하는 사람도 있다.

Q : 사람이 평생 아프지도 않고 건강하게 살다가 돌아가면 좋겠지만 평생 아프다가 고생하고 돌아가는 사람이 어떻게 좋은 삶을 찾을 수 있습니까?

스승 : 너희의 마음이 깨끗하고 근면하고 검소하고 정직한 생활을 하게 되면 마음에 병이 없다. 깨달음이 있어서 의식이 밝아지고 나쁜 환경을 만나지 않으면 건강하게 병이 없이 살아갈 수 있다. 예를 들어 어떤 식물을 심어놓고 어떻게 나무에 병이 오는지 관찰하면 알 수 있을 것이다. 토양이나 환경에 아무 이상이 없으면 나무가 오래 튼튼히 잘 큰다. 환경과 바탕과 정신이 가진 문제와 생활 때문에 많은 병이 생기는 것이다.

Q : 정신이 깨어나고 밝은 생활을 하게 되면 병이 없게 되는 것입니까?

스승 : 육체를 잃으면 모든 것을 잃는다는 것이 맞는 말이다. 돈을 아무리 벌어서 자식에게 주어도 죽어버리면 자기 것이 아니라 자식 것이지만 사기꾼이 하나 나타나서 자식을 속이면 사기꾼 것이 된다.

Q : 저희가 왕성한 기운으로 살려고 하는 경우 자체적으로 정화하는 것이 가능합니까?

스승 : 하천에서 어떤 물질이 하수도를 통해서 내려가는 과정에 변질이 되어서 웅덩이에 고인다. 이때 많은 양의 물이 지나가게 되면 물속에 있는 오염된 물질들이 스스로 정화가 되지만 물이 아주 적게 흘러갈 때 오염된 물질은 정화가 안 된다. 그러니까 너희가 왕성한 기운이 체내에 돌 때 어떤 부위에 걸려 있는 기운이 왕성한 기운과 함께 돌다가 정화되어 버리는 수가 있다. 그러나 계속 활동하지 아니하면 한 번 변질이 되었던 기운이 스스로 사라지는 경우는 매우 드물다. 물질은 점점 옆에 있는 약한 기운을 흡수해서 오히려 더 큰 세력을 만들 수 있다.

Q : 꼭 깨닫지 않더라도 나름대로 왕성한 기운을 가지고 살아야 하지 않겠습니까?

스승 : 깨닫지 않더라도 사람에 따라서 좀 왕성한 기운이 있는 사람이 있고 쇠한 기운이 있는 사람이 있다. 왕성한 기운이 있을 때는 질병 같은 것이 잘 안 생긴다. 젊을 때 기운이 펄펄 넘칠 때는 나이가 늙었을 때보다는 병이 없는 거와 같다. 있는 일을 살펴보아야 하는데 젊은 사람 중에서도 질병이 있는 사람은 힘이 없다. 그런데 40대쯤 되는 사람이 왕성한 기운을 가지고 있는데 암으로 죽었을 때 어떤 음식을 먹었는지 관찰해봐야 한다. 그렇지 않을 때 그 사람의 생활환경을 검토하면 뭔가 이상한 점을 발견할 수가 있을 것인데 원인이 없는 결과는 절대 일어나지 않는다.

Q : 사람이 겉으로 보기에는 왕성해 보이지만 의식에 문제가 있어서 허약한 사람들도 많겠지요?

스승 : 육식을 많이 하고 운동해서 근육을 올려 힘이 왕성한 것 같지만 내면에 보면 의식적으로 아주 허약한 사람들이 있다. 우리 사회에 어떤 대학을 나와서 직장을 가지면 반복된 일만 하니 그의 의식 상태가 어떤지 모른다. 그런 사람에게 있는 일에 관해서 물으면 거꾸로 판단하고 건강해도 얼마든지 기운의 감염 때문에 질병과 만날 수 있는 일이 허다하다.

Q : 어떤 집단에서는 피를 깨끗이 하면 영생을 할 수 있다고 하는데 가능한 일입니까?
스승 : 자기의 정신 관리를 어떻게 하는지는 행위와 기운을 전달하는 자기가 섭취한 음식에 따라서 피가 좋아지고 나빠진다. 그런데 아무리 좋은 깨끗한 음식을 먹었는데도 피가 안 좋아지는 사람은 심장이나 간이나 어디 이상이 있는 사람이다. 몸 자체에 질병이 있을 때는 고쳐야 한다. 이것은 음식물과 깨달음만 있으면 얼마든지 자기의 행동을 통해서 피를 건강하고 깨끗하게 만들 수 있다. 혈관 계통의 질환으로 많은 사람이 질병에 시달리고 있는데 피를 깨끗이 한다고 영생을 할 수 있다면 거짓을 말하는 것이다.

Q : 사람의 피는 어떻게 생성이 되는 것입니까?
스승 : 음식물을 먹으면 음식 속에 있던 필요한 물질이 몸으로 흡수가 되어서 혈관을 타고 돌면서 피도 만든다. 혈관이 나오게 된 영양소를 어떤 부위에 전달하면 몸 자체의 세포도 만들고 온갖 것을 만든다. 세포는 몸속에 존재하고 있는 혈관에 흐르는 기운을 받아서 번식 활동도 하고 부족한 세포를 만드는 것이다. 그런데 피가 깨끗해지고 깨끗하지 않은 것은 어떤 음식물을 먹는지

가 결정한다.

Q : 피가 돌면서 순환기 계통에서 세포를 어떤 기운이 전달하기 때문에 질병이 생기게 되는지요?

스승 : 실제 의학적인 문제에 대해서 질문을 하면 의학적으로 설명하겠다. 내가 어떤 경우에는 내과나 정신과 몇 개 계통에는 세계 최고의 의사이다. 요즘 질병은 혈관 계통과 순환기 질병이 가장 많이 발생하는 건 사실인데 분리되어 있지만 표면상 나타나지 않는 의식 속에서 일어나는 것이다. 믿는 사람도 있고 믿지 않는 사람도 있을 것이지만 무엇이든 내가 질문을 보고 설명할 수 있다. 건강은 정신적인 요소에서 오는 경우가 많은데 정신적인 건강을 주지 못하고 육체적인 건강이 존재하지 않는 한 내세에서 복을 받는 길은 없다.

Q : 현세에서 즐거움을 보지 못하는 사람은 내세에서도 건강하지 못하겠지요?

스승 : 현재에 스트레스 하나도 해결하지 못하는 사람이 어떻게 내세에서 건강한 자기를 만날 수 있겠느냐? 정신이 건강하고 육체가 건강할 때 내세의 건강한 자기 축복받는 또 하나의 내세의 자기를 만들게 된다. 정직하게 살고 싶어도 정직하게 사는 게 너무나 힘든 것은 결국 자기가 속지 않고 남을 속이지 아니하여야 한다.

Q : 저는 영국에서 일주일에 5일을 병원에 꼭 다녀야 했는데 여기와서 고혈압 증세가 없어지고 가슴이 아픈 게 사라졌습니다. 심장이 고통도 없어지고 생각이 안 나고 머리가 맑아지고 찌그러졌던 얼굴이 펴져서 밝아지고 모든 기관이 정상으로 돌아왔습니

다.

스승 : 영국에서 이곳에 와서 공부하는 제니더는 영국 천재 클럽 회원이다. 영국에서 옥스퍼드와 런던 대학 영국 왕실 아카데미 최고의 종교의 지도자들을 만나고 있었다. 그런데 저녁마다 찾아 왔는데 많은 질병이 있었으나 배우고 싶고 진리를 알고 싶다고 해서 이곳에 왔다. 교사 출신이고 한국에서 많은 것을 배울 수 있다고 위험을 무릅쓰고 따라서 왔는데 지금 많이 좋아졌다.

Q : 한국말도 제대로 못 듣는데 선생님의 가르침을 몇 달 안에 알아 들을 수 있는 것이 가능합니까?

스승 : 내가 눈뜬장님을 보고 이것이 진실이라 했을 때 금방 알아들을 수가 없고 혼동이 온다. 모양이 있고 크고 작고 법이 있다고 말하면 구분이 안 된다. 제니더는 몸에는 바이러스가 있는데 내가 이렇게 말했다. 네가 진정으로 세상을 위하여 보람 있는 일을 하게 될 때 기뻐하고 감동하고 느낄 것이다. 그때 이 세상의 의사들이 아무도 고칠 수 없는 바이러스가 전부 다 죽어 버릴 것이라고 약속해 주었다. 그리고 몸에는 중금속이 걸려 있었는데 수지침을 하는 사람을 불렀다. 그래서 한번 찌르라고 지적해 주니 중금속이 정확하게 풀어져서 그렇게 통증이 오던 것이 멎어 버렸다는 것이다.

Q : 선생님은 중금속에 오염되어 물질이 피를 따라 돌아다니면서 통증을 유발하는 사람을 치료할 수 있습니까?

스승 : 중금속의 물질이 피를 따라 돌아다니면 계속 따끔거리고 상당하게 부담이 된다. 바늘을 가지고 쑤셔도 되는데 잘못하다가 부작용이 생길 수도 있으니까 나는 위험 부담이 있는 짓은 절대 안

한다. 그런데 중금속은 아무리 정신으로 치료하려고 해도 어떤 혈관이 이상이 없으니까 중금속 물질이 눈에 보이지 않는다. 통증이 생명에 지장은 주지 않으니까 보지 않았는데 팔에 막히면 아파 죽겠는데 중금속이 걸려 있다는 것이다. 그래서 수지침 놓는 사람을 불러서 한번 놔 주니까 바로 좋아진 적이 있는데 아무 이상이 없어졌었다.

Q : 질병을 지압이나 침술로 치료하는 것이 가능합니까?
스승 : 그것은 간단한데 중요한 부분을 잘 찾으면 당장 되는 거고 잘못 찾으면 엉뚱한 데 하면 효력이 없으나 침을 놓아줘도 본래대로 돌아오는데 같은 원리이다.

Q : 아무리 침으로 해도 어떤 사람은 안되고 지압을 일주일 하고서 입이 싹 돌아오는 사람을 보았는데요?
스승 : 일상적인 생활하고 잘 챙겨 먹으면 최고의 보약이니까 쌀에도 기운이 있고 채소를 많이 섭취하면 좋은 생명의 기운이 있으니까 건강해진다. 동물성을 많이 섭취하면 몸이 무거워지고 식물성을 섭취하면 몸이 깨끗하다.

Q : 요즘 한의사들은 옛날처럼 원리를 배우지 않고 학교에서 책을 보고 배웠는데 어떻게 알 수 있을까요?
스승 : 한의대에서는 어떤 환자가 나타났을 때 병을 관찰하고 치료한 결과를 적어서 임상일지라 해서 사람들이 경험한 것을 보고 배운다. 어떠한 증상이 나타났을 때 병명을 붙였고 같은 증상이 나타날 때 이러한 성분을 가지고 있는 식물이나 약초를 사용했다. 그랬더니 열이 내려가면서 해열이 되고 다시 기력을 찾게 되었

다. 그러면 한의사는 처방을 내리는데 무슨 식물의 줄기가 좋고 무슨 뿌리가 좋다고 써놓는다. 그런 임상일지가 양의학에서는 어떤 환자에게 어떤 물질을 투여했을 때 나타난 현상을 보고 결과를 말한다. 예를 들어서 장티푸스 환자가 나타났을 때는 누가 발명한 어떤 백신을 썼더니 장티푸스를 치료할 수 있었다. 그래서 이제는 장티푸스가 오면 그 백신을 주고 그 사람들이 과거에 했던 임상시험 결과를 토대로 해서 그대로 똑같이 한다.

Q : 보이지 않는 물질이나 기운은 의사는 감지할 수 있는 능력이 없고 정확한 진단을 하지 못한다는데요?

스승 : 의사들은 느끼지는 못하는데 침을 찔러서 피를 뽑고 덩어리가 막혔을 때는 재발이 없다. 그리고 그것을 관이 좁은 곳에 막혔던 게 빠져나가 돌아가 버리면 심장은 피를 걸러 주게 한다. 이때 핏덩어리가 심장에서 걸러져 버리면 되는데 일반 사람들은 어디에 혈관이 막혔는지를 알지 못하니 치료하는 것이 불가능하다. 그런데 계속 문지르면 자연적으로 있던 게 뒤에서는 계속 압력이 있어서 수돗물처럼 밀고 있으니까 자연적으로 치유되는 수도 있다. 어떤 거북한 부분을 강력한 마찰을 해줘도 치유되는 수가 있다.

Q : 제가 암산을 잘하고 머리가 총명했었는데 갑자기 어느 날 정신이 어두운 것은 왜 그럴까요?

스승 : 그것은 원인 분석해야 하는데 나중에 내가 의식에다가 비춰보면 안다. 오늘은 다른 사람과 연결이 되어 있기에 확실하게 느끼지 못하지만 어쩌면 원인이 심장에 있을 것 같다. 심장의 활동이 상당히 퇴보해서 머리에 열이 차게 되고 열이 차게 됨으로써 생

각이 잘 안 난다.

Q : 지금은 망상도 안 일어나고 옛날만큼 온갖 생각이 안 일어나는데요?

스승 : 너는 깨달음의 노력으로 망상이 사라진 게 아니고 심장의 부위에 이상이 와서 머리에 피가 제대로 안 돌기 때문에 열이 생긴 것이다. 그러니까 지금 정확하게 앞에 앉았기 때문에 설명하는데 머리에 열이 차면 뇌가 활동을 제대로 못 하기에 기억이 안 된다. 내가 세상에서 가장 뛰어난 명의이다. 사람들이 귀신이 붙어도 이렇게까지 원리를 모른다. 손발 저린 것은 안보이지만 기억이 없다고 하면 그 문제는 지금 심장 위에 이상이 오면 혈압도 조금 상승할 때가 있다.

Q : 저의 머리에 열이 생긴 것이 저혈압 때문입니까?

스승 : 머리에 어떤 이상이 올 때는 저혈압이나 고혈압 증세가 온다. 제니더는 영국에서 여기에 올 때는 많은 병을 가지고 있었으나 지금은 얼굴도 완전히 살아났다. 일 년을 여기에 약속했지만 한 가지는 안 알려준다. 머리가 아프다고 신문에 광고하는 약을 가져와서 이 약을 먹으면 되겠냐고 물었지만 약 먹을 필요는 없다. 네가 한 번만 세상을 위해서 감동적인 일을 하고 느낄 때 죽었던 네 몸의 기능이 완전히 살아나서 그때 너의 몸은 완전히 건강해질 것이다. 이미 너에게 80% 이상의 건강이 회복되었는데 보통 사람들은 얻을 것을 다 얻게 되면 도망을 가 버린다. 나는 네가 여기에 와서 따뜻하게 대해줬는데 만일 내가 하고자 하는 일을 돕지 않는다면 원래대로 돌아간다. 네가 진짜 옳은 일을 하고 감동이 오고 진정 가치를 알 때 나의 일을 돕는다면 세상에서 가장

큰 축복을 스스로 보게 된다. 너는 어떠한 현상이 나타날 것인지를 보게 될 테니 한 가지의 병은 치료할 수 없는데 스스로 공덕을 지어야 그 축복이 일어날 것이라고 했다.

Q : 사람이 조그마한 일에도 견디지 못하고 신경질을 잘 내는 사람은 이유가 무엇입니까?

스승 : 원인이 2가지가 있는데 머리에 질병이 있을 때 어떤 기운의 활동으로 생길 수 있다. 어떤 때는 머리에 있는 혈관이 막혀서 한 부위에 모세혈관이 일정한 부위를 통과하지 못할 때 혈관이 흐르지 않는 곳에는 냉온 작용이 약하기에 열이 많이 생긴다. 뇌는 어떤 일정한 열이 생기게 되면 정지하니까 뇌의 한쪽 부분이 약해지면 신경을 유지하는 게 매우 약해진다. 그럴 때 신경질을 내고 문제아가 되는 수가 있다. 다른 하나의 질병의 원인은 죽은 영혼이 자기 몸속에 들어와 살아 있는 사람의 의식을 점령하게 됐을 때 사람들이 이해할 수 없는 행동을 한다. 그렇지 않으면 사람들이 전부 정상적이다. 근본이 나빠서 거짓말을 많이 하는 사람은 있지만 심신이 허약한 사람들이 항상 가정에서 문제를 많이 일으키게 된다.

Q : 우리 몸에서는 어떻게 해서 이런 질병들이 생기게 되는 것입니까?

스승 : 사람의 육체는 기관을 움직이는 기운으로 꽉 차 있다. 기관에서 기운을 잘 처리하지 못할 때 몸 자체에서도 어떤 변질이 된 기운을 생산하게 된다. 한번 생성된 기운은 스스로 소멸하지 않고 애착하게 한다. 무기(無氣)가 아닌 독특한 성질을 한번 갖기 시작하면 성질은 흡수되는 것이 아니고 자기를 보존하려는 본능

을 갖게 되어 번식하게 되면 큰 질병을 만들 수 있다. 땅에 비유해서 살펴보면 우리가 어떤 음식을 먹을 때 조심하면 질병에 걸릴 확률은 감기나 바이러스에 의해서 감염되는 경우가 아니면 거의 없는 상태이다. 바이러스에 의해서 공기로서 전염되는 것은 어쩔 수 없겠지만 나머지는 큰 질병이 발생하지 않고 이러한 질병의 원인은 음식물을 통해서 오는 것이 많다.

Q : 어떤 음식물이 어떻게 질병을 만들어 옵니까?

스승 : 어떤 오염된 땅에서 열매를 맺게 된 씨앗은 오염된 물질을 열매 속에 함유하고 우리 몸속에 축적이 많이 되면 독성을 만든다. 바다에서는 적조를 만들고 땅에서는 자체에서 오염을 가져왔다. 열매에서는 오염된 물질을 다시 받아서 사람의 몸속에서는 많이 쌓이게 된다. 그러면 새로운 기운이 활동하게 되고 이 기운은 온갖 질병을 만든다. 사람들의 혈액에 대해서 혈우병을 만들 수도 있고 백혈병을 만들 수도 있고 암을 만들 수도 있고 온갖 궤양을 만들 수 있다.

Q : 실제로 어떤 기운이 우리 몸속에 돌아다닐 때 일으키는 병은 현대의학으로 불가능한 진찰이 오진율이 높아진다고 하는데요?

스승 : 왜냐하면 감지 능력이 없고 사진을 찍어도 안 나타나니까 머리에 병이 있는데 간에서 나타난다. 머리 귀 뒤에 열이 생기고 있는데도 간 자체가 굳어지고 간경화 현상이 온다. 현대의학으로는 병의 원인 규명이 불가능하다. 머리에 사진을 찍으면 머리에서 안 나타나고 간 자체 검사를 하면 간의 기능이 매우 떨어진다.

Q : 배를 누르면 간이 딴딴하니까 간경화 현상이라고 밖에 설명하지 못하는 거네요?

스승 : 그래서 실제로 우리 몸속에는 인간이 감지할 수 없는 기운의 작용으로 많은 부분에 질병을 유발하는데 그것은 병원에 의뢰해도 방법이 없다. 병원에 쓰는 것은 대부분 환자가 오면 일시적으로 약간의 약물 속에 마취제나 진통제를 넣어서 통증을 가라앉히는 것을 좀 도움을 준다.

Q : 다른 근본적인 해결을 못 한다는 것입니까?

스승 : 어떤 젊은 사람이 죽는 걸 봤는데 그 사람은 죽어야 할 운명을 가지고 태어났으니까 살 수 있는 일은 절대 하지 않았다. 사진의 촬영에 나타나지 않고 병원체가 발견되지 않는 것은 치료가 현대의학으로도 불가능할 수밖에 없다. 병원체를 추출했을 때 어떠한 약을 썼을 때 죽는지 어떤 약품을 썼을 때 면역이 되는지 이런 게 나오게 된다. 그 병원체가 발견되지 않으면 약품을 개발할 수가 없다.

Q : 세상에 있는 모든 법칙 속에는 어떤 활동을 통해서 건강을 유지하게 되어 있습니까?

스승 : 이런 일은 간단한 하나의 사례들을 통해서 볼 수가 있다. 철판으로 배를 만들었는데 페인트칠하고 바닷물 속에 움직이지 않으면 부식이 빨리 온다. 그러나 바다에 띄워서 몇십 년씩 타고 있는데도 쇠가 멀쩡한 것은 부딪히는 활동으로서 철판이 탄력을 유지하는 것이다. 나무배를 만들었는데 육지에 올려놓고 움직이지 않고 달아매었더니 빨리 나무가 썩기 시작했다. 어부들이 배를 청소한다고 바닷물로 씻고 해도 움직이는 배는 10년이 되어

도 멀쩡하다. 그러니까 활동의 법칙으로 어떤 강한 힘을 얻게 되어 있는데 활동하지 못하면 여기에서부터 자멸 현상이 오는 것이다.

Q : 그러한 이유로 오랜 시간 활동하지 않고 약물치료를 한 사람들은 병에서 낫더라도 의지가 약해집니까?
스승 : 생명의 모태가 활동의 부족에 의해서 힘이 없기에 힘든 일을 할 수 없다. 힘든 육체노동을 해보기 전에는 자기에게 자멸 현상이 있는지 모른다. 그래서 우리가 살아가는 데 있어서 적당한 일은 보약보다도 훨씬 좋다.

Q : 명상한다고 앉아 있으면 활동의 부족 현상으로 질병이 생기는지요?
스승 : 고인 물을 다시 흐르는 물에 부어버리면 물질 속에 있던 부유물질들은 다시 청정수로 깨져서 다시 원래 모습으로 돌아온다. 쉽게 말해서 우리가 이 물을 한 컵 떠 놓고 작은 모터를 이용해서 돌려주면 부유물질이 안 생긴다. 흐르는 물은 썩지 않는다는 말이 거기에서 나온 것이다. 고여 있는 물은 썩는다는 말은 활동하지 않으면 썩는데 자기 몸 안에서 에너지의 변질이 약화하는 원인은 활동의 부재에서 오는 것이다. 그 현상을 보고 배우면 되는데 열심히 활동하라고 하는 것이다.

Q : 병원에서 처방전을 써주는 약도 몸에 맞지 않는 약을 먹으면 어떻게 되는데요?
스승 : 약의 기운은 우리 몸속에 쌓여서 새로운 저항력을 만든다. 우리 몸속에서 세력을 형성해서 어떤 분야에 대해선 면역성을 떨

어뜨리게 할 때도 있고 몸 자체의 활동을 저해하는 요인이 된다. 양심이 있는 의학계나 정상적인 진료를 하는 사람들은 절대로 병명이 나타나지 않으면 약을 지어주지 않는다. 의사의 진찰을 먼저 요구하고 약방에서는 의사의 진단에 따라서 약을 지어준다.

Q : 약사는 약을 함부로 지어주지 않아야 하고 의사가 지어 준 처방전을 보고 맞는 약만 지어줘야 하잖아요?
스승 : 정상적인 보건법이 적용된 나라에서는 규정을 지켜야 하겠다. 하지만 아직 한국에서는 환자가 아픈 사람이 먼저 와서 텔레비전에서 약 선전을 보고 두통이 심할 땐 무슨 약 달라고 하는 경우가 많다.

Q : 선생님은 당뇨병에 대해서도 잘 아시는지요?
스승 : 당뇨는 췌장이 늘어나는데 의지의 힘으로 더 늘어난 췌장을 원상으로 회복시킬 수가 있다. 당뇨가 있는 사람은 인슐린이 저장해 있는 구멍이 늘어나면 빠져 버린다. 인슐린이란 영양소인데 좀 뻑뻑한 것이 소변으로 빠져나와서 몸으로 전달이 안 되니 세포들이 힘을 못 쓰는 것이다.

Q : 깨달음과 인간의 질병과의 상호연관성에 대해서 말씀해 주십시오?
스승 : 깨달으면 기운이 맑아지고 의식이 좋아진다. 깨달으면 혼탁하던 기운이 전부 사라지는데 진기는 의식의 근본이고 진기가 밝아지는 것은 모든 몸의 기운을 총괄하고 있다. 기술이 매우 뛰어난 운전사와 초보운전자 차이 정도로 보면 된다. 비유하면 휘발

유에 불순물이 섞여 있는 상태와 섞이지 않은 상태이다. 불순물이 섞이지 않은 것은 싱싱하게 잘 돌아가는데 불순물이 들어가면 고장이 많이 난다. 의식은 주인이고 몸은 집이니까 의식이 부지런하고 깨끗하면 몸 관리를 잘한다.

Q : 근본이 좋아도 의식이 나쁠 수가 있고 근본이 나빠도 의식이 좋을 수가 있습니까?

스승 : 의식이라는 것은 근본 자체에서 나타나고 있는 현상이다. 자신을 통해서 하나의 의식이 만들어지고 생명의 근원을 의식체라고 한다. 생명 속에 있을 때는 의식이라고 하고 죽었을 때는 영혼이라고 한다. 내가 만일의 경우 이 시대에서 생명공학이나 병리 현상에 대한 논문을 쓰면 의학계에서 엄청난 화제가 될 것이다. 의학 공부를 단 하루도 안 해본 사람이 가장 앞선 최고의 논문을 쓸 수 있고 매우 뛰어나 있다는 것이 사실이다.

Q : 학자들이 여래님을 만나면 당장 알 수 있을 것인데 수백 년을 공부했어도 몸의 구조를 왜 잘 모릅니까?

스승 : 학자들은 감지 능력이 없으니 기운을 볼 수 없고 질병의 원인을 보지 못하는 경우가 많다. 머리 위에 있는 기관은 의식을 발산하고 받아들이는 하나의 기관에 불과하다. 의식은 가슴 속에 있는데 머리에서 모든 사물을 보고 받아들이고 현실에 부딪히면 내놓고 받아들인다. 그걸 오관을 통해서 받아들이고 내놓는다는 것이다. 눈과 귀 코와 입 그리고 뇌는 전파를 발산하는 역할을 하는데 뇌에 이상이 있으면 의식을 받아들이는 것도 불가능하다. 이러한 것을 보고 실제로 현재 의료계에서 사람들이 어느 정도 사람을 돌볼 수 있지만 진실을 알아낼 수가 없다는 것을 알았

다.

Q : 의식이 높은 사람은 질병도 멀리하게 되는 것이 사실인지요?
스승 : 의식이 좋으면 질병에 걸리는 확률이 매우 낮다. 씨가 좋고 땅이 좋으면 항상 그 잎이 푸르고 청정하다. 의식이 좋다는 것은 의식이 가지고 있는 근본과 바탕이 좋다는 것인데 근본은 씨를 말하는 거고 바탕은 땅을 말하는 것이다. 환경에서 볼 때 씨는 자기 속에 있는 과거의 근본을 말하는 것이고 바탕이라는 것은 자기 속에 주입된 사고를 말한다. 사고가 좋고 근본 씨가 튼튼하면 식물처럼 아주 건강하게 살아갈 수 있다.

Q : 이러한 이치를 어떻게 받아들여야 하는 것입니까?
스승 : 자동차를 우리는 몸이라고 한다면 운전사를 의식이라고 말하면 된다. 몸은 의식을 움직이게 하는 도구이니까 운전사의 정신이 좋아서 차량을 정비하고 관리하는 능력이 뛰어나면 고장이 생길 수가 없다. 자동차가 덜커덕 소리가 나면 어디가 안 좋은지 보고 자주 닦고 조이고 기름을 치면 된다. 사고가 좋으면 판단을 잘해서 받아들일 건 받아들이고 버릴 것은 버린다. 항상 정신이 맑아서 의식이 좋으면 거짓말을 많이 하지 않는다. 거짓말을 안 하면 마음이 밝으니까 모든 일이 보이고 스스로 고치듯이 큰 병에 걸리는 확률이 매우 낮다.

Q : 사람이 건강한 육체를 가졌다고 할 때 어떻게 정의해야 할까요?
스승 : 건강한 육체는 건강한 정신으로 인해서 따라오게 되고 건강한 육체를 얻는 데도 무지를 깨는 데서부터 시작된다. 의식이 좋으면 질병이 몸에 들어와서 크게 맹위를 떨치지 못한다. 왜냐하면

몸 자체에 있는 세포나 어떤 기관들도 저항력을 가지고 있다. 정신이 맑은 사람들은 의식에 의해서 몸 자체가 관리됨으로 큰 질병에서 벗어나 살아갈 수가 있다.

Q : 종교단체나 이상한 가르침이 있는 곳에 질병이 많이 나타나는 이유가 무엇입니까?

스승 : 내가 확인한 바에 의하면 질병의 70% 수준이 인간 세상에서 아직도 이해하지 못한 병원체에 의해서 발생하고 있었다. 쉽게 말해서 사람이나 동물이나 식물이나 생명체는 자체 내에 들어오는 섭취한 기운을 중화시켜서 필요한 에너지원을 만든다. 그 에너지원을 가지고 자기 몸을 성장시키고 필요한 결정체를 만드는 데 이용하고 일부 적은 소량은 영혼이나 열매 맺는 데 사용한다. 그런데 이때 자체 몸속으로 들어온 기운의 본체가 우리의 몸의 중요한 기관을 거쳐서 우리의 몸에 흡수되는 에너지의 원인으로 변화해야 한다.

Q : 음식이 몸에 들어오면 흡수되지 않는 것도 있습니까?

스승 : 애착이 있는 기운일 때는 몸속 기관에 흡수가 되지 않고 이탈한다. 거기서 빠져나와서 자기의 생존을 끝없이 도모하는데 이 세력이 커지면 질병으로 발달한다. 이러한 기운은 우리의 몸속에 있는 혈을 차단해서 우리가 가지고 있는 기관의 동력을 약화할 수도 있다. 혈을 차단하면 통증이 올 수도 있고 이상한 현상들인 종양이나 궤양에 나타날 수가 있다. 바로 이상한 가르침이 존재하는 곳이나 사람들이 모이는 곳에 있는 그 에너지원들이 사람의 몸속에 들어왔을 때 알게 모르게 많은 질병을 유발하는 일을 하고 있었다. 그 병의 70%가 우리 몸과 융화할 수 없는 애

착이 있는 기운들이 활동함으로써 나타나게 되는 일이라고 설명을 할 수가 있다.

Q : 종교 계통에서 병을 고친다고 말을 하는데 과연 병을 고치는 것이 가능할까요?

스승 : 나는 종교 계통의 비밀을 알고 있는데 몇 년 전에 파고다 공원에 앉아 있을 때 있었던 일이다. 어떤 사람이 택시요금은 줄 거니까 택시 타고 잠깐 왔다 가라고 했다. 좋은 사람 소개하겠다고 해서 종로에서 봉천동까지 간 적이 있다. 그때 그 남자가 자기와 같이 일하자고 했는데 귀신 들린 사람이어서 일어나려 했다. 그런데 12시가 거의 됐는데 전화가 왔다. 현직 파출소장인데 눈이 아프다고 하자 치료 방법이라고 하는 것이 보니까 별 게 아니었다. 이쪽에서 하는 말이 3번 고함을 치라고 했다. 전화하는 걸 보니까 그 사람은 3번 고함을 친 모양인데 이제 눈이 어떤지 물으니 시원하다고 했다.

Q : 일반 사람들이 볼 때 바로 기적을 행하였네요?

스승 : 그러면 기적의 비밀을 보면 이런 어두운 사람에게는 어두운 기운들이 존재한다. 조금 전에 정 교수가 스웨덴에서 오면서 만난 인도 사람으로부터 받았다는 책 한 권을 나에게 보여주었다. 사진을 보고 있던 나의 머리가 어두워지기 시작해서 나는 이 책을 쓴 사람은 신에게 붙잡혀 있는 사람이라고 말했다. 여기에 온 사람들을 볼 때도 정신이 어두워지지 않았는데 이 사진으로 봤는데 유달리 정신이 어두워졌다. 여기에는 어떤 여자가 죽은 자에게 붙잡혀 있기에 죽은 자의 애착의 기운이 너무 어두워져서 고통이 내게도 온다고 했다. 그래서 조금 전에 너희도 보다시피

쓰레기통에 책을 갖다 버리라고 하였다.

Q : 종교 계통이나 이상한 말을 하는 사람들 속에서는 그런 기운들이 있는 것입니까?

스승 : 그들은 점쟁이나 무당 비슷한 사람인데 그가 말하기를 전화를 몇 통화 하면 3천 명이 모인다. 그러나 나보고 아무리 사람을 모으려 해도 사람이 모이지 않는다고 했는데 맞는 말이다. 그러면 그는 어떻게 3천 명을 모을 수 있을지 궁금할 것이지만 그것은 바로 귀신을 시켜서 아는 사람들을 모두 데리고 오도록 만드는 것이다.

Q : 이런 일을 행하는 사람들은 어떤 기운을 가지고 있는 것입니까?

스승 : 전생에서 나약했던 업이 있는 사람이 있고 환경 때문에 새로 병을 얻은 사람도 있는데 나타나는 병은 외상이다. 전생에서 오는 병은 기운으로 인해서 자신이 가지고 있는 원인으로 생기는 일이 많다. 나는 마음이 건강한 몸속에 있으므로 실제로 내 육안으로써는 투시하지 못한다. 내 마음이 상대에게 걸려서 고통을 느낄 때 나에게 전달되면서 원인이 나타나면 그걸 제거할 힘을 가지고 있다.

Q : 어떤 사람은 선천적으로 건강한 사람이 있고 그렇지 않은 사람이 있는데 왜 그런 것입니까?

스승 : 이제 너희가 조금 더 이치를 깨달아 가면 자연적으로 알게 된다. 스스로 판단하게 되는데 지극히 짧은 생명을 가진 사람은 근본에 있는 생명의 기운 때문에 일어나는 현상이다. 태어나자마자 얼마 안 돼서 병이 들어서 죽는 사람은 원인을 가지고 오는

때도 있고 원인은 그렇지 않은데 환경이 묻어서 전염병 들어서 죽는 사람도 있다. 전염병이 없었으면 살 수 있는 사람인데 환경 때문에 생길 수도 있는 일이다.

Q : 현대인의 질병은 영체와의 접촉이 많은 것입니까?
스승 : 실제 기록을 통해서 확인해 보면 지금부터 50년이나 100년 전에 가장 많은 치사율을 가지고 온 게 바이러스에 의한 치사율이었다. 그런데 오늘날 항생제가 개발되면서 실제로 바이러스에 의한 치사율은 10% 정도도 미치지 못하고 있다. 그러면 70% 현대병의 가장 높은 그 확률을 관찰하면 영체와의 접촉 때문에 많이 일어난다고 볼 수 있겠다. 영체와의 접촉이라는 것은 1970년대에 갑자기 문명이 일어나면서 나타난 현상은 사람들이 일을 적게 함으로 얻게 된 게 정신적 스트레스이다. 그래서 많은 사람이 잘못된 일을 통해서 영체를 자기 속에 받아들이고 있다는 것이다.

Q : 떠돌아다니는 영체 에너지가 자기 몸속에 들어오는 것을 막지 못하는 것입니까?
스승 : 영체 에너지는 과거에는 이런 일이 없었는데 모든 것은 활동으로 자체를 존재하게 한다고 말했다. 문명이 발달하자 사람들의 활동이 줄어들면서 영체가 나약해졌다는 것이다. 질병의 종류는 유전과 전염이 있지만 영체 에너지가 들어오는 경우를 신병이라고 한다. 살아가는데 꼭 알아야 할 것은 인간 세상에서 무엇이 문제인지 아는 것이다. 죽은 영혼들에 의해서 발생하게 질병에 대하여 사람들이 많이 속는 이유가 죽은 자들의 술수에 의해서이다. 그래서 죽은 자를 경계해야 하고 산 자는 죽은 자로부

터 멀어져야 한다. 본인들도 죽었을 때 이런 일을 알면 쉽게 윤회 되어서 새 생명으로 돌아오게 된다.

Q : 현대사회에서 치명적으로 고통받게 되는 병의 원인이 죽은 자들에 의해서 발생하게 된다는 겁니까?

스승 : 죽은 자에 의해서 생기는 병은 실제 병원에 가면 원인의 규명이 불가능한 병들이다. 똑같은 병을 가졌을 때 몸의 어떤 기관의 약화로 인해서 생기는 병들은 실제 약물이나 현대의학으로 치료가 되는데 똑같은 질병인데도 치료되지 않는 것은 원인이 다른데 있다는 것이다. 여기서 관찰하고 말할 수 있는 것 중에서는 죽은 자의 에너지는 의식이 있기에 실제 인간과의 대화는 통하지 않겠지만 인간을 조종할 수 있다.

Q : 인간을 조종하고 자기의 요구를 충족하기 위해서 인간을 괴롭히게 될 때 체내에 들어와서 온갖 유형의 고통을 일으키게 되는 것입니까?

스승 : 고혈압이나 저혈압이 있을 때 머리에 피가 제대로 안 돌고 뇌세포가 이상이 오면 꼬집어도 아픈지도 모른다. 사람들은 자기 머리를 상하게 해서 멍하게 만들어서 번뇌 망상을 잊어버리면 깨달음으로 착각한다. 이 증상은 해탈해서도 비슷한 상황이 오는데 정신은 총알 같이 원한다면 무엇이든 기억해낸다. 그런데 머리에 피가 잘 안 돌아서 뇌가 활동을 못 할 때도 증상이 항상 편안하고 깨달은 자 같다. 그런데 문제는 기억력이 없이 자기가 무슨 일을 했는지 모르는 경우가 많다.

Q : 깨달은 자와 바보는 방향이 완전히 180도 반대네요?

스승 : 깨달은 자와 바보는 나타난 현상이 완전히 다르다. 어두운 정신으로 명상한다고 시키는 대로 하면 머리에 피가 잘 안 돌고 열이 차면 멍하게 되는 것을 사람들은 깨달음이라고 착각하게 된다. 요즘 깨달음을 얻었다고 말하는 사람들의 상태이다. 어제 여기에 왔던 사람들은 마음의 평안을 얻었다고 하는데 머리를 다쳐서 신체에 이상이 있어서 나타나는 현상이었다. 분명히 심장에 이상이 있다고 했고 원인은 심장에서 피가 안 돌아서 생긴 질병이었다. 피가 돌지 않아서 나타나는 현상인 줄 모르고 팔다리에 이상한 현상이 온다고 말했다. 그러나 머리에 피가 안 돌면 팔다리에도 안 도는 것이 이치이다.

Q : 자기의 몸 끝부분까지는 피를 돌리지 않아서 일어나는 일입니까?

스승 : 자동차 원리를 보면 엔진이 돌 때 순환 펌프가 냉각수를 어느 정도 돌리는지 계산이 나와 있다. 엔진오일 회전수와 순환 회전수가 차이가 나면 열이 차서 엔진은 보통으로 돌아간다. 냉각 모터가 계속해서 돌아간다면 열이 차서 완전한 동력을 발휘할 수가 없고 힘을 생산해 낼 수가 없다. 엔진이 가다가 윙윙거리면서 죽고 물을 부으면 끓고 김이 나는데 내 말이 이해가 안 되면 기계를 돌려 보면 그대로 나타나는 같은 현상이다. 쉽게 말해서 의식 구조가 흩어져 버리면 고통과 번뇌가 오고 기운에 의식이 발동하기 때문에 나타난다. 의식이 끊어져 버리고 느끼지 못하면 편안하게 자기가 가지고 있는 모든 것을 잊어버리고 무아의 상태에 들어가면 그들의 말대로 하자면 입신의 경지처럼 된다.

Q : 지금 의학계에서는 정신의 분열증이나 우울증이 뇌에 이상이 있

어서 일어나는 현상이라고 하는데 사실입니까?

스승 : 그들은 잘못 알고 있는데 뇌에 문제가 있어서가 아니라 의식에 문제가 있어서 생기는 것이다. 의식 자리는 가슴 깊은 곳이라고 내가 가르쳤는데 의식에 문제가 있을 때 정신적인 문제가 발생한다. 어제도 어떤 젊은 학생이 왔다 갔는데 보니까 신체 기관에 아무 이상이 없었고 의식기관과 뇌 구조에 머리에 이상이 있었다. 의식 구조에 오랫동안 영과 동거해서 영체가 지배하려고 싸우니까 기운이 변질이 되었다. 머리로 올라가서 조이고 억누르고 있으니까 의사 표출이 안 되는 것이다. 항상 이런 시간을 통해서 신체 구조와 생명의 관계를 설명할 때 뇌는 신체 기관 구조의 일부분이라고 했다.

Q : 뇌의 구조는 의식 활동의 표출과 주입을 원칙으로 하고 있습니까?

스승 : 뇌의 구조가 활발하게 활동하는 사람은 암기력이 매우 뛰어나다. 무엇을 받아들이고 표출하는 것이 빠르고 정신이 맑아서 공부도 잘할 수도 있다. 그런데 실제 교육을 통해서 뇌가 암기하는 게 아니라 의식이 하는 것이다. 의식 속에 잠재해 있는 것이 의식 속에서 튀어나오고 뇌는 표출시키고 받아들이는 역할을 자기 의식으로 하는 것이다. 자동차 배터리의 전원 역할을 하는 게 뇌와 같은데 전원이 끊어지면 모든 게 끊어지고 전달이 되지 않는다.

Q : 신의 기운이 몸에 붙었을 때 몸에서는 어떤 현상들이 일어나게 됩니까?

스승 : 세상에는 살아 있는 사람의 숫자만큼이나 죽은 영체들이 허공

이나 인간이 사는 세계에서 떠돌아다닌다. 이들이 몸에 붙었을 때 몸에서는 온갖 현상들이 일어나게 되는데 심지어 암 같은 종양이 생기고 영체가 몸속에 들어와서 활동하게 되면 온갖 질병을 만든다. 음식을 통해서 섭취하는 기운은 무기(無氣)이고 의식이 없다. 기운은 우리 몸의 기관을 통해서 우리 몸으로 흡수되어 대장에 내려가기 전에 기관에서 음식의 기운을 받아들인다. 이것은 다시 혈관을 통해서 돌다가 사방에 영양소로 필요한 세포에 공급하게 되고 필요한 곳에 에너지는 사용된다. 그러나 살아있는 영체가 몸속에 들어오면 영체를 정확하게 현미경으로 투시해도 기체이기에 실제 육안(肉眼)으로 보이지 않는다.

Q : 그러한 영체는 사람의 몸속에 동화가 되지 않습니까?
스승 : 그 기운은 항상 자기를 가지고 있다. 의식체가 자기 몸속에 들어와 있을 때는 활동하는 동안에 몸속에 있는 기운과 싸우거나 서로의 사이에서 이탈된 기운들을 변질하게 한다. 그런데 병원에서 바이러스가 많이 나타났다고 해도 영체에 의한 질병일 수도 있다. 특별한 원인이 없이 바이러스가 몸에서 활동할 때 어떤 영체의 기운과 사람의 체내의 기운이 활동하는 사이에서 변질이 된 기운을 만든다. 그러면 바이러스로 나타날 수 있고 많은 사람이 바이러스성 질병이 있으니 이 시대는 있는 일을 매우 조심해야 한다. 너희가 이곳에 오는 것은 행복한 생활과 미래에 대한 재앙에서 벗어나기 위해서라는 것을 깨달아야 한다.

Q : 그러면 미래에 대한 행복한 생활이란 무엇입니까?
스승 : 질병이 없이 배고프지 않고 외로움 없이 삶을 살 수 있다면 행복한 삶이 되며 일생을 결산할 때 건강하게 살다 간 사람이 옳은

삶이다. 나무가 건강하면 거기서 좋은 열매가 나올 것이다. 심지어 밭에 가서 고추를 한 포기 심어놓고 물을 안 주면 열매도 비실비실한 데 나오겠지만 수분이 충분하고 환경이 좋으면 고추도 큼직하게 열린다. 사람이 건강하고 힘이 왕성하면 정신이나 육체나 생활이 좋다고 볼 수 있다. 그러면 좋은 삶을 사는 것은 좋은 결과를 얻는 과정이니까 좋은 결과가 존재하는 게 분명한 것이다. 비실비실하게 살 때는 원인이 어떻게 되었건 결과도 나쁠 것이니 자연계에 있는 모든 생명체의 현상이 그렇게 나오지 않느냐?

Q : 일반적으로 몸이 아픈 사람을 만나서 이야기 들어보면 자기 스스로는 잘못 살고 있다고 생각하는 사람은 거의 없던데요?

스승 : 중생에게 어떤 일을 했는지 물어보면 자기 생각으로는 좋은 일만 했는데 몹쓸 병이 붙었다고 한다. 독사가 근처에 있어도 안 가면 뱀한테 물리지 않는데 세상을 겁 없이 자기 생각대로 함부로 살았으니 병에 걸렸다. 나도 어려운 세월을 많이 살았으나 사람들이 옳은 자는 절대 안 도와준다. 살려놔도 힘 못 쓸 사람들만 잘 돕고 살아서 옆에 의지가 되어주면 사회에 빛이 될 사람은 절대 안 도와준다는 사실을 많이 보았다.

Q : 요즘은 힐링(Healing) 활동을 많이 해야 몸이 건강해진다는 말은 사실입니까?

스승 : 내가 영국을 여행하면서 본 것 중에서 영국 사회의 가장 큰 문제점도 힐링한다는 곳에서 귀신 붙은 사람이 많았다. 영국은 자유국가이기 때문에 옛날엔 귀신 붙으면 악마라고 처형했다. 그러나 이제는 민주국가이고 전제국가가 아니니 요즘은 협회가 있

는데 신이 붙었다 해서 자기들끼리 단체를 만들어 3만 명이 등록한 단체도 있다고 한다. 귀신을 가진 사람이 병을 고친다고 힐링한다는데 내가 힐링하는 사람 몸에 손을 딱 대었더니 귀신들이 우글우글 들어와 있었기에 식겁을 했다. 너희가 아파서 종교나 어떤 곳에 병을 고친다고 가는 것은 자기 몸을 버리는 것이다. 그것이 틀림없는 사실이지만 정신까지도 병들게 할 수 있다는 점을 유의할 필요가 있다.

Q : 한번 변질을 일으킨 기운은 스스로 사라지는 일이 드문 것입니까?

스승 : 자기 의식체가 아주 강하고 몸이 건강하면 기운이 정화되겠다. 그러나 몸 자체가 튼튼하지 못하고 왕성하지 못할 때는 변질을 일으킨 기운은 몸속에서 스스로 새로운 자기를 형성한다. 옆에 있는 기운을 잡아먹고 나쁜 기운을 만들고 나쁜 기운이 하나의 기관을 통해서 옮겨갔을 때 종양이나 혹 같은 궤양을 일으킬 수 있다는 사실이다. 영체에 의해서 일어나는 질병은 수를 헤아릴 수가 없이 많다.

Q : 선생님은 왜 신의 문제에 개입하지 않으려 하는 것입니까?

스승 : 귀신들도 예전보다는 기술이 많이 늘어서 내게 달려들려고 해서 요즘에는 신의 문제에 개입하지 않으려고 한다. 왜냐하면 지금은 죽은 영혼들이 산 자보다 많으니까 그들이 인간의 세계에 사람의 몸속에 들어오려고 하니 매우 조심해야 한다. 음식 속에 좋은 기운이 들어 있으니까 몸이 필요한 기운을 섭취하고 신선한 음식 먹고 나무 많은 곳에 가서 숨 쉬면 보약이다.

Q : 깨달은 분이 인과의 이치를 아는 혜안의 능력은 어떻게 오게 됩니까?

스승 : 세상의 일은 있는 일을 통해서 존재하고 있으며 깨달음은 존재하고 있는 일을 본다는 뜻이다. 다시 말하면 진리에 대해 눈을 떴으니까 존재하는 일들이 어떤 원칙과 문제에 의해서 존재하는지를 본다. 깨달음에 눈을 뜨게 되면 스스로 문제를 알아볼 수 있는데 중요한 문제는 깨달음의 계단을 하나하나 쌓아서 어떻게 통과할 것인지가 문제이다.

Q : 능력 있는 깨달은 분의 의식과 일반인의 의식과는 어떤 차이로 생기는 것입니까?

스승 : 깨달은 자는 업의 지배를 받지 않으니까 자유자재로 있는 사실을 있는 그대로 본다. 너희는 업의 지배를 받고 있기에 아무리 사실을 보려고 해도 잘 보이지 않으니 머리만 아플 것이다. 깨달음은 단계를 거쳐서 서서히 눈을 뜨는 과정이니 방법을 배우지 않는다면 영원히 있는 일을 볼 수 없다. 세상의 있는 일은 문제의 응용에 따라서 모든 답이 달라진다. 나는 사람의 병을 고칠 수 있으며 세상도 고칠 수 있는 의사이니 너희는 내가 필요하면 언제든지 이용하라!

Q : 저의 아이가 추울 때 기침하는 게 감기는 아니라서 여래님께 보였는데 이유를 모르겠어요?

스승 : 내가 지난주에 아이를 보고 걱정을 많이 했는데 몸속의 기관에 장애를 일으킬 수 있는 원인이 발생했을 일어나는 현상이다. 목이 갑갑해서 기침하는데 병원에 가면 오진이 생긴다. 감기는 바이러스에 의해서 전염되는 것인데 아이의 경우는 바이러스가

활동하지 않더라도 생길 수 있는 병이었다. 병원에 입원했을 경우 잘못하면 생명까지 위험할 수 있기에 내가 어쩔 수 없이 오라고 했는데 의식을 보고 손으로 찔러주었었다. 그러면 엄청난 면역기능이 발생해서 몸 자체가 외부의 기운을 제압해 버린다. 그러면 기(氣)의 문이 열리면서 몸체 내에 있는 독가스가 빠져나가면 정상적으로 회복이 되는 것이다.

Q : 지금은 회복된 것 같은데 요즘에는 이해할 수 없는 이런 병이 왜 많이 생기는 것입니까?

스승 : 이런 병은 바이러스에 의해서 전염이 안 되고 종교 계통에 가면 신들이 많이 오는데 세상에는 공기 속에도 이런 영체들이 많이 떠돌아다닌다. 그런데 현대의학에서는 현미경을 통해서 바이러스가 보일 때는 치료가 가능하겠지만 바이러스가 축출되지 않으면 어떤 약물을 사용해야 할지조차 구분하지 못한다. 작은 병원에 가면 검사도 제대로 해보지 않고 열나고 기침해서 감기 증세가 있으면 감기약을 주고 주사 놓고 도저히 이해할 수 없는 일들을 한다.

Q : 여자가 결혼했는데 나무의 살이 끼어서 남자가 죽었다는 이야기를 들었는데 왜 그렇습니까?

스승 : 신의 기운이 있는 사람은 의식이 통하니까 기운은 기운을 알아보는 그런 상태에서 시집을 가면 남자가 죽는다. 그 나무의 기운이 살에 닿으면 상대의 기운을 파괴해 버린다. 자기는 기운에 잡혀 있으니까 자기 집은 파괴하지 않고 상대를 공격해서 죽이는 것이다. 우리 몸에 들어있는 생기 중에서도 진실의 기운으로 아기를 만드니까 꽃이 피는 것처럼 나무가 섭취한 기운 속에서

진기가 배출되면서 꽃으로 나면서 열매가 되는 것이다. 자기의 근본을 만들어 씨앗을 생기게 하고 씨앗은 나무가 가지고 있는 진기를 흡수해서 나는 것이다. 그러니까 나무가 가지고 있는 모든 성분이 그대로 입력이 되어서 심으면 모습도 종자도 성질도 똑같다. 근원을 해부하면 공기와 물과 과거에 입력되었던 나무의 성질이 박히게 된다.

Q : 질병 때문에 불행한 사람들이 많은데 이곳에 오면 건강해질 수 있다고 말할 수 있습니까?

스승 : 너희가 분명히 알아야 하는 것이 생명 속에서는 하나의 기운에 의해서 모든 물질이 영향을 받게 된다. 환경에 의해서 영향을 받는데 그 속에는 나쁜 기운과 좋은 기운이 존재한다. 너희의 몸속에는 이해하기 어려운 나쁜 기운을 어쩌다가 묻히게 되어 병의 원인을 만들 수가 있다. 이곳에 와서 계속 이 시간을 같이하는 사람은 그전에는 병이 있었어도 지금은 잊어버리고 자기가 병이 있는지 없는지도 모르는 사람이 많을 것이다. 그것은 자신이 알게 모르게 자기의 병을 고쳤다는 것이니까 병든 씨앗을 좋은 땅에 심었더니 싹이 났는데 병이 보이지 않았다는 것과 같다.

Q : 개인이 가지고 있는 몸에 기운으로 인해서 병이 나타날 수도 있고 나타나지 않을 수도 있는 것입니까?

스승 : 좋은 땅에는 좋은 기운이 있으니까 식물이나 생명에게 기운을 전달함으로써 그 기운을 받은 생명체는 힘차게 핀다. 발육하니까 좋은 기운을 만나기에 병이 없어지는 것이다. 내가 최고의 깨달음을 얻었다는 것은 최고의 기운을 얻게 된 자이니까 내 몸속에 가지고 있는 기운이 너희에게 닿아서 몸속에 있는 질병을 낫

게 할 수 있다. 법 속에 있는 말을 들음으로써 너희의 나쁜 의식이 깨어져 몸속에 붙어 있던 기운이 흩어져서 병을 낫게 하는 예도 있다.

Q : 여기에 여러 명 중에 병이 있는 누군가가 여래님을 생각한다면 누구라는 것을 알 수가 있습니까?

스승 : 누구의 의식인지 보이지는 않는데 나로 인하여 애를 태우고 있다고 알면 이 속에 있는 의식이 타게 되고 병을 낫게 할 수가 있다. 재미있는 일은 내가 몇 년 전에 일본에 가서 돈을 잃어버렸다. 오사카에 방을 얻어 놓고 있었는데 내가 일본 말을 몰랐어도 나를 일본 사회에서 임상실험을 할 수 있는 기회를 달라고 했는데 냉정하게 아무도 안 도와주었다. 오갈 길이 없게 되어서 뇌사 현상이 일어나서 쓰러져버린 사람의 병을 치료해 준 적이 있다. 사람의 병은 생활하다가 신경을 쓰니까 스트레스가 오면 신경이 점점 늘어나고 중추신경이 팽창되면서 혈관을 눌러서 중추혈관에 피가 안 도는 것이다. 깜빡하면 사람이 죽어버리니까 병원으로 달려가는데 사흘에 한 번씩 일어나니 병원에 가도 방법이 없는 것이었다. 그래서 병원에서는 원인을 규명하지 못하고 혈관 약을 먹이고 주사를 놔주고 신경 안정제 같은 것을 넣어 주면 회복이 되는 것이었다. 돈은 못 받고 내가 모래 가야 하는데 병은 나았으니 안 나았으면 나를 찾아오라 하고 명함 하나 주고 왔다.

Q : 돈을 잃어버렸는데도 무사히 한국으로 돌아오셨네요?

스승 : 내가 한국에 전화했더니 그 말을 듣고 엄 보살이 신랑이랑 세 명이 마중을 나왔다. 오면서 돈을 잃어버려서 그런 일이 있었다

고 하자 남편이 악성 감염이라고 천 불을 낼 테니까 병 좀 고쳐 달라고 해서 나는 그 병으로 인하여 6개월 동안 고생을 많이 했다. 4개월 지나서 추석이 왔는데 가만히 앉아 있는데 갑자기 가슴에 여기 혈에서 통증이 왔다. 죽을 지경이라 누워서 방법이 없어서 삼매에 들어가서 보니까 그 속에 나쁜 곤충들이 기어 다녔다. 지네 같은 것을 다 잡았는데 모두 잡고 나서 누가 오늘 나쁜 미물을 많이 먹었는지 내가 힘들어서 죽을 뻔했다고 사람들에게 말했다. 조금 있으니 보살하고 신랑이 찾아와서 병을 고친다고 했는데 자기가 죽는 줄 알았다는 것이다. 나도 무의식중에 당신들만 죽을 뻔한 것이 아니라 나도 죽을 뻔했다고 하니까 의아해했다. 누군지 모르지만 독한 미물을 먹어서 지네나 구더기 같은 온갖 것들이 기어 다니는데 몸에 들어와서 혈을 막았는데 잡고 나니까 이제 살아났다고 했다. 그러니까 자기 장인이 5백만 원의 돈을 주고 산 구더기를 잡아 보내 줘서 간에 좋다고 먹었다는 것이다.

Q : 굼벵이가 간염에 좋다고 먹는다던데 왜 좋은지요?
스승 : 다른 미물들이 죽어서 구더기로 변한 것인데 모양은 구더기지만 구더기 속에 있는 기운은 뱀이나 지네가 죽어서 된 것이고 엄청난 독성을 가지고 있었다. 악성 간염은 언제 죽을지 모르는 사형선고 받은 병이다. 그래서 내가 6개월 동안 고생했는데 80만 원을 보내서 세상일 하느라 모두 사용했다. 그때는 매일 사람 찾아다니면서 돌아다닐 때인데 그런 현상이 일어났다. 음식 같은 거 잘못 먹으면 음식 속에 있는 나쁜 기운이 들어와서 사람을 미치게 할 수도 있다.

Q : 한국에서 가장 많이 알려진 간치료제로 돼지 쓸개도 약으로 쓴다고 하던데요?
스승 : 환자들에게 같은 성질을 가지고 있는 기운은 같은 성질에 붙어서 활동을 도와준다. 간이 안 좋은 사람들은 돼지의 간이나 소 간으로 약물을 만들어 치료한다고 한다. 그러니까 돼지 쓸개에서 뽑은 기운이 간에 들어가서 간의 작용을 이롭게 하고 도움을 줄 수 있는 기운을 가지고 있다.

Q : 뱀이 개구리 잡아먹을 때 통째로 그대로 먹어서 위통 안에 들어 있는 개구리를 여러 번 본 적 있거든요. 밑의 것은 녹아있고 살 아남는 부분도 있는 것이 소화액으로 녹는다고 아는데요?
스승 : 소화액은 이미 기운이 빠지고 나서 위통에 있을 때 창자에서 소화액이 나오고 기운을 뽑아간다. 밥통에 닿기 전에 기운이 일어났든가 액이 나오면서 배출을 시키는 것이다. 그래서 소화를 시키는 기능이 있는데 상어는 큰 고기를 통째로 먹어버렸는데도 가시에 걸려 죽지 않는다. 살아 있는 게 위장에 들어가면 자연적으로 몸에 있는 창자의 열기에 의해 질식시키고 다음에는 분해가 된다. 그러나 기운이 없어 먹은 음식을 소화 시키지 못하면 죽는다.

Q : 몸이 안 좋아서 뱀을 먹는 사람도 있지 않습니까?
스승 : 살아서 뱀을 많이 먹으면 몸에 뱀의 진기가 가득 차면 기운이 결국 자기의 의식에 영향을 주고 의식이 기운을 파괴한다. 죽어서 기운이 비슷해져서 뱀에 붙으면 뱀으로 태어날 수도 있는데 뱀을 안 먹어도 자기 몸이 좋아지는 방법은 많다.

Q : 어떤 사람은 약을 먹어도 효과가 없는데 뱀을 먹어야만 효과가 있다던데요?

스승 : 그렇다면 이미 그는 다른 약을 먹어도 안 될 정도로 몸이 매우 오염되어 있다. 사람이 삶의 목적을 가져야 의식이 깨끗하고 몸에 기운이 깨끗하면 병이 안 난다는 것이다. 뱀술을 많이 담아 먹는 사람하고 여자가 관계를 갖게 되면 여자의 몸에 보이지 않게 나쁜 기운이 들어온다. 그래서 그러한 기운을 잘못 만나게 되면 사람한테 이상한 병이 생기게 되는데 순수하게 먹는 것이 좋은 것이다. 독성이 있는 어떤 물질을 집어넣으면 기운이 그대로 존재하게 된다. 그걸 먹을 때 기운이 몸에 잠재해서 세포로 변하기도 하고 의식의 영향이 되어 의식의 근본을 바꾸기도 한다.

Q : 땅에 오염물질이 섞여 있으면 씨앗을 하나 심고 자라서 열매를 따서 정밀 분석하면 오염물질이 검출된다던데 같은 이치입니까?

스승 : 이미 오염된 땅에 심었는데 땅의 기운을 섭취한 열매 속에 나타나기에 또 생명체를 만든다면 생명체 속에는 독성이 존재하고 있다. 이런 말을 들으면 나는 있는 그대로 보고 설명하기 때문에 쉬운데 듣는 사람들은 상당히 혼동이 오지만 간단하게 알 수 있다.

Q : 실제로 그런 데이터가 많이 나오는 것으로 알고 있는데요?

스승 : 사람들은 음식을 섭취함으로써 음식이 가지고 있는 기운이 우리 의식에 들어올 수 있다는 것이다. 나도 깨닫기 전에는 생선회 같은 것도 잘 먹었는데 깨끗하고 순수한 것은 먹어도 괜찮지만 독한 것은 안 먹는 것이 좋다.

Q : 생선회도 종류에 따라서 차이가 있을 거 아닙니까?

스승 : 나도 깨닫기 전에는 먹었는데 깨달음으로써 강력한 힘이 있어서 나쁜 기운의 음식을 먹으면 내 몸에서 몰아내게 된다. 내 몸에 가지고 있는 고기에 있는 기운이 밖으로 발산되는 것이다. 네가 먹으면 냄새가 안 나고 몸이 전부 다 흡수해 버리는데 나는 몸이 흡수를 안 하고 배출시키니까 냄새가 나는 차이이다. 우리가 이런 사실이 가능한지 하는 것은 임상실험으로 몇 가지는 나를 통해 확인할 수가 있다. 예를 들어서 어떤 더러운 사람의 몸에다 손을 놓고 정신을 집중시키면 몸에서 냄새나는 게 점점 줄어드는데 악취가 내 몸을 통해서 다시 배출된다.

Q : 여래님이 사람들의 병을 봐주고 나면 얼굴이 꾀죄죄하고 냄새가 많이 나거든요?

스승 : 병이 내 몸에 왔으니까 나한테 이상이 왔는데 그런 일이 없으면 어떻게 믿을 수가 있겠느냐? 환자가 가지고 있는 병의 99%가 기운의 영향으로 인해 생기는데 나쁜 기운이 원인이 되어서 병이 생기는 것이 혈관 계통이다. 의사들은 기운을 모르니까 순환기 계통에서 병이 많이 생긴다고 말한다. 자동차가 엔진이 나쁠 때 연료 장치 고장이 생기는데 엔진이 약하게 돌아갈 때 고장이 많이 온다. 엔진이 강한 힘이 나오면 고장이 잘 안 나니까 젊은 사람들이 한창 왕성한 20대 같은 때는 병 같은 것이 안 일어난다.

Q : 사람이 동물의 고기를 먹으면 왜 몸과 정신이 어지러워집니까?

스승 : 우리가 음식을 섭취하는 이유는 생명의 기운을 보충하기 위해서이다. 식물성의 음식을 먹었을 때는 기운이 순수한데 동물의

기운에서는 식물의 기운보다 강하면서도 어두운 기운이 많이 들어 있다. 우리가 맑은 기운을 섭취하면 몸과 정신이 기운이 맑아지고 어두운 기운을 섭취하면 몸과 정신의 기운이 어두워지기 때문이다.

Q : 우리가 먹고 있는 음식이 의식의 작용에도 영향을 미치는지요?
스승 : 식물성 음식의 기운을 섭취했을 때 몸이 흡수해 버리기에 의식에 영향을 미치지 않는다. 그런데 동물성 음식을 먹으면 몸속에서 욕망이 일어나고 자신에게 독한 성질이 일어나면서 의식을 어둡게 한다. 우리가 먹은 음식은 체내에 들어가서 세포나 피로 변하는데 동물성 고기를 많이 먹으면 체력이 왕성하겠지만 그로 인해서 문제도 많이 생긴다.

Q : 수행자는 향이 강하고 자극적인 오신채가 수행에 방해되니까 먹지 말라고 하는데 정신에 영향을 줍니까?
스승 : 나는 해탈했기에 정신에 영향을 주는지 모르겠다. 그런데 마늘이나 파와 부추와 같은 오신채는 정력 강장제이니까 수행자가 먹으면 정신을 어둡게 하고 애욕을 억제하기 어렵게 되기에 먹지 말라는 것이다. 음식에도 여러 가지 기운을 발생하는 뜻이 있어서 음식을 먹을 때 수행자는 능히 음식을 가려서 먹는 법을 알아야 한다.

Q : 사람들이 몸이 아플 때 약물로 병을 고치는데 약물은 어떤 작용으로 인체에 영향을 줍니까?
스승 : 캡슐 속에 들어있는 물질 속에 형성하고 있는 약을 먹으면 우리 체내에 들어가서 흩어진다. 그 기운이 몸속으로 파고 들어가

서 질병을 형성하고 있는 자리에 영향을 끼치게 되고 그 질병이 낫는다. 항생제를 먹었더니 항생제의 역할이 곪고 있는 부위를 곪지 못하게 하고 있었다는 사실이다.

Q : 사람이 병이 들거나 몸이 아픈데 의학적으로 원인이 규명되지 않은 것은 어떤 떠돌아다니는 나쁜 기운이 혈액 속에 들어온 것입니까?

스승 : 살아있는 기운은 물질이 아니라 기체로 존재한다. 이 기체가 우리의 몸속에 존재할 때 많은 통증을 유발하게 되고 또 하나의 질병을 만들어 내기도 한다. 그런데 그것이 주삿바늘과 같이 외부의 기운과 접촉하면 외부로 튀어나와서 핏속에서 빠져나올 수도 있고 또 여러 가지가 있으니까 쉽게 대답할 수가 없다. 우리가 어떤 상황을 관찰하고 나서 이야기 할 수가 있겠다.

Q : 지금 저는 뒷골이 매우 약한 것이 정확하게 어떤 기운이 잠재해서 이런 것인지 아니면 태어날 때부터 뒷골에 이러한 이상이 있었는지요?

스승 : 머리도 앞이마도 상당히 어지럽고 무거워지고 어떤 때는 두통 비슷한 것이 일어날 수가 있다. 중요한 것은 자신의 병을 어떻게 고칠 수 있을 것인지에 대해서 신경을 많이 써서 노력해야 한다. 나는 세상이 가지고 있는 것을 봄으로써 모든 것을 알게 되는 자이다. 보지 않은 것은 모르니까 이 시간에 질문하는 것은 이런 문제가 존재하기에 답을 설명할 수 있고 내가 설명하는 답에서는 그것을 이치로 입증한다.

Q : 매일 잠자리가 좋지 않다든가 생활하는데 몸이 불편하다면 몸이

오염된 것입니까?

스승 : 네가 살아왔던 과거의 소망이 있어야 할 것이다. 내가 대략 알고 있기는 하지만 도와줄 수는 없는 것은 자신은 여기에 대해서 아무런 노력을 하지 않는다는 것이다. 자기도 노력을 같이하면 문제를 가진 사람들은 깨닫고 스스로 문제를 유발하지 않는다. 왜냐하면 인간의 본능 속에는 자기를 위험하게 하는 일을 거부하는 성질을 가지고 있다.

Q : 사람들의 질병이 몸속의 있는 기운에서 오는 경우는 어떻게 해야 합니까?

스승 : 대부분 질병의 원인의 99%가 자기 몸속에 있는 에너지에 나쁜 현상이 일어남으로써 온다. 그것이 종양을 만들어 낼 수도 있고 살을 섞게 만들 수도 있고 온갖 현상을 만들어 낸다. 그래서 기운을 제거하고 어떤 활동을 제거해 버리면 된다. 여기에 나오는 사람이 가스가 머리에 들어가서 상당히 두려움을 느낄 정도였기에 그때 안 봐줄 수 없었다. 가스가 머리에 들어가서 멍한 상태가 되면 뇌 안에 가스가 안 빠지는데 연탄가스면 뇌가 취해서 힘을 못 쓰는 것이고 가스가 들어와 있으니까 활동을 못 한다. 의식 자체는 건강하고 아무 연관이 없다는 것이다. 뇌가 움직임으로써 나의 의식을 내보낼 수도 있고 받아들일 수도 있다. 자동차 배터리가 있음으로써 시동을 걸어줄 수 있고 방전이 될 수도 있고 충전을 시킬 수도 있는 것이 자동차 동력이다. 그런데 이 뇌는 의식의 동력 역할을 해서 자기에게 의식을 받아들일 수도 있고 내보낼 수도 있다. 길을 찾아가고 나서 잠을 자고 일상생활하는 것은 당분간은 아무 이상이 없다.

Q : 뇌에 가스가 계속 빠지지 않고 영향을 계속 미치면 어떻게 됩니까?

스승 : 다른 병이 오든가 합병증이 오든가 그렇지 않으면 뇌가 기운을 상실하고 그때부터 치매 현상이 일어난다. 의식 자체도 흐려지면서 방 안에서 오줌도 싸버리고 어디에 무엇을 뒀는데 기억하지 못하고 옷을 어디에다가 벗어놨는지 모른다. 그런 상태에서 나는 그 사람을 보았는데 뇌에 가스 기운이 머리 쪽으로 올라오고 있었다. 치료해주고 누워있었는데 콧물이 나오고 재채기가 나오니까 약방에 가서 감기약 사 먹고 이틀 사흘 지났다. 뇌에 영향이 있으니까 콧물이 계속 나오는데 재채기를 통해서 가스가 빠져나오는 것이었다. 그러니까 이미 그 사람의 병이 내 몸으로 옮겨졌기 때문에 그의 몸에 있는 가스가 내 몸에서 치료하는 것이다. 그때부터 전류가 내 몸에서 일어나면서 가스가 분해 되면서 뇌에 다시 정상적인 힘을 전해주었더니 씻은 듯이 내 몸이 나았고 그 사람도 정상적으로 돌아왔다.

Q : 이런 일은 사실 일반 상식으로서는 불가능한 일이잖아요?

스승 : 종교 계통에서 말하는 귀신의 힘이나 현대의학으로는 고치기 힘들다. 뇌에 가스가 적게 들어가면 어느 정도 활동하면서 생활에 약간의 지장을 주는데 뇌 속에 가스가 엄청나게 차 있었다. 우리가 호흡하면 호흡을 통해서 공기가 뇌까지 전해지는데 연탄가스 중독된 사람들이 뇌에 이상이 있으니까 의식을 잃고 산소호흡기에 들어간다. 그러면서 후유증이 오는 사람들도 많이 들어가지 않는데 이 사람은 아주 많이 들어가 있었다. 그래도 인연이 있으려니까 죽지도 않고 살아서 나에게 연탄가스를 맡았을 때 사람은 어떤 상황에 빠질 수 있다는 것을 보게 해 줬다.

Q : 저의 삼촌은 의식도 없고 똥오줌을 받아내고 자기 수족도 못 쓰는데도 살고 싶어 하는데 머리의 중추 혈관이 끊어졌든가 막힐 때 중풍이 옵니까?

스승 : 사람이 무지할수록 애착이 큰데 사실 합병이 오기 전에는 중풍만 가지고는 안 죽는다. 내가 의식을 통해 보면 중풍 환자 옆에 있으면 환자가 어디에 비밀이 있는지 아는데 입원했다는 사람들은 가슴에서 이상이 왔다. 심장에 찌꺼기가 끼여서 중추 혈관에 피가 제대로 돌지 않을 때 사람이 쩔뚝쩔뚝 걸어 다닌다. 지금 한의사들이 연구 결과에 나타난 현상을 보고 진찰하고 지도하는데 활동하면 혈관이 막혔던 게 터져서 피가 돌게 되면 정상으로 돌아오는 수가 있다. 그러나 끊어져서 한번 터져 버려서 핏덩어리가 뭉쳐버리면 완치가 되지 않는다. 중추 혈관에 피가 돌지 않기 때문에 낙지발처럼 뒤뚱뒤뚱 다니니까 치료가 안 되는 상태에서는 중추신경이 마비되어서 오는 현상은 생명에는 지장이 없다. 음식을 먹는다든가 소화를 시킨다든가 딴 기관하고는 아무 이상이 없는데 단 중추신경에서 한쪽 수족을 움직이는 데 지장을 주고 마비를 시킨다.

Q : 합병증이 생기게 되면 결국 고장이 나서 힘이 매우 쇠약하잖아요?

스승 : 활동이 부족한 상태에서 다른 게 오면 힘을 못 쓸 때 죽는다. 그러니까 중풍에 걸리면 삼 개월 만에 죽는 사람도 있고 삼 년 만에 죽는 사람도 있고 어떤 사람은 오 년을 사는 사람도 있다. 운 좋은 사람은 합병증이 안 오는 것이고 불행하게도 합병이 오면 죽는 것이다. 제일 중요한 문제는 우리가 이 수술을 할 때도 조사해서 합병이 있으면 수술을 안 한다.

Q : 기관의 활동이 약할 때 수술하면 죽을 가능성이 있다고 하는데 그래도 뇌를 수술하는 건 괜찮을까요?

스승 : 뇌를 수술했다고 걸어 다니는 건 아니고 먼저 보고 수술을 어떤 식으로 하는지 알아본 후에 결정해야겠다. 어디에 무엇이 막혔는데 어떤 방법으로 의료 장비를 넣어서 엑스레이로 막혀있는 부위를 무슨 장비를 사용해서 뚫을 수 있는지 알 것이다. 머릿속 혈관에다가 의료용 철사 같은 걸 넣으면 들어가도 구멍 난 곳은 처음에 피가 조금 나다가 막혀버린다. 현대의학으로 치료할 것이라는 설명은 들었는데 그럴 수가 있긴 하지만 상당히 어려운 줄로 알고 있다.

Q : 하루아침에 집중력이 떨어진 애가 집중력이 높아지고 성적이 한 두 달 사이에 높아질 수 있습니까?

스승 : 절대 그런 기적은 일어날 수 없는 것인데 먼저 그러한 말에 대한 실체를 규명해 보아야 할 것이다. 요즘 애들은 머리에 열이 차 있을 때는 뇌의 활동이 저해 받아서 작은 일에도 신경이 날카로워지니까 성적이 떨어진다. 이럴 때는 가슴이나 머리 혈관에 장애를 일으키는 부분이 있어서 피가 머리에 원활하게 돌아주지 않기 때문에 일어나는 현상이다. 머리 뒷골이 약해서 빈혈 현상이 강하게 남으로 그 부분에는 열이 생긴다. 그래서 뇌의 활동이 원활하지 못해서 현실을 받아들이는 능력이 떨어짐으로써 학업 성적이 떨어진다. 그럴 때 심장 활동에 지장을 받는 문제를 해결해주든가 머리의 혈관이 순환하는 장애를 일으키는 부분을 제거해 버린다. 그러면 그 아이는 정상적인 의식을 가진 사람의 상태로 돌아오게 된다. 그래서 집중력이 높아지고 노력으로 성적이 좋아지는데 공부하려면 원리를 알아야 한다.

Q : 오랫동안 그러한 문제를 가지고 있었던 사람은 공부할 때 원리를 잘못 들었기에 삽시간에 되지는 않겠지요?

스승 : 정상적인 상태가 되어서 책을 많이 읽고 이해하게 됐을 때 돌아오기 때문에 2년 정도가 걸린다고 봐야 한다. 너희가 들었을 것이나 명동 칼국수 하는 보살이 나와 만나 아주 열심히 나왔다. 어느 정도 나왔을 때 소원이 하나 있다고 해서 물으니 딸이 대학에 가는 게 소원이라고 했다. 대학에 보내면 되는데 아무리 공부해도 성적이 떨어지고 했으니까 입시제도가 치열한 우리 사회에서 그것은 상당히 고민이 되는 것이다. 평범한 사람들이 보면 학력 사회에서는 졸업장이 행세할 수 있는 사람을 만들지 않는가 생각해서 자기의 소원은 딸을 대학에 보내는 것이라고 했다.

Q : 그런 상태에서 선생님의 힘으로 대학에 갈 수 있게 할 수 있습니까?

스승 : 내가 하는 일도 없고 원기가 왕성하고 해서 한번 데리고 오라고 해서 손을 한번 잡았다. 뒷골 쪽에 붙어서 있는 뇌가 활동을 원활히 못 하니까 나타나는 현상이었다. 그런데 이 문제가 해결되어 버리고 정상적인 상태로 돌아오니까 다른 사람처럼 공부하는데 지장을 받지 않는다고 했다. 기초 같은 걸 조금 집중적으로 공부하면 전문대학을 졸업할 때쯤이면 모든 게 정상적인 능력을 갖추게 될 것이라고 말해주었다. 자기가 배운 과정에 대해서 정상적인 능력을 갖추고 있을 것이라고 했다. 다행스럽게 그때 전문대학을 졸업하고 정규 대학에 편입했는데 대한항공에 상당히 경쟁이 높았는데도 그 아이는 취업했다.

Q : 최상의 대학병원에서도 오진율이 30% 이상이라는 이야기를 들

없는데요?

스승 : 질병을 얻게 되는 것은 자기에게 어떤 무리가 있다거나 음식물이나 공기 중에 있는 하나의 물질이 우리 체내에 들어가서 동화가 되지 않을 때이다. 그 물질은 계속 자기를 번식하게 되는데 이런 것이 종양의 원인이 되고 동맥경화를 만들고 여러 가지 질병의 요소를 만든다. 병원에서는 에너지로 되어 있는 원인을 볼 수 없기에 오진이 있게 된다.

Q : 질병 때문에 여기에 온 사람을 선생님이 여기서 진단해 줄 수 있습니까?

스승 : 진단은 간단하게 나의 의식에 비추어서 너의 몸을 보면 된다. 몸의 기관이 충분히 활동할 때 면역성이 강해지고 면역성이 강한 몸은 어떤 독성물질이 몸에 들어오면 스스로 잡아먹어서 자체가 동화시켜버린다. 그 때문에 결코 질병이 일어날 수 없으나 면역성이 약한 사람들은 체내에 있는 나쁜 세포에 먹혀서 오히려 독성물질이 번식되어 세력을 형성한다.

Q : 선생님은 상대방의 의식 상태를 보면 알게 됩니까?

스승 : 질병은 면역성의 결핍으로 대부분 생기는데 어떤 부위에 기능이 약화 되어 있을 때 문제가 생기는 것이다. 나는 의식을 통해 병을 고칠 수 있으니까 나의 힘은 그 기능을 회복시킬 힘을 가지고 있다. 그러니까 사실 질병이라면 그렇게 큰 힘을 쓰지 않아도 치료할 수 있고 또 신병이라 하더라도 과거에 찾아온 사람들의 신병도 많이 도와주었다. 왜냐하면 신들이 달려드니까 잡을 수가 있었는데 최근에 와서는 달려들지 않고 숨어버리고 자체를 감추고 경계하니까 잡지를 못한다. 머리에 움직이는 반응을 보

여도 머리 어디에 있다는 것을 알아내니까 이렇게 하면 된다고 처방한다.

Q : 모든 생명체는 자기 면역력을 가지고 있다고 볼 수 있습니까?
스승 : 동물은 상처가 났을 때 약이나 아무것도 안 바르고 소독도 안 하는데 외상이 치료된다는 것이다. 동물이 생존을 위해서 살아가다 보면 바위에 살결이 찢어질 때가 있고 먹어도 병이 안 생기는 게 면역기능이 있기 때문이다. 거지나 미친 사람이 쓰레기통 뒤져서 썩은 음식을 먹는데도 이상이 없고 병이 안 걸리는 건 면역기능이 생겼다는 것이다. 우리 몸 자체도 자동차의 엔진처럼 구조가 되어 있는데 구조의 기능이 떨어지는 것은 저항력이 약해졌다는 것이다. 몸 자체가 가지고 있는 저항력이 상실되므로 해서 제 기능을 발휘하지 못하고 면역기능이 떨어진다. 어떤 부위에 병이 났을 때는 그 부위에 면역성이 약하기 때문에 생기는 일이다.

Q : 질병이 공기나 음식물을 먹을 때도 생기게 됩니까?
스승 : 우리가 음식을 먹으면 인체가 하는 일은 목에 음식이 내려오면 몸의 기관에 전부 구멍이 있어서 빨아들이고 기운을 흡수해서 혈관을 타고 공급이 된다. 그렇지 않으면 각 세포에 전달이 되어서 항상 자기에게 필요한 물질을 만들어 내고 소모된 걸 제거한다. 그런데 우리가 음식이나 공기를 마셔도 그 속에 있는 바이러스가 우리 몸으로 들어갈 수 있고 세균 같은 것도 들어갈 수 있다. 음식물에 있는 것도 받아들인 게 기운은 기혈로 들어가고 정은 몸속에 있는 호르몬을 생산하는데 들어간다. 우리 몸의 면역기능이 강하면 저항을 일으켜도 잡아먹어 버리는데 음식의 물

질 속에 있던 기운이 우리가 가지고 있는 기관에 흡수가 안 되고 저항을 일으키게 됐을 때는 통증을 느끼게 된다. 그래서 우리 몸 속에 있는 기운을 파먹고 번식하는데 기운을 형성하게 되었을 때 질병으로 커지는 것이다.

Q : 우리 몸에 담석도 몸의 기능이 약화 됐을 때 생기게 됩니까?
스승 : 담석을 분해해서 정확하게 보면 그 돌이 어떤 기체나 액체에 의해서 만들어진 것이다. 우리가 음식을 먹어서 돌이 생긴 게 아니고 자체에서 쇳덩어리처럼 만들어진 것인데 우리가 가지고 있는 체내의 기능이 약할 때 생기게 되는 현상이다. 면역기능을 강화하면 모든 질병을 다 고쳐 버릴 수가 있다. 너희도 연구해 보면 어떤 사람이 고통을 받을 때 손을 잡아서 배터리처럼 정신을 한쪽에 모아서 힘을 주면 면역기능이 살아날 수가 있다. 지금은 너희가 가지고 있는 힘은 약하지만 여럿이 손을 잡고 하면 몸속에는 에너지를 전달할 수 있다. 방전된 배터리는 시동이 안 걸리는 것은 모터를 세게 계속해서 돌려주지를 못하니까 붕붕 하다가 약하면 안 걸린다. 이럴 때 다른 차에 있는 강력한 배터리를 줄에 연결해서 엔진을 돌리면 선을 통해서 배터리로 전원이 연결되는 원리이다.

Q : 몸에 병이 생겨서 치료할 수 있는 항생제도 없을 때는 유일한 방법은 무엇일까요?
스승 : 다른 사람의 에너지를 받아서 자기 속에 붙어서 있는 질병을 퇴치하는 것인데 광고를 내면 활동비를 마련하기가 쉽겠다. 한국에서는 내가 말을 알아들으니까 사정하면 인정에 넘어가서 치료해주는데 고마워하는 사람이 별로 없다. 병을 고쳐 주지만 사

람들이 대부분 부담스러우면 병원에 매일 가던 사람이 병원에 다니지 않는데도 사람들 대부분이 아직 낫지 않았다고 한다.

Q : 암의 원인은 무엇이며 어떻게 진행되어 가는 건지요?
스승 : 나는 이 암이라는 용어에 대해서 충분히 학술적인 용어를 이해하지 못하고 있다. 몸에 한 번 기생하면 소멸하지 않고 계속 자기 생활을 통해서 활동을 계속하게 되고 커지는 것이 악성종양이다. 그러면 간암은 간에 어떤 종양이 생겼다는 것인데 종기도 종양이라고 하는데 빨리 터진다는 게 아니고 악성이기 때문에 딴딴한 상태에서 혹처럼 커진다는 것이다. 혹처럼 커지니까 간에도 신경이 있게 되고 혈액이 순환하게 되어 있다든가 기관 자체도 어떤 우리 몸에 있는 기운을 흡수해서 존재하게 된다. 종양이 작을 때는 아무 표시가 없는데 커지니까 주위에 있는 신경을 자극하게 되면 그때부터 통증이 나타난다.

Q : 종양의 원인이 우리 신체 구조에 나쁜 기운이 발생했다고 보아야 합니까?
스승 : 음식과 공기의 접촉을 통해서 환경 속에서 사람의 몸속에 들어오는 기운이 혈관으로 돌면서 사방으로 퍼지는데 이 중에 나쁜 기운이 병을 만든다. 지금까지 의학계에서는 많은 연구 논문을 발표하고 항암 억제 약품을 만들어 내고 있으나 아직은 정확한 약품은 나와 있지 않다. 암의 근원을 퇴치하지 않는 한 활동을 계속하기에 현대의 의학으로는 치유하는 것이 불가능한 상태이다. 내가 언젠가 암 환자를 한번 접촉한 적이 있는데 가슴 부근 심장이 아프다고 하는데 암의 원인은 머리에 있을 수도 있었다. 그 부위를 수술해서 제거해도 계속 나쁜 기운이 전달되면서

세포를 형성한다. 몸체에 있던 기운의 세력이 흘러 다니다가 약한 부위에 암을 만들기에 뿌리에 있는 근원 치료하지 않는 상황에서는 암의 퇴치 방법은 없다. 생명체가 순수한 물질과 결합해 나오는 것도 있으나 오염물질에서 특별한 성질을 가진 세포가 융화되지 않고 세력을 만들어 내는 게 대부분 종양이다. 심장에 어떤 결함이 있는데 위암이 생길 수도 있고 머리에 미세 혈관이 막혀서 피가 돌지 않는 원인으로 다리가 찌릿찌릿 아픈 일이 생길 수도 있다.

Q : 요즘 저희같이 젊은애들도 허리의 질병이 많은데 어떤 경우에 생깁니까?

스승 : 뼈와 뼈 사이에 물렁뼈가 있기에 실제 몸이 옆으로 돌아갈 수도 있고 구부리는 것이 가능한데 물렁뼈가 없는 상태에서는 허리가 펴지고 유연성이 없다. 이런 상태에서 척추 속에도 기운이 많이 들어가 통과하고 들어가는데 물렁뼈 부분에서 붙어 버리면 열을 받으면서 물러진다. 보통 이것이 척추의 3, 4, 5번 선에서 오는데 4번 선 정도에 붙으면 허리가 아프고 어깨에 붙으면 어깨가 아프고 다리에 신경통이 오고 고통이 심하다.

Q : 병원에서 현대 장비로 촬영하면 병명이 나오지를 않고 학교에서 착한 친구들이 허리나 머리 때문에 아파서 고생을 많이 하는데요?

스승 : 머리에 기운이 들어가면 두통이 오고 심장을 아프게도 하고 온갖 질병을 일으키게 된다. 통증을 호소하는데도 병원에 가서 정확하게 촬영했을 때 종양이나 궤양이 나타나지 않을 때 또 주사기를 통해서 거기 있는 물질을 뽑는다. 병리 실험소에 가서 실

험했을 때 바이러스가 나타나지 않는 질병은 전부 영체에 의해서 감염된 병이라고 믿어도 좋다. 너의 친구가 착한 일 하고 어떻게 바르고 올바르게 살았는지는 확인해야 알 수 있다. 중요한 것은 자기 생각을 말하지 말고 네가 본 사실을 가지고 말하고 남의 이야기 듣고 와서 왜 그런지 물으면 내가 어떻게 아느냐?

Q : 질병이 에너지의 접근 때문에 많이 일어나게 되면 활동 범위에 따라서 질병이 많이 생길 수도 있고 적게 생길 수도 있습니까?
스승 : 에너지가 몸속에서 영체가 붙어도 활동을 안 할 때는 모른다. 에너지가 몸속에 들어와서 활동할 때는 에너지가 자꾸 몸의 기운을 열기로 만들어서 목 부분의 기도 쪽으로 계속 받치고 있을 때 질병이 생길 수 있다. 그러니까 70%의 병의 원인이 이러한 영체들의 활동으로 주어진다는 것을 잘 인식하면 되겠다.

Q : 사람들이 어떻게 기운을 예방하고 깨닫게 해 줄 수 있습니까?
스승 : 질병의 예방은 사람들에게 깨닫게 해서 깨달음을 통해서 자신을 잘못된 곳에 빠지지 않게 하는 것이다. 애착을 끊는 것은 좋은 가르침이 필요하다. 사람들에게 세상의 일에 눈을 뜨게 함으로 부질없이 애착이나 원한에 얽매여서 일생을 잘못 사는 이런 일을 초래하지 않게 하라. 그러면 이 땅에도 원인 모를 병을 가지고 신음하고 고통받는 사람들이 적어질 것이다.

Q : 질병을 여래님의 도움 없이 스스로 회복하는 것은 가능하겠습니까?
스승 : 육체적인 질병이나 영혼의 질병도 나의 도움 없이 회복하는 것은 가능하다. 육체적인 질병은 우리의 몸에 들어간 어떤 물질

이 변질이 되면서 옆에 있는 기운을 모아서 일으키는데 이런 질병에 의해서 종양이나 궤양이 많이 생긴다. 그런데 이런 것은 사실 어떤 약품을 써서 중화시켜 버리면 된다. 우리 체내에도 모든 것은 자기에 대한 애착이 있고 세포 자체도 애착이 있으니까 저항력으로 자연치유 되는 병도 있다.

Q : 만병의 원인이라는 스트레스는 어떻게 해서 오게 되는 것입니까?

스승 : 스트레스는 마음이 막히고 환경에 갇혀서 자기가 감당할 수 없는 환경을 만날 때 온다. 그런데 강하고 밝은 정신을 가진 자는 환경에서도 스트레스를 잘 받지 않고 계속 건강을 유지할 수가 있다. 환경이 어두울 때는 밝은 자도 스트레스를 받는 것이 어두운 문제가 풀리지 않고 항상 문제를 자기가 지고 있어야 하기 때문이다. 그래서 즐겁게 살고 항상 빨리 세상의 이치를 배워서 옳고 그름을 앎으로 자기 정신 관리를 하고 자기가 하는 일에 대해서 보람을 느낄 때 결코 병이 오지 않는다. 실제로 그러한 방법으로 현대병은 전부 예방될 수 있다. 스트레스는 지금으로부터 10년이나 20년 사이에 발생한 악질적인 병이다.

Q : 미래에는 스트레스 병이 점점 더 많아지나요?

스승 : 미래로 갈수록 병은 더 커질 것이고 사회 병인 스트레스는 점점 인간의 생활에서 빼놓을 수 없는 요소로 가득 차게 된다. 왜냐하면 앞으로 기하급수적으로 과학은 발달하고 물질 만능 시대가 오면 인간은 스트레스에서 벗어날 길이 없다. 그래서 여기에서 가르치는 가장 큰 목적은 환경으로부터 독립하여 자기의 계획과 주관적 목표와 이해에 따라야 한다. 환경에 처한 문제들을

풀지 못할 때는 스트레스에서 벗어날 수가 없다.

Q : 암이나 신경성 위궤양과 온갖 질병을 만드는 80%가 스트레스와 관계가 된다는데요?
스승 : 나의 근본이 강하고 육체가 건강하면 전염병이 도는 곳에도 잘 안 걸릴 수도 있다. 그래서 너희는 이러한 공부를 통해서 자기의 정신을 관리하고 정신으로 강한 힘을 얻는 것이다. 그리고 세상의 이치를 알므로 같은 환경에서 근본이 약한 사람도 스트레스가 오면 피하는데 방법을 알 때는 능히 질병을 예방할 수가 있다.

Q : 몸에 신경성 질병이 있는 사람들은 어떻게 아픈 게 안 나타날까요?
스승 : 기분만 좋으면 아픈 게 그때는 안 나타나고 스트레스가 없을 때 신경성으로 오래 병을 가진 사람도 병을 느끼지 못할 때가 있다. 스트레스가 없으면 병의 원인이 나타나지를 않기 때문이다.

Q : 스트레스의 원인은 어떻게 오며 어떤 방법으로 풀어야겠습니까?
스승 : 사실 스트레스는 수만 가지의 방법에 따라서 오는데 어떤 원인을 보아야 푸는 방법을 알게 된다. 헤아릴 수 없는 방법만큼이나 각자 다르게 나타날 수도 있고 같은 환경에서 여러 각도로 그것을 풀어볼 수도 있는데 그러한 부분에 대해서 좀 더 상세하게 알기 위해서는 질문에 따라서 대답하겠다. 내가 그냥 함부로 이렇다고 설명한다면 물처럼 흘러갈 것이니 바가지를 만들어서 가지고 오면 어떻게 돼 있는지 보고 그에 관한 사실을 말하겠다.

Q : 스트레스가 습도가 높을 때 온다고 하는데 날씨와는 어떤 관계가 있습니까?

스승 : 기운은 몸속에 있어서 실제로 생명을 유지하고 컨디션을 조종하는 것은 동력이 몸에서 발생하고 있는 기운이다. 외부의 압력을 내부에서 받게 될 때 스트레스는 생길 수 있다. 기온이 높아지거나 날씨가 더운 곳에 가면 빨리 신경이 예민해져 불쾌 지수가 높다. 날씨와 스트레스도 관계가 있으니 원인이 그럴 때는 시원한 물속에 앉아 있든가 피서를 간다면 풀리겠다.

Q : 사람이 가진 기운에 따라 스트레스를 받는 것에 차이가 있습니까?

스승 : 우리의 몸에는 동력이 흐르고 있는데 기관에서는 계속 동력을 돌려주어서 흐르고 있다. 동력은 에너지를 말하는 것인데 생명의 에너지가 계속 돌아가면서 온몸에 있는 세포의 성장과 관리로 활동의 원동력이 된다. 몸을 살아 있도록 만드는 에너지가 충만 돼 있을 때는 스트레스의 원인을 적게 받는다. 그러나 기운의 힘이 약하면 같은 환경에서도 많이 받고 조금만 불쾌 지수가 올라가도 신경질도 내고 신경이 곤두서고는 한다.

Q : 여래님은 어떤 때에 스트레스를 받으시나요?

스승 : 나는 정신이 맑아도 아무것도 할 일이 없을 때는 스트레스를 받는다. 실제 내가 어디를 가도 물어보는 사람이 아무도 없고 들으려고 하는 사람도 없으니 진리를 말할 곳이 없다. 그래서 어두운 곳에 가게 되면 맑은 물에 어둠이 비치듯이 스트레스가 온다. 정신이 어두워도 스트레스가 오지만 나는 푸는 방법을 알고 있다. 어두우면 밝게 하면 스트레스가 안 오고 밝으면 어둡게 하면

스트레스가 안 온다. 그러니까 항상 어두워지면 빛을 찾으려 하고 너무 밝아지면 어두운 곳에서 어둠을 묻혀 버리면 어둠을 씻느라고 스트레스는 안 온다. 나는 정신적으로 마음대로 조절할 수가 있으나 너희는 아직 기운이 나쁘고 좋은 걸 확실히 구분하지 못한다. 나는 어두운 사람과 손 한 번 잡아도 기운이 내 속에 들어와 버리니까 머리가 어두워서 아무것도 안 보이니 스트레스가 풀린다.

Q : 같은 일을 해도 억지로 할 때는 스트레스가 오는데 제가 하고 싶은 일을 많이 하면 스트레스를 받는 일이 없는데요?

스승 : 과거에는 사람들이 스트레스를 느끼지 못했던 것이 사람이 많은 활동을 했다. 충분히 땀을 흘려주고 몸에 있는 기운을 계속 바꾸어 줄 때는 스트레스가 오지 않는다. 물이 고여 있으면 썩고 흐르면 썩지 않는 이치와 같다. 사람이 할 일이 없으면 땀을 많이 흘리지 않고 운동을 많이 하지 않으니까 에너지가 계속 흐르지 않고 고여 있는 상태에는 에너지의 사용이 적다. 적을 때는 에너지 자체에서도 부패 현상 비슷하게 약화 현상을 가져온다.

Q : 과거에는 스트레스라는 말을 많이 쓰지 않았었는데 요즘에 많이 사용하는 것 같은데요?

스승 : 실제로 현대에 유행되는 암이나 다른 큰 병들이 과거에 많이 나타나지 않았다. 다만 장티푸스나 디스토마 그리고 흑사병이나 전염병 정도로 많은 사람에게 치명적인 세균에 의한 병이었다. 실제로 신경성 질병이 그만큼 나타나는 확률이 없었다는 점을 의학을 공부한 사람들이 있다면 기록을 보면 나의 말과 분명히 일치될 것이다.

Q : 노동 현장에서 너무 바쁘고 시간이 없어도 스트레스가 온다고 하는 사람도 있던데요?

스승 : 너무나 바빠서 스트레스를 받는 건 드물고 일을 많이 해서 병에 걸렸다는 일은 없다. 피곤하고 지치는 것과 스트레스를 받는 건 다르다.

Q : 자기가 즐거운 일을 하면 스트레스는 받지 않겠지요?

스승 : 즐거움을 느낄 때는 스트레스를 안 받는다. 옛날 농사일할 때 농사꾼이 가을에 추수할 생각을 하니까 일을 열심히 해도 스트레스를 적게 받는다. 주부들이 빨래해도 자기가 할 일을 당연히 하니까 끝내 놓으면 놀 수 있으므로 일 많이 해도 스트레스를 적게 받는다. 그리고 돈을 벌고 수입이 있고 결과가 나타나면 스트레스를 적게 받는다. 쉽게 말해서 일에 관한 결과를 알 때는 일을 많이 해도 스트레스를 받지 않는다.

Q : 온갖 걱정을 많이 하면 스트레스를 받게 되겠지요?

스승 : 자기 마음에 이해가 되지 않아 짜증이 나니까 마음이 먼저 막힘으로 스트레스는 오는 것이다. 마음이 계속 흐르는 사이에는 스트레스가 오지 않아서 건강을 유지하는 데는 남의 눈치 볼 것이 없다. 세상에 있는 일을 알고 이해하게 되면 항상 마음이 가볍다. 아무것도 하지 않는다고 스트레스가 안 오는 건 아니고 매일 놀면 스트레스는 더 많이 오니 세상의 이치를 알 때 건강을 유지하기가 쉽다.

Q : 에디슨은 발명을 많이 했는데 그런 일을 통해서도 자신의 영혼이 성숙할 수 있는지 스트레스를 받는지요?

스승 : 사람이 두뇌를 많이 쓰면 건강하고 두뇌를 쓰는 사람은 몸을 함께 쓴다. 두뇌를 좋은 쪽으로 쓰면 스트레스를 받는 것이 아니라 즐겁다.

Q : 두뇌를 나쁜 쪽으로 쓰면 나빠지지 않습니까?
스승 : 내가 하는 말을 잘 이해해야 하는데 두뇌를 나쁜 쪽에 쓰는 사람은 몸을 쓰지 않는다. 두뇌를 나쁘게 쓰고 사기 치기 위해서는 몸을 쓰지 않고 입만 가지고 하면 된다. 사기 치는데 몸까지 쓰는 사람은 없으니까 두뇌를 나쁘게 쓰는 사람은 사실 입만 가지고 사는 사람들이다. 거짓말을 잘하면 두뇌를 나쁜 쪽으로 쓰게 되는데 세상에는 진실과 거짓이 있으니 거짓을 두려워해야 한다.

Q : 옛날 여자들은 일이 너무 많아서 스트레스를 받았지 않았습니까?
스승 : 예전에는 일이 너무 많아서 스트레스를 받았는데 오늘날 여자들은 일이 없어서 스트레스를 받는다. 그래서 요즘에는 돈을 내고 에어로빅 같은 운동을 한다. 사람이 일이 많아서 스트레스를 받는 것은 육체적인 일인데 정신과 육체가 함께 소모될 때는 피로가 오지 않는다. 사람은 본능적으로 자기를 보호하려고 하는 마음이 생기는데 신체가 반응하는 현상이다. 정신이 나약해지면 몸 자체도 나약해지고 받아들이기 힘든 상황이 올 때 스트레스가 온다.

Q : 환자들은 몇 달을 병원에 누워있었는데도 스트레스를 안 느끼잖아요?

스승 : 기관에 이상이 왔을 때 정상적인 몸이 정신장애를 받는 상태에서는 스트레스가 안 온다. 그런데 정신이 건강하고 몸이 허약해서 균형이 맞지 않을 때 너무 긴장을 많이 하면 스트레스가 온다. 일을 심하게 하는 사람한테도 스트레스가 왔으나 일하지 않는 사람에게도 스트레스가 왔으니 균형이 필요하다.

Q : 정당한 일을 하는 것은 건강을 유지하는 법이라고 볼 수 있네요?

스승 : 내가 처음 태국을 여행할 때 태국 왕사를 만났을 때 명상을 가르친다고 해서 나 같으면 일을 가르쳤을 것인데 일하면 명상을 해야 할 필요가 없다고 일러 주었다. 명상이라는 건 일을 하지 않으니 몸은 건강한데 신경을 많이 안 쓰고 정신을 안 쓰니까 정신이 약해지는 것이다. 이렇게 나와 같은 동작을 취하게 될 때 우리 몸속에 있는 기운이 하나의 파장을 일으키고 기운을 돌린다. 그러므로 몸은 앉아 있어도 일하는 것 같은 현상이 나타나 일을 안 해도 건강을 얻는 법이다.

Q : 좋은 자세를 취하면 운동을 하는 거와 같은 효과를 얻을 수 있지만 소득은 하나도 없다는 말씀이죠?

스승 : 정신과 육체와 균형을 함께 유지하는 것은 결국 정신적 건강과 육체적인 건강을 동시에 증진하는 것이다.
운동은 싫어하지 않고 자기 힘에 부대끼지 않을 정도로 하면 되는 거니까 하루 1시간 정도의 운동은 육체적인 건강을 얻어 좋은 것이다.

Q : 선생님은 요즘 어떻게 스트레스를 푸시는지요?

스승 : 나는 바둑을 많이 두고 기원에 가서 앉아 있다. 너희는 공부한다고 책상 앞에 오래 앉아 있으면 스트레스가 온다. 그러니까 적당히 운동하면서 암기만 하려고 하지 말고 여기서 배운 법을 사유하면서 산책도 하면 도움이 될 것이다.

Q : 스트레스 푸는 방법 중에 술을 마시고 노래방 가고 하는 게 저희에게 좋은 방법은 아니겠지요?

스승 : 스트레스가 쌓일 때마다 술을 먹어서 스트레스를 푸는 사람은 스트레스가 올 때마다 술을 마셔야 할 것이다. 그러면 몸도 버리고 돈도 버리고 하니까 좋지는 않지만 건강한 생활을 통해서 스트레스를 퇴치하는 방법도 많다. 너무나 많은 방법이 있으니까 내가 어떤 게 좋다고 경험하지 않고 확인하지 않고 대답하기가 어렵다.

Q : 정신적으로 나약한 사람이 취미생활을 한번 해서 재미를 들이면 거기 빠져서 모든 걸 잊게 되던데요?

스승 : 너희는 항상 생각해서 자기에게 문제가 있을 때 어떻게 문제를 푸는지 항상 상황을 봐야 할 것이다. 신체가 허약한 사람은 운동할 수 없으니 현대에서 가장 스트레스 해소법으로 많이 가르쳐 주는 것이 자기를 죽이는 것이다. 명상이나 가만히 앉아서 용을 쓰고 있으면 자기의 기운이 죽어버리면 그때부터 스트레스가 안 온다. 그러면 기운이 죽는데 그때부터 사람이 무기력해지고 말만 청산유수같이 해대면서 일을 안 하려고 한다.

Q : 사람들이 살아가다 보면 술도 마시고 노래도 부르고 하는데 다른 해소하는 방법이 있습니까?

스승 : 해소하는 방법은 자기가 찾아서 해야 한다. 옛날부터 술을 먹지 않고 항상 있는 것을 바로 보고 바르게 사는 게 힘드니까 수행자들에게는 항상 도반을 중요하게 생각하라고 했다. 자기와 마음을 나눌 자를 찾아서 자기가 외로울 때는 외로움을 대화를 통해서 풀 수 있다. 스트레스가 오면 하다못해 씨름을 한번 하면 풀릴 수도 있고 달리기를 한번 하든가 스트레스가 받치면 자기가 스스로 풀어야 한다.

Q : 법을 배운 저희도 왜 스트레스를 받게 되는지요?
스승 : 건강한 자는 일을 안 하면 스트레스를 많이 받고 허약한 자는 일을 하면 스트레스를 많이 받는다. 여기에 온다는 자체는 정신이 살아 있다는 것이고 그러면 몸도 살아 있다. 다른 사람들은 스트레스를 받지 않는지 어떤 하나의 테스트 과정을 거쳐서 확인해 보면 나타날 것이다. 건강한 사람일수록 자신을 바르게 살아가는 일이 너무 힘들다. 환자가 가만히 누워있으면 어디 가서 자기 몸에 검정 묻힐 일이 하나도 없지만 건강한 자는 항상 일해야 한다. 세상에서 가장 큰 축복은 일속에 있으며 자기가 어떤 일을 하는지에 따라서 그만큼 큰 축복이 있다.

Q : 저는 직장에서 일을 너무 많이 해서 스트레스가 온다고 생각하는데요?
스승 : 직장에서 일을 많이 해서 스트레스가 오는 것이 아니라 일을 많이 해도 받는 돈이 똑같으니까 스트레스가 온다. 여기 장사하는 사람들은 손님이 많이 오면 정신을 많이 차리는데 재미가 나서 사는 게 즐겁다.

의통(意通)의 진실

　지금까지 기록을 통해서 내려오는 의통이라는 말은 있지만 실제 의통이 어떤 것인지에 대해서 일반인이 알아보기 쉽게 설명된 책이 없기에 유의해 들어야 한다. 지금 세계의 곳곳에는 의통을 연구하고 있지만 실제 아직 큰 진전을 보지 못하고 있다. 그것은 인간의 능력 한계와 모든 일이 문제 속에 존재하기 때문에 정확한 문제에 대한 이해가 없는 사람들로는 이런 일을 설명하고 알아보는 일이 매우 어렵게 되어 있다. 그래서 우리 몸의 구조를 배우고 이해하는 것이 매우 중요하다. 의통(意通)이라는 말은 전설 속에 있었던 최고의 의학을 말하는 것인데도 역사 속에서는 어떠한 기록도 보지 못했다. 하지만 의통은 분명히 과거로부터 전해져오는 용어이고 실제 존재했던 일이다. 의통을 하기 위해서는 많은 시간의 수련이 필요하고 깨달아야 한다.

Q : 의통(意通)은 어떻게 일어나는 현상입니까?
스승 : 의식(意識)을 통해서 사람들이 어떤 병을 가지고 있고 어떻게 치료하는지 밝히는 것이다. 내가 국가에서 주는 자격증이 없으

나 병원의 의학 수준과 내가 설명하는 차세대의 의학 수준은 엄청난 차이가 있다.

Q : 의통을 구체적으로 알기 쉽게 설명할 수 있습니까?
스승 : 이것을 일반 사람들은 잘 알아보지 못하는데 나는 질병이 있는 사람이 앞에 있으면 나의 의식에 비치는 상대의 아픈 곳을 감지한다. 그래서 나는 많은 사람에게 의통을 통해서 많은 은혜를 베풀었던 적도 있지만 은혜를 입은 사람들이 오히려 나를 해치려 했다. 그래서 이런 치료 방법을 과학자들을 통해서 후세에 남겨야 할 것이다. 지금 영국의 사무실에서는 인터넷을 통해서 세계의 과학자들에게 이런 분야에 관심이 있는지 질문을 많이 하고 있다. 그러나 확인하려는 사람들이 없기에 아직 크게 이러한 기술을 보이지 못하고 있다.

Q : 의사들이 의통에 대해서 알고 있는 학문입니까?
스승 : 의통에 앞서서 한의사나 양의사가 TV에 나와서 의학에 대한 설명은 많이 하고 있지만 이야기 식이다. 어디 사진에 촬영한 것으로 이런 일이 일어난다고 하고 정확한 진단이나 처방이 아직 정확하지 않다. 그래서 만일에 질병을 얻게 됐고 예방이 없었을 때 70퍼센트는 병원의 도움이 환자에게 큰 도움을 주지 못하고 있다.

Q : 여래님이 의식으로 보신 사실과 실제 의사의 실험 결과는 다를 수도 있지 않겠습니까?
스승 : 나의 설명이 뛰어난 한의사나 양의사가 설명하는 것과는 다를 것이다. 내가 말하는 내용은 사람들이 가진 질병을 98퍼센트의

정확한 진단과 완치율도 90퍼센트 이상이기 때문이다.

Q : 의통으로 사람들의 병을 어떻게 고치는 것입니까?
스승 : 사람들이 나에게 의통으로 이상하게 병을 고친다고 말하는데 다른 게 아니다. 나의 의식이 가지고 있는 에너지의 순도가 98%라는 걸 10년 전부터 너희에게 말했다. 너희가 가지고 있는 의식 속에 있는 에너지의 순도는 사실 50% 미만이다. 너희도 나와 같은 기능을 가질 수 있는데 에너지의 순도가 낮기에 그런 기능이 나타나지 않는 것이겠지만 너희도 의통을 가질 수 있다. 모든 질병의 근원인 독성을 사라지게 해 버리면 된다. 그래서 사람이 독성이 없으면 모든 기관이 정상적으로 활동하고 에너지를 축적할 수 있고 왕성한 활동을 할 수가 있다. 인간 스스로 질병을 예방하고 다른 사람의 질병을 치료해 줄 수 있는 능력은 개발할 수 있다. 중요한 문제는 인간 스스로가 가지고 있는 의식 에너지의 질이 매우 떨어지겠으나 기운의 순도가 높아져서 이러한 일들이 해결되었을 때 어떤 일이 나타나는지 볼 수가 있다.

Q : 저희가 세상을 구하는 옳은 일을 진정으로 하겠다고 하면 의통을 전수해 줄 수 있는 것입니까?
스승 : 먼저 사람을 봐서 하겠지만 어떤 욕망이 그 속에 들어가면 효력이 안 나타나고 전부 중지된다. 나는 해탈했기 때문에 자유자재로 되지만 너희는 많은 훈련이 필요하다. 훈련도 하다 보면 고도의 기술이 생기게 되고 기술을 이용하게 되면 많이 단축된다. 컴퓨터가 처음 발견되어서 몇 년 사이에 매우 빠른 속도로 발전했듯이 이 훈련 과정도 새로운 것을 통해 계속 개선해야 한다.

Q : 선생님은 통증이 오는 질병을 고치기 위해서는 염력을 사용하십니까?

스승 : 어떤 사람이 몸속에서 핏덩어리가 결석처럼 굳어지면서 혈관을 막고 피를 안 통하게 압력으로 팽창되었다. 그러면서 심줄 옆에 근육과 연결된 신경을 자극하기에 통증이 오는데 이틀 동안 염력을 사용해서 빼낸 적이 있다. 한의원에 가니까 한의사가 당신 운이 좋다고 덩어리가 밖으로 터진 게 아니고 속으로 터졌기 때문에 괜찮았다고 했다는 것이다. 그냥 터지면 뇌가 피로 범벅이 되면 뇌가 못 쓰는데 덩어리만 살짝 빠져나와서 모든 것은 그대로였다. 내가 말한 내용은 의통을 통해서 나의 정신으로 염력을 써야 잘못된 현상이 나타나서 피가 나와도 빠르게 막아 버리면 피가 한 방울도 안 나온다.

Q : 정신적으로 할 수 있는 수술이라는 것입니까?

스승 : 정신 수술은 순간적으로 자기의 모든 의식의 활동을 정지시킬 수 있는 능력이 있어야 가능하다. 훈련으로 능력이 되어야 하고 자기가 가지고 있는 에너지를 이용해서 염력을 만들어야 한다. 염력이라는 것은 어떻게 알았는지 모르겠지만 손오공이 나오는 서유기에 보면 염력 쓰는 게 나와 있다. 염력을 사용했을 때 나타나는 현상 그대로 쥐새끼가 됐다가 나중에 용이 돼서 싸우는 것이 염력의 세계에서는 가능하다. 그래서 원력의 세계에서는 다른 사람의 독을 중화시키고 사람의 질병을 볼 수 있다. 나처럼 해야 여러 날 걸려서 회복되는데 너희도 알고 있으면 간단하게 해결할 수 있다.

Q : 세상의 일이 조물주에게 비치는 것처럼 여래님의 의식을 전달해

주니까 병이 낫는 게 자연의 이치와 똑같은 것입니까?

스승 : 의통은 예를 들어 몸이 아픈 사람이 있다면 내가 그 사람과 정신을 연결하면 그 고통이 내게로 온다. 내게로 와서 고통이 커지면 고통을 보게 되고 내 마음으로 아픈 병을 해결해 버린다. 인류 역사에서 그리스도가 신통을 했다는 이야기는 없지만 만일 마음이 밖으로 나온다면 사방에 있는 기운 속에서 모든 것이 내 마음이 원하는 대로 이루어져 버린다. 그래서 내가 무엇을 알고 싶어 하면 무엇이나 그때 알게 되는 것이다.

Q : 요즈음 언론의 화제가 되었던 일본 오자와 당수는 어떤 질병인지 알 수 있습니까?

스승 : 그의 질병도 활동하는 과정에서 자기 몸속에 축적되어 있던 독성이 머리 쪽으로 올라갔다. 내가 입력하면 우측에 독성이 붙어서 뇌를 압사하고 있는데 억누르고 있다. 이 사람은 깨어나지 못하고 지금 무의식 상태에서 뇌가 압사해 있기에 뇌가 활동해 줘야 정신이 깨어날 수 있다. 의식의 표출은 뇌를 통해서 자기 생각을 내보내고 뇌를 통해서 상대방의 새로운 의사결정을 받아들이는 것이다. 그런데 그 일을 하는 뇌에 문제가 생겼으니 이 사람은 깨어날 수가 없다.

Q : 일본에서 현대의 의학으로 치료하는 게 불가능하면 어떻게 해야 합니까?

스승 : 강력한 의식의 힘을 가지고 있는 사람이 이 의식을 상대의 의식에 연결해 주면 된다. 독성에 의해서 억눌리고 있던 모든 뇌에 독성이 사라지면서 강력한 힘에 빨려 들어오기 때문에 그 사람의 머리에서는 독성이 빠져나오게 된다. 이럴 때 독성이 빠져나

오면 그 압사되어 있던 뇌가 다시 살아날 수 있고 정상으로 돌아온다. 그 소식을 듣고 연락해 보라고 인터넷으로 내가 도와줘도 되겠느냐고 했다. 그런데 아직 연락이 없는 걸 보니 인연이 없어서 신뢰를 안 하는 모양인데 이론상으로는 그렇게 되어 있다는 것이다.

Q : 우리가 먹는 음식물도 오래되면 독성이 생기잖아요?
스승 : 값비싼 음식도 변질이 되면 독이 생기게 되고 우리 몸에 독성으로 인해서 해를 입기에 먹지 말고 버리는 것을 권장하고 있다.

Q : 의식의 힘으로 면역과 치료의 차세대 의학을 말씀하고 계시는데 저희도 순수한 기운으로 면역과 치료할 수 있는 정도까지 이르는 게 가능합니까?
스승 : 의식의 힘이 좋아지면 치료는 가능하겠지만 상대를 도우려고 할 때는 너희가 가지고 있는 체내의 에너지를 다른 곳에 보낼 수 있는 문을 열어야 한다. 그때는 모든 의식의 기관이 정지되어야 하는데 그냥 열었다가는 흐트러져 버릴 거니까 상대에 집중해서 그쪽으로 이동시켜야 한다. 실제 훈련을 통해서 가능한데 지금은 내가 사실 사람들 앞에서 나서서 할 수가 없다. 지금 이런 걸 한다면 귀신 붙은 사람들한테 내 기운을 다 빼 버리고 사흘 누웠다가 하루 가서 말하는 일을 반복해야 한다. 차세대 의학은 미래의 세계에서는 이런 방법으로 건강이 지켜질 것이다.

Q : 의통만 있으면 수술하면서 좋은 에너지를 연결해서 그쪽에 있는 모든 독성을 제거하면 되겠네요?
스승 : 몸 자체가 독성을 제거하는 힘을 가지고 있는데 사람들의 순

수한 기운의 퍼센티지가 낮기에 자기가 가지고 있는 능력 이상은 하지 못한다. 진기가 50%뿐이 안 되면 어떤 독성의 힘이 일정 이상의 힘을 가지고 있었을 때는 중화를 못 시키면 독은 자기 몸속에 남게 된다. 남은 독은 계속 기관을 통해서 따라 돌아다니다가 어떤 부위에 가서 붙잡히게 되면 그때부터 질병을 유발하게 된다. 다른 사람의 질병을 고칠 수 있도록 도움은 되지만 약한 사람이 다른 사람 고치고 나면 한 사람 살리고 자기가 죽을 정도가 된다.

Q : 저희의 진기로는 의통을 사용하고 싶어도 함부로 좋다고 쓸 게 아닌 게 기운이 강하지 못하면 자기가 죽을 각오로 상대를 고쳐야겠네요?

스승 : 세상일을 하는데 경제적인 부담도 있고 하니 과학자 세계에 나가서 한번 분명히 이러한 방법으로 일을 해결할 수 있다는 정도만 밝히겠다. 나의 의식을 통해서 사람의 질병을 낫게 하는 것이 의통의 비밀이다. 나는 해탈했기에 98%의 에너지에 도달했는데 100%의 에너지에 도달하면 조물주의 세계인 근원의 세계로 간다. 그때는 나의 의식조차도 존재하지 않지만 모든 것은 내 뜻으로 움직이는 원력을 가지게 되는데 큰 원력은 어떤 대기를 만들어 낼 수 있다. 지금 나의 염력으로서는 현상계의 풀잎 하나도 못 움직인다. 하지만 의식계에서는 내가 어떤 상황에서 귀신을 잡았다거나 벌주었다고 하는 얘기를 들은 적이 있을 것인데 가능한 일이다.

Q : 의식 속에서는 통하나 아직 현상계에서 어떤 영향을 주는 것은 아닌 겁니까?

스승 : 진기가 98%만 되어도 기운이 가진 원력의 힘으로 남의 나쁜 기운을 내 속으로 가져와서 중화시켜 버릴 수가 있다. 질병의 원인 중에 대부분이 자기 몸속에 있는 나쁜 기운이 현상이 일어나면서 오는 것이 암이나 종양과 궤양 등 온갖 현상을 만든다. 그래서 그러한 기운이나 활동을 제거해 버리면 병을 낫게 할 수 있는 것이다.

Q : 의통(意通)이 미래의 세상에는 어떤 역할을 합니까?
스승 : 변화기 이후에는 어떤 질병을 고칠 수 있는 약품이나 기구가 우리 사회에서 사라지게 된다. 그때 생명을 연장하고 고통을 치유하고 사람이 살아갈 수 있는 유일한 방법은 의통이다. 너희도 의통을 익히면 자기 질병을 고칠 수 있고 모든 문제를 스스로 행사할 수도 있고 엄청난 의식의 힘을 보여줄 수도 있다. 남의 질병도 고치고 질병에 대한 정확한 진단도 내릴 수도 있다. 누가 그런 비밀을 알고 했는지 모르겠지만 십몇 년 전에 영화 ET에 참 잘 표현이 돼 있는데 구체적인 내용의 설명이 안 돼 있을 뿐이다.

Q : 이런 점에 대해서 실제 아직 발표가 없었기 때문에 처음 들으면 이해하지 못할 것 같은데요?
스승 : 단순하게 우리가 몸을 자동차에 비유하면 의식은 운전사가 되고 자동차는 몸과 같다. 자동차도 전원장치에 배터리가 약하면 시동이 걸리지 않듯이 기능이 떨어졌을 때를 상상해 보아라. 건강한 사람이 가지고 있는 체내의 에너지를 병든 사람과 연결하면 병든 사람이 다른 사람의 몸에 있는 전원을 받아서 면역기능을 높일 수 있다. 이때 질병을 퇴치하고 제압할 수 있고 어떤 질병의 완치가 가능하다. 한국에서 세계적인 브랜드를 만들기 위

해서 과학자들이나 특수한 기관에서 관심을 가지고 이런 분야에 연구하겠다면 즉시 방법을 전수해 줄 수 있다.

Q : 지혜를 얻기 위해서 선생님의 가르침이 저희에게 필요한 것입니까?

스승 : 너희는 보지 못하기 때문에 어떤 길에 함정이 있고 없는지 못 알아본다. 지금 나쁜 것을 피하고 좋은 것만 취하면 되기 때문에 지혜가 필요한 것이다.

Q : 선생님이 에너지나 의식을 보았다고 하실 때 어떻게 정확하게 알 수 있습니까?

스승 : 나는 너희의 의식 속에 있었던 비밀은 보지 못하지만 너희의 고통 정도는 느낄 수가 있다. 너희가 어떤 고통을 당할 때 고통이 나에게 비칠 때 보면 알 수 있다.

Q : 저희가 고통이 있다면 신체적인 고통인지 정신적인 고통인지를 안다는 것입니까?

스승 : 정신적인 고통이나 신체적인 고통 모두 알 수 있다. 고통이 큰 사람은 보면 바로 나타나고 적은 사람은 가까이 가야 느낄 수 있다. 예를 들어서 불덩어리가 열을 많이 발산할 때 멀리서도 뜨거운 걸 느끼지만 약할 때는 가까이 가야 훈기를 느낄 수 있다. 그렇듯이 그와 같이 상대가 고통을 강하게 느낄 때는 나도 쉽게 알아볼 수가 있다. 하지만 상대가 강하게 느끼지 않을 때는 나도 상대에게 가까이 접근해야만 알 수 있다.

Q : 상대방의 고통이 선생님의 의식 속에 비쳐서 보시는데 다만 고

통을 본다는 말입니까?

스승 : 고통이 없는 사람은 편안한 것이고 고통을 볼 수 있다면 편안함도 볼 수 있다. 어떤 병을 가진 자가 자기에게 무슨 병이 있는지 물었을 때 의식이 내게 닿는다. 그리고 나는 억지로 보려고 않지만 억지로 보면 바로 알 수 있다. 내가 보고 싶지 않더라도 상대가 숨긴 게 있을 때는 모르겠지만 노출해 내놓으면 바로 본다. 예를 들어서 길을 가다가 어떤 사람이 심장에 이상이 있어서 다리를 절뚝절뚝하고 간다면 나도 심장이 아파서 죽을 지경이 되고 대뇌에 기운이 엉켜있는 사람 옆에 가면 대뇌에 기운이 엉킨다. 상대가 강하게 노출할 때는 모르는 사람이어도 길을 가면서 느끼는데 상대가 자기 병을 노출하지 않고 감추고 있다면 그때는 상대가 노출할 때까지 기다려야 알 수 있다.

Q : 상대가 정신이 밝은 사람인지 어두운 사람인지는 바로 알 수 있는 것입니까?

스승 : 정신이 어두운 사람 옆에 오면 나도 정신이 캄캄해져서 어둠이 온다. 악인이 온다든가 어떤 무지한 자가 나의 앞에 오면 바로 알고 내 정신이 어두워진다. 그럼 상대는 매우 무지한 자이고 악인인지 근본이 매우 나쁜 사람인지 바로 알 수가 있다.

Q : 한 사람이 아니고 여럿이 있을 때는 어떻게 느낌이 옵니까?

스승 : 내 옆에 여럿이 있을 때는 모르고 옆에 앉은 사람은 바로 느낄 수 있다. 그러니까 저 멀리 악인이 있는데 옆에 누가 있으면 다른 사람의 기운에 차단돼서 못 느끼는데 만일 일 대 일로 멀리 있을 때는 바로 안다. 그와 내가 부딪혀야 한다면 바로 알아서 의식으로 분별할 수 있고 매우 정확하다.

Q : 만일 상대방이 선생님에게 보이기를 원하지 않는다고 하더라도 사람들의 의식을 비춰 볼 수 있습니까?

스승 : 내가 꼭 필요로 하면 아는 것은 문제가 아니고 내 의식을 강력하게 보낸다면 일반인은 나의 의식을 거부할 수는 없을 것이다. 나는 그걸 쫓아내 버릴 수 있지만 나의 의식은 매우 순수하기에 상대는 거부할 수가 없다.

Q : 상대의 에너지가 좋은지 나쁜지를 금방 알 수 있고 의식 속에 문제가 있을 때도 보실 수 있다는 말이지요?

스승 : 그 기운을 통해서 바로 나타나니까 알 수 있고 나의 의식이 닿으면 일어나는 실체를 보는 것이다. 면역성이 강한 몸은 어떤 독성물질이 들어오면 스스로 잡아먹어서 자체에 동화시켜버리기 때문에 결코 질병이 일어날 수 없다. 면역성이 약한 사람들은 기능이 약하면 독성물질에 의해서 자기 체내에 있는 세포가 먹히기 때문에 오히려 번식하고 세력을 형성한다. 이런 현상을 의통으로 알아볼 수 있는데 불가능한 치료가 없을 정도로 매우 높은 치유율을 갖게 된다.

Q : 무당들은 영을 통해서 사람의 마음을 본다는데 깨달은 분께서는 어떻게 멀리 있는 사람의 의식을 보십니까?

스승 : 내가 보는 것을 신통(神通)이라 하지 않고 의통(意通)이라고 한다. 나의 정신을 가지고 의식을 연결하면 순간적으로 무전처럼 먼 곳에 있는 사람의 상태를 알 수 있다. 내가 직접 보는 것이 아니고 텔레파시를 통해서 상대의 의식을 연결해서 보면 정확하게 어느 부위에 장애가 있는지 알아볼 수 있다. 의학에서 일 년에 걸쳐서 치료해야 할 질병도 한 번의 치료로 고치는 것이 가능

하다.

Q : 종교 계통에서나 무당이 병을 고친다는 게 죽은 영혼의 힘을 이용하고 있습니까?

스승 : 날이 시퍼런 작두 위에 사람이 서면 이론적으로 대부분 발을 베게 된다. 그런데 신들린 무당이 작두 위에서 뛰면 발이 베이지 않고 기운이 받쳐줄 때 사람의 몸무게가 날에 닿게 되지만 날을 누르지는 않는다. 그러니까 약간의 자국은 있지만 작두 위에서 심지어 팔딱팔딱 뛸 수도 있는 것이다. 이러한 현상은 자기와 연결된 죽은 영체의 염력에 의해서 힘이 생긴다. 예를 들어 사람이 수 백도의 달구어진 쇠 위를 걸어가는 건 불가능한 일이다. 마술사가 그런 일을 한다면 거기에 염력이 있었다고 보아야 하는데 정확하게 관찰하면 나타난다.

Q : 여래님이 사람들을 도와주는 것 보다 스스로 원인을 찾아서 나아지는 게 좋지 않습니까?

스승 : 불교에는 약사여래라는 말이 있는데 여래가 되면 기운이 약리작용으로 어두운 기운을 정화하고 그 속에서 조화가 일어난다. 기운 속에 있는 조화가 의식에 닿으면 다른 사람의 의식에 있는 고통을 제거하는 힘을 염력이라고 한다. 심장이 아픈 사람이 고쳐지지 않을 때 삼매에 들어서 내 몸에 옮기면 나의 심장 부위에 나타나거나 찌꺼기가 있으면 내가 제거할 수 있는 능력이 생겨서 제거되어 고통이 사라지면 상대의 병도 낫게 된다.

Q : 삼매에 들어야 상대방의 의식을 보고 병을 고친다면 어떻게 삼매에 드는 것입니까?

스승 : 보통 삼매라는 것은 무아(無我)를 말하는데 무아의 상태에서 정신을 집중해야 염력이 생기기 쉽다. 생각이 일어날 때는 정신을 집중해도 이상에 불과하다. 나에게 아무것도 들어오지 않아서 방해하는 게 없을 때 의식의 힘을 이용해서 원하는 형체를 만들어 상대의 병과 싸우게 하는 것이다. 누구나 듣고 깨닫게 되면 자기의 질병을 스스로 치료할 수 있고 건강하게 살 수 있다. 내가 가진 염력으로 살아 있는 사람을 괴롭게 하는 영체는 통하는데 나는 아직도 컵 하나 흔들지 못하고 오히려 사람들에게 보여주어서 잘못하면 오해받을 수 있다.

Q : 선생님은 간단하게 진단해도 정확하게 알아볼 수 있습니까?
스승 : 아는 자의 시각과 모르는 자의 시각이 다른 것이 코스의 과정을 거쳐서 연구하는 의사의 대부분이 논리를 앞세운다. 아주 작은 문제 하나를 가지고도 설명을 복잡하게 하지만 정확하게 아는 사람은 장황하게 설명하지 않는다. 예를 들어 암의 경우 의료진들은 과거 환자의 임상 진료 결과에 의존하고 있다. 그런데 환자가 체질에 따라서 차이가 있을 수가 있고 신체 구조의 기능을 먼저 보아야 하는데 그들은 배운 대로 일방적으로 모든 환자를 똑같이 본다. 약품을 어떻게 처방해야 하고 어떤 점을 중요하게 생각해야 하는지 알지 못하고 있다.

Q : 사람들이 병을 고친 후에 이곳에 오지 않는 것을 비유해서 급할 때는 공중화장실에서 볼일을 보지만 두 번 다시 가고 싶지 않다고 했는데 왜 그런지요?
스승 : 그들의 운명 속에 있는 일로 인하여 있었던 일인데 자신의 더러웠던 과거를 보이고 싶겠느냐? 그들의 의식 속에는 좋은 것을

보면 융화되지 못하는 성질이 있기 때문이다. 며칠 전에도 어떤 여자가 목이 너무 아프다고 해서 찾아왔는데 원인은 다른 곳에 있었다. 병원에 가도 낫지 않으니까 소문 듣고 왔으나 사람들은 나를 이용하려고만 한다. 나는 때에 따라서 고통받는 죽어가던 사람에게 의식으로 정신 수술하니까 상대는 실감이 나지 않고 언제 아팠는지 잊는다. 배가 아픈 사람이 공중화장실에 가서 문제를 해결하는 것과 같다.

Q : 제가 머리를 심하게 다쳐서 전문의에게 충분히 치료받지 못하고 일주일 전에 선생님이 저의 머리를 보셨는데 지금 상태가 어떤지요?

스승 : 나는 진실한 마음을 가지고 있으니 의식이 연결되면 무엇이든지 볼 수 있다. 너의 머리에 피와 고름이 엉켰는데 충분히 뽑아내지 못하고 굳어져서 나쁜 환경을 만들었다. 실제 머리에는 네 개의 모세혈관에서 혈이 흐르지 않아서 내가 정신 수술했는데 일요일에 만난 후에 곧바로 혈이 흐르도록 한 후부터 머리에 차 있던 나쁜 기운이 사라지기 시작했다. 나의 원력이 너의 몸에 들어갔을 때 치료되지 않았다면 나에게도 고통이 남아야 하는데 지난 일주일 동안에 기운을 모으면 머리에 고통이 왔는데 이제는 사라졌다. 사실인지 아닌지 시간이 조금 지나면 나타날 것인데 이러한 일은 증거로서만 믿고 남에게 소문내지 말라! 왜냐하면 사람들에게 의통으로 치료해주는 것은 괜찮지만 내가 괴로움에 빠지고 상대방이 완치될 때까지 같은 상태로 고통을 느껴야 한다. 이런 일이 적선이 아니니 너는 옳게 살고 깨달아서 세상에 있는 일을 전해서 갚아야 한다.

Q : 선생님이 말하는 정신 수술이라는 원리가 자동차를 고치는 것과 같이 이해해야 합니까?

스승 : 기계의 원리나 육체의 원리는 같다고 보면 된다. 자동차에 에너지가 충분히 통과하지 않고 휘발유가 기계장치에 골고루 전달이 안 될 때 균형이 맞지 않아서 고장이 난다. 그러면 고장 부위로 인해서 온갖 현상이 나타나는데 차가 덜컹거리거나 속력을 못 낼 때 자동차의 원리를 아는 정비사는 바로 고칠 수가 있다.

Q : 옛날에 전설 속에 말하는 천리안(千里眼)이라는 것과 의통은 같은 것입니까?

스승 : 불교에서 소개하는 것은 부처께서 한 말이 아니고 후대에 지어서 이야기를 만든 것이다. 신통을 하지 않으면 신을 볼 수 없다는 것은 영체는 에너지로 되어 있다. 그런데 사람의 육안(肉眼)으로 에너지 속에 있는 것을 볼 수가 없다. 내가 사람을 해치는 악마를 보려면 괴로움을 당하고 있는 환자의 의식을 통해서 그가 본 것을 그대로 전송받아서 볼 수 있다. 귀신들이 사술(邪術)을 부려서 에너지로 몸을 아프게도 하고 미치게도 할 수 있는 것이 가능하다. 그 세계는 염력이 통하는데 나의 원력으로 상대와 같은 대상을 만들어 대항하고 교활한 술법을 쓸 때는 무마시키는 힘을 그 속에 집어넣는다.

Q : 의식 속에서 상대가 큰 용이 되어서 달려든다면 그것을 어떻게 처리합니까?

스승 : 그러면 용을 가둘 수 있는 술이 통하지 않는 그물 같은 것을 만들어서 씌워서 갇히면 술이 통하지 않기에 꼼짝하지 못한다. 괴물이 나타나면 대항해야 하는데 이쪽에서 염력을 쓰는 것이

다. 귀신의 세계에도 과학이 있는데 인간의 세계에서 상상하고 본 것들이 존재했으며 유도탄도 있었고 미사일도 있었다. 내 제자 속에 들어 있는 악마가 방해해서 악마의 침입을 받은 적이 있었는데 나는 한 번 악마들과 전쟁을 한 일이 있었다. 그들에게 공격받았을 때 원력을 세우고 막을 만들어서 폭탄이 날아오면 원력으로 되돌아가는 전법을 사용했다. 그래서 나의 원력으로 자력에 의해서 되돌아가서 공격하던 악마의 군사들이 전멸했다.

Q : 선생님 말씀하시는 일이 현실 세계에서는 불가능한 일이잖아요?

스승 : 현실 세계에서는 불가능한 일이나 아주 순수한 기운은 엄청난 힘을 가지고 있기에 의식의 세계에서는 가능한 일이다. 그 후로는 악마들도 겁을 내고 있으니까 지금은 신병을 함부로 쉽게 고치지 않는다. 예전에는 귀신들이 달려들면 붙잡으면 겁을 내고 했는데 이제는 소문이 나서 아주 교묘하게 나를 공격하지 않고 나의 곁에 있는 사람들에게 엄청난 독을 집어넣는다. 그러면 독을 빼주려고 손을 잡고 아픈 부위를 누르면 독이 내 몸에 들어오는데 내가 죽을 지경이고 간접적으로 나를 괴롭히는 것이다.

Q : 선생님은 어떤 사람이 병으로 매우 고통스러워하면 어떤 작용으로 병이 고쳐지는 것입니까?

스승 : 모든 병은 내 자비심으로 의식을 비추어도 상대에게 있을 때는 병을 어떻게 고칠지 모르는데 그 병이 내 몸으로 옮겨올 때 나에게 병의 고통이 일어난다. 혈관이 막히거나 나쁜 음식을 먹어서 기운이 막혀서 혈을 막는 수가 있다. 그때 사람이 숨을 못 쉬고 죽으려고 할 때 무슨 음식을 먹었는지 의식이 닿으면 병의

원인을 알 수 있다. 그러면 나쁜 기운과 싸우게 되고 이 병을 어떻게 치료할 수 있을지 해결책이 내 속에서 나타난다.

Q : 해결책 속에 여래님의 마음을 넣으면 의식이 자동으로 문제를 해결해 버리는 거죠?

스승 : 귀신이 들어와 의식이 짓눌려 정신을 잃고 기절해서 숨도 멈춰져 있는 것을 본 적이 있다. 그 현장에서 나는 어떻게 해결할지 의식하는 순간에 불이 붙어서 그 의식이 타버린 것이다. 여자 귀신이었는데 다시는 인간의 세계로 돌아오지 않고 이미 윤회가 되었다. 다른 곳에 사람의 인연에 따라서 태어나는데 좋은 마음으로 축복하면 모든 악령도 기뻐한다. 그러나 나는 호의호식하러 온 것이 아니고 무지한 중생들을 친구로 삼아 살아있는 사람을 구하러 왔다. 모든 자가 나를 버리더라도 단 한 사람이라도 세상에 대한 희망으로 사는 사람을 깨우치려고 왔다.

Q : 깨달음에 이르게 되면 다른 사람과 어떻게 다릅니까?

스승 : 세상일에 대해 눈을 뜨게 되면 그때부터는 나쁜 일을 시켜도 절대 안 한다. 깨달음을 얻게 되면 좋은 일을 하거나 사람에게 도움이 되는 일만 하니까 하는 모든 일은 세상에 축복이 된다. 깨달음을 통해서 좋은 점과 나쁜 점을 들라면 나도 마흔네 살 때 깨달음을 얻었는데 깨달음을 얻기 전에 종교의 율법을 지키려는 게 너무나 힘이 들었다. 그러나 해탈하고 깨달음을 얻었을 때 율법을 어기는 일이 너무나도 어려웠으니 반대이다. 그것은 해탈하기 전에는 내가 태어나서 부모를 통해 성장 과정에 있었던 일의 영향에 의해서 욕망도 생길 수 있었다. 또 어떤 감정도 표출이 됐는데 그 후에는 없어져 버렸다. 그릇된 일을 하려고 하면

가슴이 두근거리고 하지 말라는 강력한 메시지가 나오기에 현재 입장에서는 어떤 약속을 어기는 일이 매우 힘들다.

Q : 욕망이 사라진 외에 육체적 변화도 있었습니까?
스승 : 나는 그전에도 건강했고 깨달음을 얻고 나서도 아직 잔병은 크게 느끼지 않고 병원에 가지는 않는다. 몇 년 전에 한번 비행기를 타고 미국에 가다가 음식에 묻었던 독을 먹고 고열에 시달렸다. 한국에 들어와서 대학병원에 입원했는데 검사하라고 해서 내가 힘이 없으니까 다른 건 필요 없고 일주일 동안 식염수만 놓아 달라고 했다. 식염수는 체내에 있는 불순물을 씻어내는 역할을 한다.

Q : 그때 여래님은 다른 사람의 당뇨병을 받았었는데 병원에서 당뇨 때문에 무엇도 먹으면 안 된다고 했잖아요?
스승 : 그것은 소용없는 일이고 냉장고에 내가 음식을 사 놓고 먹었더니 간호사들이 큰일 났다고 했다. 그래서 과장에게 나는 의학 분야까지도 포함하는 자연과학 연구학회 회장이며 검사한다고 피 빼면 퇴원할 거라고 했는데 식염수 몇 병 맞고 나왔다. 나는 자력으로 회복하는데 정신이 건강하고 몸이 건강하면 모든 질병을 스스로 치유하는 기능을 갖게 되고 면역성이 높다.

Q : 면역성이 높아지면 세포들이 독성 물질이나 병균이 침입하면 잡아먹거나 죽입니까?
스승 : 인간사회하고 똑같이 사람의 육체 안에도 약육강식이다. 우리 몸의 저항력이 약해서 면역기능이 떨어질 때는 오히려 독성을 가지고 있는 물질들이 우리 세포를 갉아 먹고 성장한다. 암이나

궤양 같은 것은 독성물질이 갉아 먹으면 궤양이 되고 성장을 하면 종양이 되는 것이다. 건강하면 자기 몸에 안 좋은 것을 전부 다 쫓아내 버리니까 질병을 스스로 치료하게 된다. 그리고 나의 기능은 다른 사람의 질병을 고치는 것은 몸에 손을 대면 엄청난 면역기능이 자기 속에서 일어난다. 삽시간에 모든 저항균이 사라지게 되어서 회복이 되고 기적이 일어난다. 이런 일이 정신과 몸이 건강해지면 누구에게나 일어날 수 있다.

Q : 해탈함으로써 일어나는 근원의 맑은 기운으로 그러한 일이 가능한 것입니까?

스승 : 내가 가지고 있는 기운은 독성을 제거하는 기능이 있다. 그래서 죽어가는 사람을 당장 그 자리에서 회복시킬 수도 있다. 예를 들어서 생명체라는 것은 기계구조와 똑같다고 보면 된다. 자동차의 구조를 놓고 우리의 체내의 구조를 설명할 수 있는데 전원장치에 이상이 있으면 엔진이 꺼진다. 배터리 전원이 약하면 시동이 안 걸리지만 전원에 이상이 없으면 쉽게 엔진이 안 꺼진다.

Q : 처음 사람이 신체 기관이 멈추는 것은 뇌가 정지되는데 뇌가 정지되면 곧 심장이 정지되잖아요?

스승 : 심장에 이상이 생기면 심장이 정지하는 것이 아니라 모세혈관에서 피를 머리로 보내주지 않아서 뇌가 열을 받고 정지하고 뇌가 정지하면 사람이 쓰러진다. 그때 빨리 안정을 안 시키고 심장이 멎어 버리면 병원에 가서 사람들은 심장마비로 죽었다고 말한다. 그래서 심장 박동을 계속하기 위해서 심폐소생술이라는 걸 한다.

Q : 심장과 뇌는 많은 요소가 밀접한 관계를 지닌 기관이라고 볼 수 있는 것이네요?

스승 : 뇌가 활동하는 가장 중요한 일은 혈액이 뇌 속에 관을 움직여 주면 움직이기가 매우 쉬워진다. 혈관의 흐름이 방해받으면 그 때부터 뇌가 활발하게 움직이지 못하고 출력이 떨어진다. 신체 구조도나 해부학도 이런 것을 놓고 역할 하는 구조의 관계이며 의식이 기능을 잃게 되면 뇌가 멈추게 된다. 우리의 몸은 의식의 성장을 돕는 도구이고 의식이 성장하면 몸도 성장한다. 자기 몸 자체가 모든 것을 스스로 알아서 하는 것은 아니며 모든 판단과 활동의 지시는 의식으로부터 나온다. 의식의 지시가 얼마만큼 신경에 잘 전달되는지는 뇌의 활동으로 결정되는 것이다.

Q : 여래님은 의식으로 다른 사람의 비밀을 알아보는 것입니까?

스승 : 사람을 볼 때 제일 처음에 상대의 의식을 연결하면 상대가 느끼는 걸 내가 똑같이 느끼게 되는데 투시 능력이라고 한다. 내가 아끼는 제자가 미국에서 전화가 와서 몸이 아프다고 하면 텔레파시로 즉석에서 연결해서 어디가 어떻게 아픈지 당장 안다. 그래서 텔레파시를 통해서 힘을 입력하고 면역기능을 높여 주면 자기를 해치려는 기운과 대항해서 싸울 수 있다. 면역기능을 상승시켜줌으로 몸이 감당하지 못하는 적과 싸움에서 승리할 수 있게 도와줄 수 있다.

Q : 사람들은 이곳에 오는 것이 왜 중요한 일이냐고 생각할 수 있고 들은 소리 또 듣는다고 생각할 수 있는데 어떻게 보시는지요?

스승 : 네가 보는 것처럼 그렇게 보는 사람이 있을 수 있지만 나는 그렇게 생각하지 않는다. 이곳에 오는 것은 너희의 삶에 매우 중요

한 일이다. 내가 깨달음을 얻고 나서 많은 사람을 만났는데 나와 가까이 있는 사람들은 결과적으로 나쁜 일이 일어나지 않았다. 너희가 나에게 와서 3년만 들으면 병이 사라져 버린다. 처음 들을 땐 모르지만 서로 기운이 통하기 때문에 천하에서 가장 좋은 나의 기운으로 모든 질병이 사라져서 모든 재앙이 물러나는 것이다. 이곳은 기운이 밝은 곳인데 어두운 기운이 따라다닐 수 없다. 예를 들어 남에게 속아서 입는 손실이 크게 일어나지 않는 것만 해도 인간 세상에서 엄청난 도움이 된다.

Q : 의통은 아주 순수한 사람만이 가지고 있는 진기로 병을 고치는 것입니까?

스승 : 의통으로 질병을 고친다는 것은 욕망이나 애착이 사라졌을 때 순수한 에너지의 힘이 닿으면 중력 속에 있는 독성을 중화시키기는 힘을 가지고 있다. 내가 병을 고치는 건 에너지의 힘이 아주 강력하기에 내 손이 닿으면 그 힘이 모든 체내에 있는 질병의 원인인 독성을 중화시키기는 역할을 하는 것이다. 그리고 맹독이 세력이 강해서 퇴치되지 않을 때는 정신으로 수술한다. 상대와 의식이 연결되면 원인을 보고 파괴하거나 죽여 버리게 되는 정도가 되려면 수양과 훈련이 상당해야 한다. 따라서 어떤 욕심이나 생각만으로 되는 것이 아니니 실제로 체험하고 상세히 듣고 하면 가능할 수 있다.

Q : 의통은 한마디로 말해서 의식을 통해서 상대방의 의식 속에 있는 병을 본다는 거죠?

스승 : 나의 의식을 통해서 다른 사람의 병이나 고통을 볼 수도 있고 눈으로 볼 수 없는 것들을 볼 수 있는 것을 의통이라고 한다. 보

통 눈과 의식을 통해서 보는데 의식만을 통해서 볼 수 있는 것이 의통이다. 해탈 전에 업을 가지고 의통이 오는 건 힘드니까 종교 계통에서 병을 고친다는 건 일단 의심을 하는 게 좋고 절대 기적은 일어나지 않는다. 지금까지 의통은 기록상으로 6천 년에서 7천 년을 주기적으로 반복되기 때문에 과거의 세상 8천 년 전에 지구상엔 또 과거의 세상이 존재했다.

Q : 지금 우리가 죽고 이 인류가 사라지고 새로운 인류가 오더라도 기록들은 남게 될까요?

스승 : 기록은 캡슐 같은 것에 넣어서 어디 땅속에 묻어 둘 수도 있고 인공위성에 실어서 날려 보내기도 해서 있게 된다. 그리고 인류가 멸망해도 일부의 사람들은 살아남아서 일정 기간은 문자가 전해진다. 하루아침에 글을 만들고 수학을 만들고 하는 게 쉽지 않다. 그냥 무지한 사람들이 하는 말이지만 어떻게 수학을 하루아침에 만들 수 있느냐? 수학을 만들었다고 하는 건 문명이 일어나면서 수학이 전해졌고 그리스에서 먼저 수학을 사용했다는 말이고 수학 자체는 과거의 세상으로부터 전해져 왔을 것이다.

Q : 의통에 관해서 말씀하셔도 우리가 접해보지 않았던 일이라서 쉽게 이해가 안 되는데요?

스승 : 어떤 병을 가지고 있고 어떻게 치료하는지를 밝히는 것이 의통이다. 내가 병원의 의학 수준과 내가 설명하는 차세대의 의학 수준은 엄청난 차이가 있다. 나는 일본 규슈대학 의과대학을 찾아갔던 적이 있다. 나의 지식을 그대들과 같이 공유하고 싶은데 나와 교류할 수 있는 사람이 있을지 궁금하다고 했다. 대학 학과장을 소개받아서 신경을 전공한 의사 한 사람을 만났다. 나는 병

원에 가본 적이 없으나 부녀자들이 일하다 졸도해서 병원에 많이 실려 오는 것을 목격했을 것이라고 설명했더니 그렇다고 했다. 그 이유는 간단한데 2일이나 3일마다 아무 이상이 없다가 주기적으로 쓰러지는 것은 중추신경이 약한 사람에게 일어난다. 스트레스를 받으면 신경이 팽창되고 신경 밑에 흐르는 혈관을 눌러서 피가 돌지 않으면 중추신경 부위에 있던 뇌가 정지해 버린다.

Q : 피가 돌지 않는 것은 자동차 원리와 똑같이 열을 발생하게 한다고 하셨지요?

스승 : 열이 발생하면 그 주위에 있는 뇌가 정지해서 졸도한다는 말을 들은 의사들은 나의 말이 맞는 거 같다고 했다. 이런 일은 의학에서 상상도 못 하는 일이다. 나와 인연을 맺는다면 자기들이 고치지 못하는 불치병이 어떻게 존재하는지 알 수 있다. 그것을 관찰할 때 의료사고는 절대 일어나지 않을 것이고 그 사고를 전부 커버할 수가 있다고 말했다. 그리고 어떠한 병의 성질을 빨리 계산해서 맞는 물질을 투여하고 어떤 현상이 나타나는지 바르게 관찰해서 많은 불치병에 크게 공헌할 기회를 줄 수 있다. 한 사람은 좋다면 결연하자고 해서 그가 나를 믿지 않을 수도 있으니 원하는 한 사람만 지적하면 나의 능력을 바로 보여주겠다고 했다. 사무장이 오더니 이 병원은 국립대학병원이라 일본 정부의 승인이 나야 한다고 했다.

Q : 병원 사무장이 의식이 약한 사람이었나 봐요?

스승 : 나도 사무장의 말을 듣고 꼭 환자를 보고 싶지 않다고 말하고 얼굴을 보았더니 의식이 약해 보였는데 한국에서는 왜 못 했느

냐고 물었다. 한국에서 내가 여기 온 이유는 일본이 세계에서 가장 의료수준이 뛰어나다는 말을 들었기 때문이라고 했다. 그것도 국립대학 병원에서 그대들은 의과대학에서 공부했고 학과장까지 올라 올 때까지는 수십 년의 인턴이나 전문의과정을 겪어서 올라온 사람들이다. 그런데 여기서 내가 엉터리 같은 말을 한다면 창피를 보려고 차비 들여서 여기까지 오지 않았을 것인데 내가 가진 이론과 지식이 자신만만하기에 온 사람이라는 말을 하고 일어났다.

Q : 인간의 의식 구조는 어떻게 움직이는지 모르겠는데 실제 영혼을 구하는 것을 과학자들이 한번 보자고 하면 어떻게 보여줄 것입니까?

스승 : 실제 심령 과학자가 있다면 멀쩡한 사람 속에 귀신 하나 집어넣고 한번 해보라고 사람의 목을 조이고 죽이려고 하면 내가 그때 귀신을 잡아버리면 된다. 나의 원력에 의해서 사라져 버리면 귀신을 세상에서 다시는 볼 수가 없다. 용한 무당이라도 쫓은 귀신을 부르면 또 오지만 내가 쫓아버리면 다시는 돌아오지 않는게 이치이다. 다른 세계로 간 것이고 진화되어서 생명으로 태어났을 것이다. 이런 말을 많이 해서 귀신이 온 사방에서 날 찾아와 부탁하면 안 되니 증거는 사람들이 믿지 않으니까 보여줄 기회를 마련하겠다는 것이다.

Q : 여래님도 귀신을 자주 볼 수 있는 것은 아니죠?

스승 : 사람의 결실은 기체로 되어 있기에 실제 사람의 영체가 눈으로 보이지 않는다. 나는 여행 중에 얼른 돌아왔는데 사지육신이 멀쩡하던 자식이 숨이 까닥까닥 넘어가고 있으니까 놀랐다. 내

가 얼른 손을 잡고 그 속을 들여다보니까 가슴 속에 한 여자가 들어와 있었다. 그런데 내가 볼 때 아주 형체가 작았는데 사람의 눈에 따라서 크게 보일 수도 있고 작게 보일 수도 있다. 그때 그는 매우 당황하고 있었는데 나의 마음에서 큰불이 나타났고 귀신이 없어져 버렸다. 그러자 자식이 일어나서 꿈을 꾸는 것 같았다고 했다. 지금도 물어보면 기억은 해서 왜 그랬는지 물으면 자기가 몸부림을 치고 숨이 멈추었던 상태는 모르고 어떤 여자가 와서 같이 놀자고 하더라는 소리만 했다. 그때 한번 죽은 자의 한을 보았다. 그것은 하늘이 시켜서 나 자신의 원력을 보고 가르쳐 주기 위해서라고 믿는다.

Q : 정신이 좋아지고 높은 정신적 경지에 오르게 되는 것이 여래님의 원력입니까?

스승 : 원력이 크면 남의 한을 끊을 수가 있지만 대부분 사람의 원력으로는 한에 붙잡히면 끊을 수가 없다. 너희가 한두 번 세상에서 남의 한을 사더라도 많은 공덕을 세워서 마음에 큰 원력이 생기면 그 힘을 이용해서 너희를 붙잡고 있는 한은 끊어 버릴 수가 있다.

Q : 예를 들어서 누가 억울한 일을 당해 죽기까지 다른 사람으로 알고 죽었을 때 실제로 죽인 사람의 혼을 붙들고 있으면 작용할 수 있습니까?

스승 : 처음에 오해로 잘못 알았지만 죽었을 때까지 연결될 수 있고 가능한 일이다. 인간의 의식은 기운으로 만들어진다. 만일 너희가 큰 깨달음을 이루면 의식 속에서 염력이 생기는데 마음으로 바위를 들라거나 하면 안 되지만 의식의 세계에서는 통한다. 쉽

게 말해 상대가 의식으로 나를 동아줄로 몇 겹을 묶고 있더라도 내가 염력을 내서 끊으면 상대는 소용이 없는 것이 법칙의 세계이다. 그러니까 공덕이 지극히 커졌을 때 마음에서 큰 원력이 생겨서 능히 붙잡고 있는 모든 줄을 끊어 버릴 수 있다.

Q : 구체적으로 어느 정도의 원력을 가지고 있으면 무지한 사람들이 묶고 있는 속박을 끊어낼 수 있습니까?

스승 : 어떤 사람들이 나를 지극히 생각하면 내 몸이 괴로워서 무아의 상태에서 보면 줄이 꽁꽁 묶여 있다. 나를 보고 살려 달라고 하면 내가 괴로움에 빠지는 것이다. 그때 실제 나는 의식을 내서 끊어버리면 내 몸에 아프던 게 삽시간에 전부 사라지고 날아갈 것 같다. 하루쯤 지나면 끊어 버릴 수 있는데 너희도 세상에서 법칙의 세계를 알고 보면 마음속에서 원력이 나타나는 걸 볼 수 있고 느낄 수 있다. 그러니까 많은 조화가 일어났을 때 그 의식을 이용해서 원하는 것을 얻을 수가 있다.

Q : 어떤 사람이 방송에서 염력에 대해 말하는 것을 보았는데 믿을 수 있는 것입니까?

스승 : 인간이 말하는 염력이라는 것에 대해서 나는 믿지 않는다. 왜냐하면 염력으로 인간의 병을 고칠 수 있다면 돈 많은 부자가 왜 죽었겠느냐? 일본에 가니까 염력 하는 사람들이 모여 있던데 솔직히 그 사람이 염력을 어떻게 쓰는지 특별한 비법이 없었고 귀신의 힘을 빌리고 있었다.

Q : 우주 공간에 기운이 염력의 바탕이 되는 것입니까?

스승 : 우주 공간에 있는 대기를 벗어나면 기운이 혼탁해져 버리고

공기가 존재하지 않는다. 영국에서 세계 물리학회 회장을 만났을 때 중력대에 대해서 자료를 좀 얻을 수 없느냐고 하니까 그 사람은 중력에 대해서 아무것도 모르고 있었다. 우주의 기가 어떻다고 하는 사람은 그 기운에 대해서 아무것도 모르는 사람이다. 기운은 현대 과학으로 밝혀진 바에 의할 것 같으면 대기권을 벗어났을 때 기운은 측정하기는 힘들다고 했다. 대기권을 벗어나면 무중력 상태였다는 이야기를 들었을 것인데 무중력 상태로 기운은 없다면 도대체 우주의 기운이 어디에 있는지 근원지를 밝혀야 하는 것이다.

Q : 인간의 눈에는 보이지 않는데 우주의 태양계와 은하계에서 별이 돌고 태양계의 에너지로 인해서 인간들이 삶을 펴나가고 있지 않습니까?

스승 : 우주에 관해서 설명을 듣고 싶으면 상대에게 가서 물어보라! 어떻게 우주의 에너지에 대해서 아는지 아무도 가보지 않았고 관찰도 안 해 보았다. 우리가 할 수 없는 것을 그 사람이 알았다면 어떻게 알게 됐는지 증거가 있어야 할 것이다. 지금 미국이나 과학이 발달한 독일이나 소련이나 일본이나 가면 우주의 기운 같은 소리 하는 사람이 없다. 지금 세상에서 가장 어두운 나라인 한국에는 우주의 기로 만병통치로 병을 고친다고 한다. 생소금을 구워서 병을 다 고치고 이 나라에는 좋은 약도 많고 좋은 비법도 많은지 할 말을 잃어버렸다.

Q : 확인하면 알 텐데 중요한 것은 진실이 아니겠습니까?

스승 : 진실이라면 우주의 기에 대한 실체를 어떻게 알았는지 물어보고 책을 보고 알았다고 하면 그 사람의 말은 가치도 없다. 책을

만든 사람이 도대체 어떻게 알았는지 진실을 밝혀야 하는데 우주의 기를 책을 읽어 봐도 하나도 밝혀지지 않았으니까 근거 없는 소리라는 것이다. 만일 네가 진실을 알고 싶으면 나를 초염력자에게 데려가는데 왕복 차비는 줘야 한다. 그럼 내가 가서 확인해 줄 것이니까 염력 있는지 없는지 내가 보면 알 수 있다. 내가 염력을 걸어 버리면 되고 내가 보는 데서 다른 사람에게 염력을 써 보라고 하면 된다.

Q : 흐르는 모든 기운이 정말로 있는지 선생님이 추적할 수 있습니까?

스승 : 내가 그것을 추적하기는 매우 쉬운데 이 사회는 너무 황당한 말들이 많다. 우리는 그 말을 확인하기 위해서는 그 말의 진의를 살펴야 한다. 내가 하는 말은 우리 눈앞에서 누구나 볼 수 있도록 설명하고 있지만 그들의 말은 아무리 들어도 일반 사람은 아무도 모르게 설명한다. 그런데 그렇게 설명하는 사람들은 행적이 좋지 않고 항상 신을 파는 사람이고 우주의 기를 아무도 모르는데 어떻게 혼자 알았는지 하는 것이다.

Q : 염력이나 우주의 기에 관해서는 관심 가지지 않아야 하겠네요?

스승 : 귀신이 사람의 몸에 내리면 영의 힘을 빌려서 사람이 이해할 수 없는 행동을 한다. 귀신이 병을 다 고치면 세상에 병이 어디 있겠느냐? 한국은 한이 제일 큰 민족이라는 말 자체가 한의 민족이다. 귀신이 병을 고칠 수 있다면 이 나라에 병원이 없어져야 하는데 병원과 약국이 무분별하게 많은데도 돈을 잘 번다. 귀신이 병을 고친다고 하는데도 병원이 세상에서 제일 많으니 귀신은 병을 고치는 게 아니고 반대로 병을 준다는 것이다.

Q : 선생님은 현실의 세계에서는 풀잎 하나 움직일 수 없다는데 어떻게 질병을 치료하고 머릿속에서 어떤 혈관의 막힘을 뚫는지 궁금한데요?

스승 : 생명을 돌보는 힘은 의통으로 큰 힘을 가지고 있지만 생명의 세계에서는 나의 염력으로 풀잎 하나 움직이지 못한다. 예를 들어 이 자리에 있는데 기합을 한번 주자 저 멀리 10m밖에 있는 촛불이 꺼졌다는 건 너희의 상식적으로는 도저히 이해할 수 없는데 해답은 간단한 것이다. 의식의 세계에서도 염력을 사용하는 자들이 있는데 염력은 어떤 때 힘을 모아서 술을 만든다. 삽시간에 보이지 않는 어떤 바람을 일어나게 만들고 바람이 촛불을 꺼버리는데 알고 보면 아무것도 아니다. 왜냐하면 사람들이 죽은 자를 이용하여 술(術)을 쓰는 것이다.

Q : 선생님은 세상에서 의통 하나만 사용하고 일반 상식으로 생각해서 안 되는 다른 술은 일절 사용하지 않는 것입니까?

스승 : 의통은 진실한 자가 가지고 있는 의식의 힘으로 이루어지는 것이고 다른 의도는 없다. 다른 사람들이 종교 계통에서 질병을 치료한다는 것은 신의 힘을 이용한 염력이지만 이것은 한계가 있고 치료가 잘 되는 게 아니다. 신병은 더러 끊어지는 수가 있는데 귀신이 붙어도 관절이 아픈 수가 있고 혈관이 이상이 올 수도 있고 여러 가지 현상이 나타날 수 있다.

Q : 종교 계통이나 세상에서 어떤 힘을 가지고 있다는 사람이 선생님 앞에서 힘을 보인 적이 없습니까?

스승 : 그들은 귀신의 염력을 이용해서 치료한다고 하는데 실제 감염에 의한 병원체를 치료하는 건 아직 보지 못했다. 나는 나의 앞

에서 병원의 엑스레이 촬영기가 아픈 증거가 있는 상태에서 정확하게 어떤 점을 지적했을 때 보여주고 말할 수 있다.

Q : 종교 계통에서 있었던 일을 보면 밤에 귀신이 가장 많이 활동한다는데 볼 수 있습니까?

스승 : 너희는 죽은 자의 세계에 대해서 잘 모르는데 하나의 의식체가 영혼이 존재한다고 했다. 기운은 기체로 되어 있어서 우리 눈으로는 보지 못하나 기체가 뭉쳐있고 이 속에 의식이 박혀있다. 예를 들어 의식은 다른 사람의 의식체를 통해 자기의 모습을 보여줄 수 있다. 갑자기 어디서 어떤 이상한 사람을 보았는데 뒤돌아보니까 삽시간에 사라지고 말았다는 것은 의식체이다. 의식체는 다른 모습으로 인간의 의식에 보일 수는 있다.

Q : 귀신을 사진에 담으려면 찍히지 않는다고 하던데요?

스승 : 하나의 생각을 사진으로 찍는다는 것은 불가능한 것이 의식체의 활동은 우리의 생각과 같다. 그런데 이런 의식이 다른 사람의 몸에 가서 붙으면 바로 질병을 유발하게 한다. 그런데 병원에 가서 진단하면 질병이 나타나지 않는데도 실제 그 사람은 통증을 호소하고 있다. 사람들은 너무 아프니까 병원에서 주는 보통 진통제 약을 먹는데 일시적으로 뇌 신경이 차단되면서 멍하지만 아픈 게 사라진다. 그래서 병원에 간 사람들은 아프면 계속 그 약을 먹는다. 죽은 자의 의식이 사람에게 붙으면 종교 계통 쪽으로 이끌고 가는데 수많은 죽은 영혼들이 그들을 시켜서 어디를 아프게 한다. 그들은 사람을 속이는 술을 알고 있고 술을 쓰면 사람들은 걸리게 된다.

Q : 어떤 사람은 사술(邪術)을 걸면 부산에 있는데도 밤에 멀리까지 찾아간다는 이야기를 들었는데요?

스승 : 왜냐하면 사람의 몸에 붙어서 사는 귀신에게 영감을 준다. 밤에 꿈을 꾼다든가 신선이 나타나서 네가 병이 낫기 위해서는 어디에 가라고 꿈을 꾸게 해서 가면 병이 씻은 듯이 나아 버린다. 종교 계통에서 귀신이 가장 많이 활동하는 시간이 12시에서부터 새벽 4시까지 사이에 잠을 안 재우고 계속 기도를 시키는 것이다. 그리고 낮에는 잠잘 데가 없기에 사흘 기도만 하면 사람이 그만 혼이 나가버리니까 귀신을 불러 떼어낸다. 그리고 큰 귀신을 붙여주면 아픈 곳이 씻은 듯이 병이 나았다고 한다. 그리고 갈 때 집에서 먹으라고 이상한 약을 주는데 의학상 어떠한 물질을 변화시키는 힘을 가지고 있고 병원체를 죽인다는 보고가 어느 곳에도 없는 약이다.

Q : 사람들은 이런 일에 쉽게 속아서 거기 가면 병을 고치고 잘 된다고 선전하잖아요?

스승 : 나는 혼자서 일해서 3년 장사해서 엄청난 돈을 벌어 집도 사고 빌딩도 사고 자식들도 모두 교육 시켰다. 그런데 가난한 사람들이 식구가 몇십 년 동안 죽도록 일해서 조그만 방에 살면서도 열심히 일하려고 하지 않고 밤에도 이상한 곳에 찾아가서 속는다. 어디에 가고 무엇을 믿었더니 병을 고치고 복을 얻었다고 선전하고 다니는 것이다.

Q : 어두운 곳에 다니던 사람들도 밝은 곳에 오면 영적 작용이 많이 일어납니까?

스승 : 종교 계통에 오래 다니면 신하고 가까워질 수 있다. 나는 신과

인간과 세상을 위해서 태어난 자인데 신들이 나를 왜 미워하겠느냐? 너희가 이곳에 오면 나의 원력이 귀신을 갈라놓으니 막을 수는 있고 그 외에는 나를 피해야 할 이유가 없다. 왜냐하면 나를 통하지 않고서는 법계의 진실을 귀신이라고 해도 알 수는 없기 때문이다.

Q : 만약에 원한을 당한 사람은 살아있고 맺게 한 사람이 먼저 죽어도 한에 매여서 저승을 못갑니까?

스승 : 산자가 원한을 가지고 있으면 죽은 자가 못가니까 두 사람 다 불행해진다. 하나는 다른 자를 붙잡고 있으니까 놓기 전에는 윤회가 안 되고 하나는 붙잡혀 있으니까 스스로 윤회가 안 된다. 윤회가 되지 않으면 누가 죽던지 순서에 상관없고 자기가 항상 마음을 두고 있으면 서로 연결되어 있다. 그리고 죽은 자가 안 가고 자기 마음에 두어도 항상 불행하고 어두운 일들이 생길 수 있다.

Q : 사람의 진실한 기운이 커져 원력이 생긴다면 원한을 끊는 가능성이나 방법이 있는지요?

스승 : 자기의 진실이 아주 높으면 고도의 정신력이 있어서 원력을 갖게 되는데 원력을 써서 원한을 끊을 수가 있다. 너희가 여기에서 법을 계속 듣다가 보면 사실을 보는 시각이 커지고 가슴에 뜨거운 기운이 치솟게 될 것이다. 그리고 남을 불행하게 생각하는 현상이 일어나면 그때 이미 오는 원력으로 인하여 원한이 너를 붙잡지 않을 것이다.

Q : 나는 아무 짓을 안 했는데 상대방이 마음에 꽁하게 좋지 않은 마

음을 가지면 어찌합니까?

스승 : 그건 상대방이 불행하고 언젠가는 붙잡고 있는 마음을 놓을 것이다. 세상일을 알게 되면 자기가 어리석었다는 것을 한번은 깨닫게 되니까 무엇을 잘못한 게 없으면 괜찮다. 이러한 토론 시간을 계속 가지면서 세상일에 눈을 뜨면 정신적인 도움만 오는 게 아니고 그 속에 있던 근본 자체도 변한다. 양심과 용기가 일어나게 되고 열심히 사실을 보려고 노력하면 너희가 나쁜 업을 모두 다 끊고 힘이 존재하게 된다.

Q : 업을 태우면 기운이 상승한다고 하셨는데 기운이 육체가 없이도 서로의 의식이 보입니까?

스승 : 업이 없으면 그 세계에서는 엄청난 원력이 일어난다. 만일에 4차원 최고의 신의 세계인 천당이나 극락의 세계에 이를 수 있는 정도의 원력을 가지면 자기가 원하는 모습으로 보존할 수 있다. 젊을 때 모습을 보존하든가 새로운 모습으로 보존하는 것은 가능하다. 실제 일반적으로 죽은 귀신도 어떤 상황에서 자기 모습을 가지고 있는데 술을 쓴다는 것이다.

Q : 저희의 업이 없어야 원력이 생긴다는 것입니까?

스승 : 너희가 10년을 들여서 원력의 능력이 일어나면 능히 모든 걸 감지하게 된다. 의식의 눈으로 동아줄 같은 게 묶여 있는지 알게 되면 자기가 한에 붙잡혀 있어도 끊어버리면 된다. 하지만 보통 중생들은 원력이 없기에 윤회가 안 된 상태에서 항상 세상에 붙잡혀 있다. 인과법이라는 게 너무나 오묘하고 무섭고 분명하다. 애착에 빠지지 않고 붙잡혀 있지 않으면 괜찮다. 어떠한 사례를 가지고 묻지 않는다면 사실을 설명해도 너희의 마음으로 받아들

이기가 너무나 어렵다.

Q : 여래님 말씀 속에서 제가 들은 기억으로 학이 와서 독충을 물고 갔다는데 우리가 어떻게 이해하면 됩니까?

스승 : 내가 어떤 정신의 분열증 환자를 봤는데 그가 너무 고통스러워해서 병을 치료하기 위해서 삼매에 들었다. 그가 날뛰고 있었는데 순간 그의 의식체 속에는 수 없는 독충들이 물고 뜯고 있었다. 뇌에서 의식이 발산되니까 자기의식이 아니라서 날뛰고 잠이 오지도 않는 것이다. 그때 많은 독충을 처리하는 과정에서 원력이 나타나기 시작했는데 학이 날아와서 그 독충을 물고 갔다. 그런데 내가 신을 보고 불러서 물고 가라고 한 것은 아닌데도 어떤 현상이 부딪치면 싸우고 괴물이 나타나면 내 속에서 대항책이 나와서 원인을 잡는다는 것이다. 우리는 정신의 분열증 환자를 단순히 미쳤다고 하지만 실제 그 사람 속에는 환상이 일어나고 있었다.

Q : 선생님은 100%의 순수한 에너지에 도달한 것입니까?

스승 : 내가 해탈을 했기 때문에 나의 몸에 있는 기운은 100%의 완전한 순수한 에너지에는 못 갔지만 98%의 순수한 에너지를 가졌다. 순수 에너지가 98%만 되어도 원력의 힘으로 어떤 나쁜 기운을 중화시켜 버릴 수가 있다. 의통이 오면 일어나는 현상이 실제로 번뇌와 망상이 완전히 끊어진 무의 상태이다. 그때 상대의 몸에 있는 것을 내 몸속으로 가져오는데 고통이 심해지면 나의 의식이 고통이 어떻게 존재하는지 비밀을 알게 된다. 그때 내가 가지고 있는 기운으로 마음속에 현대 과학의 장비를 만들어 녹이든가 뚫어버린다든가 파괴하는 작용으로 염력을 사용하는 것

이 가능하다.

Q : 선생님이 마음으로 현상세계에서 앞에 불을 켜 놓고 끄는 것은 불가능한 것입니까?

스승 : 다른 외부의 힘과 접촉할 때는 가능하지만 나는 그러한 일은 하지 않는다. 쉽게 말해서 귀신이 내려서 귀신이 나온 사진을 보니까 안개 같은 게 나왔는데 나는 그 비밀을 안다. 그 주위에 기체가 모이고 있는데 어떤 기체 속에 존재하고 있을 때 안개처럼 현상이 나타난다. 그때 나는 귀신이 작용하고 있다는 것을 금방 눈치챌 수 있지만 일반 사람들은 거의 모른다. 어떤 사실을 놓고 그 사실을 관찰하면 간단한 문제이다. 실제 내가 외국에서 종교인이나 과학자들과 대화하면 항상 그들에게 증거를 요구했다. 우리가 문제에 대해 대답할 때는 그 문제가 사실인지 사실이 아닌지 하는 것을 내가 이해할 수 없을 때는 증거를 요구해서 판단하고 거기에 따른 대답을 내놓는다.

Q : 유리겔라는 숟가락을 보고 있으면 구부러지게 하는데 우리 몇 사람의 능력으로는 안 되는 것이겠죠?

스승 : 내가 많은 사람을 경험해보아서 이해되는데 술이 일어날 수 있는 원리를 알면 간단하다. 기를 수련한다거나 명상을 통해서 그런 일을 한다면 알 수 없는 잘못된 원인이 나쁜 현상을 나게 한다. 그들은 내게 와서 많은 것을 묻는데 나는 상대가 속고 있을 때는 대답을 안 하고 확인하라는 말만 한다. 잘못에 빠지면 얼마든지 잘못된 현상을 볼 수 있다. 중요한 문제는 만일 그 초능력자 앞으로 나를 데리고 가면 그가 어떻게 하면 몸에 어떤 기운이 올라온다는 것을 알 수 있다.

Q : 여래님의 진기는 98%인데 중화시키는 힘으로 그들이 가진 기운을 없애 버리면 됩니까?

스승 : 내가 하나 믿는 것은 내가 죽어도 기운은 엄청난 진기의 힘을 가지고 있기에 원력을 발생할 수 있다. 그러니 세상에 무엇이든지 추적해서 잡아낼 수 있다. 그래서 내가 악마를 건드리지 않으면 악마 자신은 두려워서 나를 절대 건들지 않고 해치지 않는다. 왜냐하면 내가 원력을 세우면 비밀을 전부 알아낸다. 살아서는 하지 못하나 내가 죽었을 때 기운의 세계에서는 통하니까 기운을 움직여서 그 속에서는 모든 조화가 가능하다.

Q : 만화가들이 쓰는 공상과학영화가 엉터리는 아니고 진짜로 찾으면 가능하겠네요?

스승 : 의식 앞에서 괴물이 나타나서 의식을 압박하면 우리가 보기엔 아무것도 보이지 않는다. 그런데 압박받는 사람은 벌벌 떨면서 저기에 뭐가 있다고 하니까 우리가 볼 때 미쳤지만 그 사람의 말이 거짓이 아니더라는 것이다. 예를 들어 신체가 허약하고 장질부사 정도가 심하면 지금도 치료할 수가 없을 때 내 손을 대면 그 의식과 연결이 된다. 그 사람은 엄청난 냉한 기운이 발생해서 밖으로 열기를 쫓아내는 상태인데 내가 열기를 쫓아내는 원인을 파괴해 버린다. 그러면 그 사람은 그때부터 열이 안으로 모이기 시작하고 밖으로 발산을 안 하니까 땀이 멈추면서 밥을 먹기 시작하고 회복되어 버린다.

Q : 원리는 간단한 것 같은데 원리에 맞춰서 모든 게 일어난다는 것입니까?

스승 : 신체 속에 떠 있는 부유물 같은 것을 정화하는 것은 상당히 시

간이 오래 걸린다. 신병이라 해서 붙었다 떨어졌다 하는데 자기 정체를 숨겨버리면 시간이 오래 걸리지만 그 외에는 간단하게 무엇이 나타나면 잡아버리면 그만이다. 너희는 원리를 모르니까 문제를 가지고 답을 맞는지 틀리는지 알아볼 수 있지만 문제없이는 답을 알아보지 못한다. 내가 사람을 도울 수 있는 것은 나의 의식 속에 있는 기운의 진기가 98%의 순도를 가지고 있기 때문이다. 그것이 조화로 엄청난 힘을 발생하고 그 속에서 일어나는 현상을 가지고 사람들의 의식과 통할 수 있고 고통을 제거해 줄 수도 있다. 만약 나와 같이 되려면 인간완성의 길에 많이 노력해야 한다. 나는 누구나 원하면 정확하게 밝힐 수 있지만 다른 사람들이 그것을 보기 위해서는 근본이 있어야 하는데 근본을 갖추지 않은 상태에서는 원력이 일어나지 못한다.

Q : 선생님은 그런 현상이 볼 수 있지만 일반 사람들은 문제에 대한 정확한 답이 없다고 보는데요.
스승 : 문제를 통해서 틀렸는지 안 틀렸는지 알아볼 수 있는데 문제가 없으니 그 속에는 진실이 없다. 진실이 존재하지 않는 한 아무 소용이 없으므로 그런 사람은 자기 삶을 잃게 되면 헛된 곳에서 버리게 된다.

Q : 자신에게 붙은 영체를 어떻게 퇴치할 수 있습니까?
스승 : 사실 몸에 붙어서 가슴이 고춧가루 뿌려놓은 것처럼 화끈거리면 본인은 괴롭다. 그럴 때 이것이 진짜 질병인지 그렇지 않으면 다른 어떤 기운의 장난으로 생기는지 자기 살을 한번 꼭 꼬집어 보아라! 아프면 제정신인데 일단 의심하고 아픈 게 느껴질 때 원인이 무엇인지 추적해야 한다. 그때 가만히 앉아서 정신을 그쪽

으로 집중시키면 된다. 영체가 힘을 쓰면 인간의 마음에도 구조의 기능이 원력이 있는데 어떤 것이 보이면 그때 마음에 힘이 생기면서 대항할 수가 있다.

Q : 그러한 원력으로 그 대상과 대결할 수가 있습니까?
스승 : 나로서는 길을 안다는 것뿐이고 이 시대에 왔으니까 너희가 갖지 못한 영적인 강력한 의식의 힘을 가지고 있다. 실제로 나에게 죽은 자들이 함부로 달려들지 못하는 의식의 힘을 가지고 있다. 나는 신통도 안 했고 신과 접촉하는 일은 거부하는 사람이다. 너희가 스스로 깨닫지 못하면 내세는 크게 기대할 게 없으니 깨달아서 세상 사람들을 위해서 사랑을 실천하여 원력을 얻어야 한다.

Q : 일반 사람도 염력이라는 걸 쓸 수가 있기 위해서는 깨달아야 한다는 거죠?
스승 : 일반 사람들은 생각과 환상이 많으므로 정신이 흐트러져서 집중시키는 것이 매우 어렵다. 예를 들어 귀신이 조화를 부리는 것은 염력을 사용하는데 영이 에너지에 의식이 붙어서 몸속에 와서 돌아다닐 수도 있다. 밖에서 떠돌아다니면서 산 사람을 홀려 죽일 수도 있고 가르칠 수도 있다. 몸을 아프게 한다든가 생활에 장애를 일으키게 할 수 있고 에너지 속의 힘을 이용해서 염력을 사용하는 일이 현실에서 나타날 수 있다는 것이다.

Q : 사랑과 영혼이라는 영화가 몇 년 전에 유행했는데 보셨다면 그런 일이 사실입니까?
스승 : 한 사람이 여자를 사랑하다가 죽었는데 윤회가 안 된다는 내

용인데 애착 때문에 윤회가 안 되니까 여자 옆을 맴돈다. 그런데 가서 아무리 꼬집어도 여자는 못 느끼고 다른 사람한테 가서 부딪쳐도 부딪친 사람이 아무것도 못 한다. 그런데 한 귀신이 와서 깡통을 차니까 날아가는데 자기도 찼는데 안 날아간다. 그래서 염력 쓰는 법을 가르쳐주었더니 깡통이 그때부터 날아갔다. 그리고 애인이 어떤 남자와 만나서 뺨을 때리니까 아픈 걸 느꼈다. 이 영화에서 나온 여러 가지 현상들이 나타나는 것이 염력과 같다.

Q : 영화에는 사실처럼 상당히 잘 묘사되어 있던데요?
스승 : 실제 이야기처럼 해 놨는데 귀신도 기운이다. 기체가 염력이 생기기 전에는 종이 한 장도 흔들지 못하지만 강력한 염력이 있을 때 무서운 기운의 술이 일어난다. 기운 자체가 술이 일어나서 인간을 속이고 골탕 먹일 수가 있다.

Q : 예를 들어서 아무 이상이 없는데 어디 몸이 갑자기 아프면 염력을 사용하면 고칠 수 있습니까?
스승 : 정신을 집중시켜서 어떤 현상을 일어나게 하는 일이 염력이다. 그러면 염력을 집중시켜서 그쪽으로 투사하면 병의 원인이 보일 때도 있고 어떤 에너지가 자기를 아프게 할 때도 있다. 예를 들어 어떤 의식체가 어깨에 못을 박는다면 어깨가 아파서 꼭 빠지는 것 같다. 이럴 때 염력을 집중해서 보면 귀신이 못을 박고 있다. 그러면 거기에 염력을 걸어 못을 튕기도록 하면 못이 튕기고 못 박는 신의 이마에 가서 못이 부딪히게 한다. 거기에 맞도록 정신을 집중시키면 놀라서 혼비백산해서 도망간다. 그러면 그렇게 아프던 어깨가 아무렇지도 않게 되는데 이렇게 귀신

도 염력을 사용하는데 산자도 얼마든지 염력을 사용할 수 있다.

Q : 만화책에 어떤 도사가 호랑이로 변했는데 상대 도사가 독수리로 변해서 싸우는 만화가 있는데 그런 일도 가능합니까?

스승 : 정신을 집중시키는 염력을 개발해서 정신적 창조물을 존재하게 하고 정신을 통해서 그런 세계가 연출된다. 예를 들자면 의식 속에 뱀이 있다면 그때 독수리가 염력을 써서 뱀을 채 버리면 뱀이 삽시간에 없어진다. 뱀이 도저히 참을 수 없어서 어디 구멍에 숨어 있으면 구멍에다가 불을 만들어서 뜨거운 불을 구멍에다가 집어넣는다. 그러면 열기를 못 참아 튀어나올 것인데 그럼 어떤 그물로 잡으면 된다. 염력을 쓸 때는 상대도 염력을 쓰니까 염력이 세면 이긴다. 너희도 아프고 방법이 없을 때는 정신을 집중하면서 자기의 염력을 만들면 된다. 안 보이면 현미경이나 잘 보이는 안경을 하나 개발을 해서 끼고 보면 된다. 캄캄한 밤이고 무엇이 안 보일 때는 적외선 망원경을 만들어 쓰는 것이다.

Q : 요즘 과학자들도 과학적인 마음의 상상력으로 염력을 만들면 잡을 수 있을까요?

스승 : 자유자재로 최고가 되려면 손오공의 만화 같은 걸 하나 갖다 놓고 계속 연습해야 하는데 자기보다 센 사람에게 염력을 사용하면 지게 된다. 정신을 집중해야지 잡념이 들어가면 염력이 안 되고 언제든지 의식 속에서 자기가 원하는 물체가 항상 튀어나오도록 만들어 놓아야 한다. 그러면 자기가 의식을 바꿀 때마다 온갖 대상들이 튀어나와서 자기를 괴롭히는 적과 대항할 수가 있다. 염력의 세계에서 얼마든지 가능하고 실제 존재하는 일이다.

Q : 마음의 힘이 정말 어디까지인지 모르겠는데 여래님이 의통을 누구에게 전수하는 것도 가능한 것입니까?

스승 : 의통을 전수하는 건 나의 의식을 네 속에 간직하고 자신이 깨어서 아주 잘 지어 놓았을 때 전수가 가능하다. 너희의 의식이 밝아져서 거울처럼 밝아져야 의통이 일어날 수 있다. 어떤 물질도 순수해져야 염력이 생기는데 순도 99%가 되면 강력한 힘이 발생한다. 그렇듯이 의식 속에 있는 기운이 좋아지면 맑고 순수해지는 기운을 내서 병을 고칠 수가 있다.

Q : 선생님의 이마에 있는 불룩하게 튀어나온 상징을 지혜의 눈이라고 했는데 과거의 고서 속에 지혜의 눈이 존재했다는 기록이 있습니까?

스승 : 내가 가지고 있는 지혜의 눈에 대해 한 번씩 말을 하는 사람들이 있는데 부처상에도 해 놨고 인도인들의 이마에 붉은 점을 찍고 다니고 기록에도 있다. 실제로 이 세상에 나타난 부처 중에서 지혜의 눈을 갖지 못한 사람들이 많다. 이것은 최상에 이른 자에게만 가능하고 이 기운을 가지고 모든 재앙과 악귀를 물리칠 수가 있다. 내가 죽고 나서 이런 것이 예언에 남기게 되면 이것으로 인해 세상에서 재앙이 일어나는 것을 원치 않는다. 사람들은 이것이 얼마나 보배로운지 모르는데 완전한 깨달음을 이룬 자에게는 항상 증거가 명백하다. 어두운 기운을 물리칠 수 있을 때 지혜의 눈은 천하의 보물이다.

Q : 의통이 세상에 존재하는 최상의 의학이라고 말할 수 있겠네요?

스승 : 의통은 상대의 고통을 내 몸으로 가져와서 어느 부분에 이상을 감지하는데 최고의 깨달음에 이른 자에게 나타날 수가 있다

고 했다. 너희가 살아서 의통을 얻기를 원한다면 밝은 자신을 발견해야 하고 너희가 가지고 있는 의식이 그런 힘을 낼 수 있는 상태에 이르러야 한다. 원인이 존재하지 않을 때는 불가능하고 원인은 생활을 통해서 만들어진다. 내가 항상 가르치는 것은 생활 속에서 모든 것이 존재하고 얻어진다.

Q : 최고의 깨달음에 이르면 병을 고치는 약사여래라는 말이 전해져 오는데 석가모니 부처님이 살아생전에 병을 고쳤다는 기록은 없는 거 같아요?

스승 : 최상의 경지에 도달하게 되면 상대의 의식을 통해 전부 다 알게 되는 것이 의통이라고 거듭 말했다. 내 몸으로 상대의 병을 고쳤다는 기록이 내게서 있었다면 과거의 역사 속에도 그런 일이 있었을 것이다. 왜냐하면 뜻의 세계는 어떤 완성이 되었을 때 항상 똑같아야 한다. 병을 고쳤다고 한다면 사람의 마음에 엄청난 진기가 존재할 때 원력이 있어서 병을 고칠 수 있다. 뼈가 부러졌다든가 하는 것은 기술이기 때문에 못 고치고 통증이 있다면 신경을 바르게 해서 멎게 하는 것은 가능하다.

Q : 모든 병은 기운이 쌓여서 일어난다면 어떤 부위에 나쁜 기운이 쌓이면 종양을 만들어 내거나 혈관이나 기관을 상하게 해서 병이 오면 어떻게 합니까?

스승 : 기운이 혈관이나 기관에 막혔을 때 염력으로 파괴하는 것이다. 신경이 안 닿으면 통증이 안 오고 통증을 느끼면 신경을 통해서 다 잡아낼 수가 있다. 상대가 통증을 느낄 때 나는 상대의 병의 원인을 잡을 수 있는 것이 병의 원리이다. 그것을 잡아내려면 상대가 느끼는 증상을 내가 다 알아야 하는데 상대를 정확하

게 진단한다면 고칠 수 있다.

Q : 저도 어릴 적부터 의통을 가지고 있는데 우주의 기를 받아들여서 치료합니다. 선생님보다 제가 한 수 위인데 이곳에서 함께 생활할 수 있습니까?

스승 : 남을 이용하는 것은 옳지 않다. 네가 신문 배달이라도 해서 남에게 폐를 끼치지 않는다면 집에서 잠을 재워줄 수가 있다. 너 자신을 책임지지 못한다면 지금 있는 짐만 해도 많은데 어떻게 자꾸 짐을 불러들인단 말이냐? 네가 의통을 말하는데 지난번에 병 때문에 왔다는 걸 알았다. 위장이 이상하다고 느끼는 것은 어릴 때부터 있었던 질병이다. 조금 앉아 있었더니 머리 쪽에 혈관에 이상이 오는데 뒤통수 혈관 안쪽이 녹슬어 막혀서 피가 세포로 되어 있지만 물과 같아서 굳어지면 뻑뻑하다. 안 풀린 상태에서 보면 신경에 자극을 줘서 머리가 띵하고 기억력이 없어진다. 그게 중추 혈관일 때는 열이 차면 의식을 깜빡깜빡하면서 잃어버린다. 대뇌 쪽으로 오면 압박을 주면서 엄청난 고통이 오고 안면근육에 이상이 오고 가슴에도 이상이 온다.

Q : 제가 사실은 오래전부터 가슴이 너무 아픈데요?

스승 : 그래서 20일 정도 있으면 풀어 버릴 수가 있는데 풀면 뭘 하겠느냐? 사람은 병이 있음으로써 인연이 있는 것이다. 그 병을 가지고 있으면 자꾸 나를 만나려고 하지만 병이 나으면 다시는 나를 안 보려고 할 테니 병을 가지고 있는 것이 복이다. 그로 인해서 네가 깨달음을 얻게 된다면 너 자신에게는 병이 복이 된다.

Q : 저의 소원이 아프지 않고 사는 것인데요?

스승 : 너의 병을 볼 수 있는 사람만이 너를 치료할 수 있는데 의사가 어디가 아픈지 모르고 어떻게 병을 고치겠느냐? 배가 아프다고 해서 꼭 위장이 아픈 것이 아니다. 나는 최근에 심장에 이상이 있어서 대장이나 위장이나 거북한 것을 느끼는 경우를 많이 보았다. 그러니까 최상의 깨달음에 이르러야 의통이 와서 고치는 것이다.

Q : 선생님은 인체 구조에 관한 사진을 한번 보셨습니까?
스승 : 나는 사진을 안 봐도 직접 부딪쳐서 의식에 닿으면 알게 된다. 어떤 부위에 어떻게 고통이 오는 것을 한번 경험하면 당장 알게 되지만 내가 한 사람을 치료하는데 너무 고통스러우니 안 하려고 한다. 독으로 독을 치료한다는 말은 옛날부터 있었는데 고통스럽지 않고 싸우지 않고 어떻게 낫게 하겠느냐? 무협지를 봐도 독에 중독되었을 때 다른 독으로 그 독을 치료했다는 기록은 있다. 나쁜 기운이 있어서 병을 유발하니까 한을 가진 귀신의 기운도 안 좋은데 그런 귀신의 힘으로 병을 고칠 수는 없으나 일시적으로 정지시킬 수가 있다.

Q : 나쁜 기운을 받아서 넣으면 일시적으로 빨리 팽창하지 못하고 위를 억누르게 되면 잘 자라지 못하고 성장이 억제되는 것처럼 됩니까?
스승 : 근본은 사라지지 않고 그대로 있는데 빨리 자라지는 못하겠지만 일시적으로 암에 걸린 사람이 어디서 기도 하고 나았다는 말이 있다. 그런데 시간이 흐르자 다시 그 병으로 죽었다는 것은 누르고 있을 때 서서히 성장하게 되는데 독이 독을 일시적으로 누르는 원리이다.

Q : 성경책에 기록된 예수의 행적 중에 죽은 지 사흘 된 10살 먹은 애를 살렸다는 이야기와 병을 고쳤다고 하는데 어떤 방법으로 고친 것인지 아시는지요?

스승 : 사람이 실제 죽었다가 깨어나는 경우가 많다. 이것은 자동차의 엔진을 꺼놓은 상태와 같은데 기운이 빠져나가면 삽시간에 부패가 온다. 혈액이 굳어지면서 열기로 팽창과 수축 작용이 일어나서 혈관에 이상이 있을 때는 어떤 상황에서도 살리지 못한다.

Q : 성경을 보면 얼마나 사실대로 기록되었는지 모르겠지만 죽은 동생 때문에 우는 누나가 예수를 빨리 만났으면 살았을 텐데 했는데요. 동생이 어디 있는지 물으니 지금 가도 이미 시체는 썩어서 부패한 냄새가 코를 진동한다고 했는데 그래도 예수가 믿음으로 살린다니까 애가 걸어 나왔다는 대목이 나오는데요?

스승 : 그것은 잘못된 사람이 세월이 지난 후에 지어낸 이야기이다. 실제 나는 책을 읽지 않는 사람인데 머리가 열린다고 하는 기록을 책에서 한 번도 읽어 본 적이 없지만 나는 머리가 세 번이나 열렸다. 이마에 지혜의 눈이 나왔고 의통으로 모든 질병을 치료할 수 있으나 나의 최상에 이른 능력으로도 부패한 시체를 살릴 수는 없다.

Q : 현대사회에 접어들면서 영체들이 사람들의 몸에 접근하면 일반인으로 방어하는 것은 불가능하겠네요?

스승 : 운이 나빠서 나쁜 영체를 만나게 되면 자기를 잃게 되고 아니면 같은 몸에서 동거해서 피해 없이 살 수 있다. 내가 여기 오는 사람들에게 도움을 주고 있지만 죽은 영혼의 입장에서는 자기

집에 와서 간섭하니 나를 원수 같이 생각한다.

Q : 현대의학에서는 사진이나 기구로 관찰이 안 되면 병명조차 알아내지 못하잖아요?

스승 : 현대의학의 진단으로는 정확하게 생명의 세계를 이해하는 수준이 30% 정도에 이르지 않았다고 볼 수 있다. 나는 병원에서 많이 경험한 것이 그들은 이해에 따라서 생각을 달리하니 진정으로 환자를 위하여 노력하는 사람이 드물었다.

Q : 저희는 신체 기관에 대해서도 어느 정도 알고 있어야 하겠는데요?

스승 : 신체 기관에서 일어나는 일은 사진이나 혈액 검사로 진단하는 것이 가능하나 의식의 기관에서 일어나는 일은 현대의학으로 알 수가 없는 것이 사진이나 혈청으로 묻어 나오지 않는다. 그래서 많은 사람이 속고 있는데 질병을 얻었을 때 의료사고로 목숨을 잃을 가능성이 있다. 외국의 선진국에서는 질병의 원인이 바이러스로 밝혀지기 전에는 투약이나 시술하지 않는다. 왜냐하면 의료사고를 방지하기 위해서인데 한국에서는 바이러스 종류가 밝혀지지 않았는데도 투약하는 경우가 많다.

Q : 의료사고가 일어나는 게 우리 신체 기관을 움직이는 에너지를 감지하지 못하기 때문입니까?

스승 : 나의 조카 되는 사람이 병원에 갔다가 식물인간이 되었다. 의사들은 하루 안에 죽는다고 생각했는데 내가 그의 의식을 붙잡고 있으니까 일주일 동안 살았다. 내가 병원에서 관찰해본 결과 의사가 환자의 몸에 분비물을 채취한다고 갈비뼈 밑에 주삿바늘

을 찔렀는데 약간 빗나가서 심장과 연결된 신경의 선을 건드려 버렸다. 그러자 신경이 성을 내면서 심장이 굳어져 피가 올라가지 않았다. 몸에 피가 돌지 않으니 펌프질이 안 되고 뇌는 기운의 압력으로 열이 발생한다. 육체 기관이 정지하면 의식이 몸을 빠져나가면서 분리되는데 사망에 이르게 된다고 의사에게 말하니까 병원에서는 시치미를 떼었다.

Q : 의료사고가 나면 병원에서는 책임을 안 지려고 하잖아요?
스승 : 그래서 내가 의사에게 뺨을 한 대 때려주면서 사람의 병을 고치겠다고 의사가 되었으면 먼저 양심부터 고치고 오라고 했다. 내가 알고 설명하니까 비굴해지면서 벌벌 떨고 가만히 있었다. 내가 환자의 의식을 붙잡고 있으면 죽지 않는데 의사가 항복하고 나갈 때 환자에게 이제 가라고 했더니 코에서 요란한 소리를 내고는 숨을 멎었다. 누이에게 내가 병을 보았기에 병원을 상대로 정확한 근거를 제시해서 소송하겠는지 물었더니 시비하지 말고 조용히 끝내자고 했다.

Q : 보통 의사들은 이런 일을 알아볼 수도 없잖아요?
스승 : 인간의 정신이 최고의 이치에 도달하면 과학과 철학과 의학에 대해서도 정통한다. 의통(意通)은 최고의 경지에 이른 자만이 할 수 있으며 에너지의 순도가 90% 이상을 가질 때 남의 질병을 고치는 것이 가능하다.

Q : 우리 몸의 뇌는 어떤 역할을 하는 것입니까?
스승 : 신체 구조에서 모세혈관에 노폐물이 쌓이면 피가 잘 흐르지 않고 열이 발생하면서 뇌의 활동이 원활하지 못하다. 그럴 때 일

어나는 현상이 자기 자신이 아무것도 아닌 일에도 참지 못하고 신경질을 부리고 엉뚱한 행동들을 표출한다. 자동차에서 전원을 만들어 내는 것 같이 뇌세포는 배터리의 역할을 하는데 사람이 자동차를 만들었듯이 같은 원리와 구조이다.

Q : 여래님이 상대방의 병을 받으면 평소에 느끼지 못하는 큰 스트레스가 오고 상당히 고통스럽습니까?
스승 : 질병의 아픔이 나에게 와도 나의 원력으로 고통을 멈추어 버리면 정지된다. 그런데 어떤 경우에 사물을 볼 때 다른 마음이 나타날 때 그 마음이 너무 약하기에 스트레스를 받는다. 그래서 귀에서 소리가 들리지 않고 약하게 한 번씩 파장이 오는데 몸의 기능이 회복될 때까지 약간의 무거운 기운이나 다리의 근육이 힘을 얻을 때까지 모를 때도 있다. 하지만 머리에서 오던 고통이나 이상증세는 시간이 지나면 없어진다.

Q : 심령 과학계가 가진 능력을 여래님도 가지고 있는 것입니까?
스승 : 내 말이 참말인지 거짓말인지 결과에서 보면 되는데 의통으로 치료한 것은 문제가 없을 것이다. 네 마음이 편하지 않으면 나만 믿지 말고 어떻게 하더라도 세상에 와서 좋은 길을 얻었으니 좋은 결과를 얻겠다고 기원하라! 제신들이나 보살계에서는 내가 지극히 세상을 구원하고자 하는 그 뜻을 알고 있으니 기도하면 빨리 회복이 될 수 있다.

Q : 여래님은 감지가 가능하시면 사람들의 맹장이 꼭 필요하다고 보시는지요?
스승 : 맹장이 아픈 사람과 안 아픈 사람을 둘 다 데려다 놓으면 어떤

차이가 있는지 안다. 내가 맹장이 안 아파 봤으니까 본 적이 없다. 몸의 쓰임새 같은 게 있을 것이고 맹장이 구조상으로 필요하니까 달려있겠고 잘라내고 묶어버리면 차 있던 게 다른 곳으로 빠져나올 것이다. 맹장이 소화를 도와주는데 맹장이 없으면 소화기관이 부담이 간다고 하는데 나도 몇 가지 병의 경우에만 환자를 대했으니까 알고 있다. 내가 모든 병을 아는 것은 아니고 심장, 간, 위장, 대장, 머리 부분에 대해서는 환자를 보았으니까 아는데 보지 않으면 모른다.

Q : 백혈병으로 고생하는 사람도 병을 치료하는 것이 가능합니까?
스승 : 상대의 고통이 나의 의식에 나타나면 죽은 자를 살릴 수 있고 나의 힘으로 가능하리라 믿는다. 백혈병 같은 것은 백혈구가 늘어나서 생기는 병에 걸린 환자들을 접하면 심장에 엄청난 고통이 오는데 심장이 쑤시는 것처럼 아프다. 백혈병 환자에게는 골수 이식 수술하는 것과 연결되는지도 환자를 봐야 알 것이다. 내가 알기로는 심장에 장애를 일으키는 것은 혈관에도 이상을 주게 될 것이고 결국 죽음에 이르게 할 것이다. 그런데 내가 백혈병을 고칠 수 있는지 없는지는 환자를 만나서 원인이 심장에 있으면 그 고통을 따라가면 원인 제거가 가능하겠고 적혈구 양성도 가능하다.

Q : 저희가 어느 정도 순수한 기운을 가지면 병하고 싸울 수 있을까요?
스승 : 너희의 의식이 무지한 상태에서 몸에 이상이 생겼을 때 대처 능력은 무방비 상태다. 너희가 가진 의식이 깨어나고 어두운 기운이 깨어지면 병이 잘 안 걸리고 면역 확률이 높으면 퇴치할 수

있다. 환경이나 조건을 보고 이 자리에서 말할 수가 있지만 뛰어난 기사가 자동차를 관리하면 고장이 잘 안 나고 작은 이상이 생기면 고쳐버린다. 그와 같이 기운이 좋으면 몸을 매우 깨끗하게 하고 스스로 몸을 철저하게 관리한다. 사람의 몸을 자동차에 비유하면 의식은 운전하는 사람에 비유하면 된다.

Q : 인간은 의식적인 동물이기 때문에 모든 것을 관찰해서 알아낼 수가 있지 않겠습니까?

스승 : 나는 어디가 아프면 금방 알아낼 수가 있다. 진단의 능력은 현대의학으로는 상상도 할 수 없을 정도로 앞서 있다. E.T 영화에서 볼 수 있는 것처럼 이런 능력을 모방해서 낫게 할 수도 있고 안 낫게 할 수도 있다. 사람의 손만 잡으면 마음까지도 볼 수 있고 나의 곁에서 기운을 많이 받으면 나쁜 기운이 정화되어 버린다. 정화되면 기운이 매우 순수하고 밝고 강한 자로 그 속에 있는 기운이 다시 바뀌게 된다. 내가 지금은 매우 지치고 시멘트 집 위에 있지만 땅 기운을 만나고 조용한 곳에 1~2개월 앉아 있으면 너희가 옆에 오면 박하사탕을 먹을 때 기분 같은 신선한 기운을 느끼게 된다.

Q : 저의 몸에 관절이 아픈 것은 원인이 무엇이었습니까?

스승 : 네가 3일 전에 관절이 아프다고 호소했을 때 내가 너의 머리를 짚어 보았는데 머리를 짚으면 관절에 이상이 오고 관절을 짚으면 머리에 이상이 왔다. 그것은 관절이 아픈 게 아니고 관절과 연결된 머리 부위에 핏덩어리가 혈관을 막았기에 혈류가 있는 머리 한 부위에 열이 생겨서 관절에 이상이 온 것이었다. 밤새도록 고통이 와서 염력을 썼으니까 통증이 그쳤을 것인데 본인은

실감 나지 않는다. 어떻게 사람의 정신이 연결되어서 수술할 수 있는지 상상할 수 없고 원력이기에 믿어지지 않는데 일반 사람이 볼 때는 기적이다.

Q : 여래님은 제가 안 나오는 동안에 보셨고 고치신 것이네요?
스승 : 나의 가까이에 오면 나의 의식으로 너의 병을 볼 수 있다. 병의 원인이 혈관에서 이상이 올 수 있고 심장 때문에도 올 수 있다. 심장 때문에 무릎이 아프다거나 다리에 힘이 없을 수 있으니까 정밀하게 관찰해야 했다. 나는 사람들의 병을 의식으로 볼 수 있기에 보지 않은 이야기는 절대 하지 않는다. 얼마 전 영국에서 어떤 흑인 한 사람에게 왜 일하지 않느냐고 했더니 다리가 아파서 못한다고 했다. 그를 보니 심장에 이상이 나타나서 병은 심장에 있다고 알려주었다. 그러면 어떻게 하면 고칠 수 있겠는지 물어서 닷새만 나의 일을 따라 하면 내가 고칠 것이다. 그러나 그는 병으로 인해서 이십 년 동안 고통을 받았는데 닷새 동안 피켓 들고 뒤에 서 있으라니까 못하겠다고 했다.

Q : 여래님이 어떻게 증명해 볼 수가 없지 않습니까?
스승 : 의사들에게 보이면 그 현상을 계속 병원일지에 써지니까 연금을 준다. 그동안 달마원에서 1년 동안 머물렀던 제니더가 완치되어서 영국에 돌아갔는데 의사들은 보았을 것이니까 모든 소견서가 현상으로는 맞는 말이다. 그런데 치료가 어떻게 가능했는지 상세하게 설명해주지 않는다면 이 일을 없었던 일로 취급하겠다고 했다는 것이다.

Q : 1년 전 그때는 계속 다녔으니 연금을 받았을 것이 아닙니까?

스승 : 내가 지적해서 이상이 있다고 하면 의사들이 관찰해서 원인이 나오게 되어 있다. 그전에는 계속 주는 것만큼 진료기록이 많이 올라오는데 안 나오니까 진료비를 중지하겠다고 했다는 것이다. 그녀는 여기 올 때 많이 아파서 왔었는데 좋아져서 얼마 전에 돌아갔다. 그녀는 교사 출신이기 때문에 교사 연금도 받고 환자 연금도 받았다. 나와 한국에 왔을 때 많은 병을 가지고 있었는데 의식 속에다 하나를 입력시켜 놓고 보냈다. 80% 치료가 완성이 되었고 20%는 가지고서 활동에 아무런 지장이 없었으나 의식이 허약해 지면 뿌리가 안 끊어졌기 때문에 다시 재발한다. 사실 1년 있었으면 완치되는데 11개월 만에 돌아간 게 하늘의 뜻이다. 그런데 돌아가면서 아직 20%가 덜 끊어졌으니까 환자 연금을 받는 게 당연하다. 돌아가서 그 상태로는 노동할 수 없으니 환자 연금을 달라고 했더니 영국의 복지연금 당국에서 내게 편지가 왔다. 영국 의사들도 보니까 분명히 좋아지고 건강하게 와서 달라진 것은 틀림없는데 도대체 자기들 수준으로는 이해할 수가 없다고 적혀 있었다.

Q : 의사들이 이해할 수 없으니까 설명을 보충해 주어야겠네요?
스승 : 물질 속에 있는 기운의 순도를 99% 끌어올리면 강력한 에너지가 발생하는데 물질 속에 있는 기운은 조화가 나타난다. 쉽게 말해서 99%의 순도를 얻게 되면 수정 속에서는 소리가 나고 힘이 일어나게 된다. 인간이 가지고 있는 생명 속에 존재하는 의식의 기운이 95% 이상의 순도가 넘어서면 능히 상대의 고통을 볼 수가 있고 도와줄 수가 있다. 인간에게도 이러한 원리는 통하고 기운이 존재하고 있으나 이러한 일이 흔하지 않은 일이기 때문에 인간은 모르고 있었다. 실제 오늘의 세계에서 현대 생명공학

분야에 매우 뛰어난 의사가 감지할 수 있는 진단의 능력은 35% 에서 40%의 진단 능력을 감추고 있다. 인간의 능력으로서 그 이상을 초월하지 못하니까 급하면 병원에 가지만 실제 그들에게는 40%라도 기대할 수 있기에 그곳을 찾아가는 것이다.

Q : 우리나라 의사들은 진실을 알지 못하는 것입니까?
스승 : 생명 과학이 최고라 하는 영국에서도 병이 없다 하고 치료할 방법이 없으니까 매일 돈만 받아먹고 돌려보낸다. 그리고 거기서는 연금을 한 달에 100만 원 이상을 줘서 먹고살게 한다.

Q : 그래서 영국의 연금 당국에 보낸 답이 진실입니까?
스승 : 이런 일은 쉽게 나타나는 것이 아닌데 내가 가지고 있는 감지 능력은 95% 이상이기 때문에 35%를 보는 자가 95%를 이해하는 것이 어렵다. 이런 일을 확인하는 방법은 너희가 지정하는 시간과 장소에서 뛰어난 과학자나 생명공학에 대한 경험과 풍부한 지식을 가진 사람에게 입증시켜 주면 되지 않겠는가?

Q : 지난번에 머리가 아파서 휴학계를 냈다는 학생이 병원에서 의사가 혈이 막혀서 뇌 구조에 이상이 있다고 했다는데 여래님이 어떻게 원인을 알 수가 있었습니까?
스승 : 내가 택시 타고 영도에서 초량까지 가서 보았는데 나를 믿지 않았고 자가용 타고 다니면서 나를 집까지 태워다 주지도 않았다. 그 학생을 봤으니 내 골이 아파서 죽을 것 같아서 끊어 버린 것이다. 나에게 큰 염력이 있어서 만일 그것을 끊지 못하면 그 속에서 자동으로 나아 버리는데 그것을 끊어버리면 절대 안 낫고 그는 다시 병을 가지고 간다. 나는 또 그런 일을 당했기 때문

에 한나절이라도 그 병을 가지고 있어서 머릿속이 고통스러웠다. 얼굴이 시커멓게 돼서 사우나에서 고통을 없애려고 땀을 빼고 앉아 있다가 나왔다. 과학자들이나 인류의 미래를 위해서 인간 속에 이런 일이 존재할 수 있다는 것을 기록 속에 남길 것이다. 그러나 함부로 해서는 안 좋다. 나의 앞에 와 있으면 병이 대부분 기승을 못 부리고 서서히 죽어버린다.

Q : 여래님 곁에 오면 신선한 기운을 느낀다고 하는 사람은 어떤 경우입니까?

스승 : 기운이 아주 쇠약한 사람이 내 옆에 오면 아주 시원한 기운이 자기 몸속으로 들어오는 것을 느낀다. 아주 신선한 기운이 자기 몸속에서 전류가 일어나는 것과 같은 것이 흐르니까 돌아다니는 영이나 귀신도 보면 세상에서 가장 큰 빛을 가진 사람이라는 것을 안다. 그런데 신의 기운이 있는 사람들이 나를 보면 자기들이 찾던 소망이니까 한번은 보지만 따라다니지 못한다. 계속 보이는 것이 아니고 다음에는 내 모습만 보이니까 자기들하고 말하는 거나 밥 먹는 거나 잠자는 거나 똑같다. 실망하는데 속이는 것이 없으니까 매일 들어보면 뻔한 소리라고 생각한다.

Q : 그들은 완전한 자기의식이 아니라고 할 수 있나요?

스승 : 순간적으로 나타나 보이는데 그들이 어떤 상황에서 그렇게 보았는지 모르지만 대부분 영계에서도 안다. 내가 세상에서 큰소리치지만 만일의 경우 히말라야 같은 데서 2년 정도 있으면서 내 몸에서 기운이 꽉 빠지고 나면 나의 의식이 밖으로 나온다. 그렇게 되면 세상에 있는 모든 영혼을 나의 염력으로 잡아버릴 수 있고 이용할 수가 있다. 무엇이든지 원하는 대로 다 할 수가

있지만 그렇게 되어 편해지면 나의 공력이 자꾸 사라져 죽어간다. 그것은 물이 고여 있으면 썩는 것과 같은 이치이다.

Q : 여래님은 바이러스도 기운인데 잡을 수 있습니까?
스승 : 사람이 축복된 일을 해서 하면 몸에 전류가 일어나는데 바이러스는 전류에 의해서 죽는다. 법을 자꾸 들으면 잔병이 전부 없어지는데 몸의 주인은 의식이다. 기운은 보면 감지하고 자기 생각을 내보내고 받아들이고 느끼고 판단하고 행동하게 된다. 의식이 밝아지고 기운이 좋아지면 몸에 있는 모든 병을 스스로 의식이 치유하니까 병이 생기지 않는다. 의식의 기운이 몸을 관리하게 되기 때문에 병이 생기지 않으니까 진리는 건강과 행복과 영원한 생명을 창조한다. 너희가 들으려고 하면 자기 업장 때문에 절대 듣지 않으려고 하는 것이 문제이다.

Q : 여래님의 말씀을 녹음한 테이프를 들어도 같은 효과를 나타냅니까?
스승 : 이 녹음한 테이프로 기적이 일어나기를 바라면 안 되지만 자기를 일깨워준다. 내 말은 틀림없는 진리니까 네가 지금은 집중력이 옛날 고등학교 때 보다 많이 늘었을 것이다.

Q : 예전보다 지금은 정신이 밝아지고 성적도 좋아요.
스승 : 예전에 머리를 본 상태에서는 의식은 괜찮았는데 집중을 할 수 없었기 때문에 중학교 다닐 때 만났으면 좋은 대학에 갈 수가 있었다. 한번 손잡았다 놓았는데 변화한 것은 그때부터 집중력이 온다는 것이다.

Q : 학교에서 이상하게 얼굴도 노랗고 손도 유난히 차고 하니까 애들이 너무 노랗다고 해서 그때 말씀드린 건데 한번 보고 나서는 처음에 성적이 많이 올랐었고 차츰차츰 혈색이 돌아왔어요.

스승 : 나의 의식이 일단 전해지면 어두운 곳에서 불을 켜거나 플래시를 비춰보는 상태처럼 변한다. 네가 가지고 있는 의식이 내 기운을 가지고 자연적으로 몸에 있는 병을 치료한다. 그래서 네가 가지고 있던 나쁜 현상이 누그러진다. 여기서 내가 대학 떨어질 애를 서울대학에 붙여주는 것은 매우 쉬운 일이다. 그러나 그런 걸 해서는 절대 안 되고 소문이 나면 나중에 사람이 찾아와서 괴롭히는 것뿐이고 절대 믿으려 하지 않는다.

Q : 사람들이 믿으면 부담이 되기 때문에 안 믿는 것입니까?

스승 : 인간의 진실이 95% 이상에서 100% 사이 완성이 되면 이러한 현상이 나타나지만 내가 죽고 나거든 절대 믿지 말라! 왜냐하면 이것은 삼천 년에 한사람 정도 나타날 가능성이 있는데 오천 년만에 주기적으로 한 사람 정도 나타난다고 생각하면 될 것이다. 그리고 이 시대가 가고 미래에 변화기가 지난 후에는 천계에 있는 신들이 인간세계에 인간의 몸을 받아서 태어난다. 그들은 일단 인간의 몸을 받아서 새로 자기를 짓지 아니하면 노쇠 현상에 의해서 망하게 되기에 그때는 많이 내려오게 된다. 우리가 자연 속에 있는 많은 풀 속에 어떤 성분이 있어서 먹으면 약이 되는 걸 아는 온갖 기인들이 내려오게 된다. 있는 것을 보여주는 것이 진실이고 있었던 일이 진실이다.

Q : 있는 일의 원인이 인위적으로 있게 되는 경우와 자연의 변화로 있는 일이 있다고 보는데 천문학계에서 소행성이 지름 2킬로짜

리가 지구로 향해서 오고 있다는데요?

스승 : 과학자 중에도 실제 지금 말한 신문에 나온 천문학의 내용은 하나의 가설이다. 이런 경우가 일어난다면 충분한 근거를 제시하고 어떠한 법칙으로 그런 일이 일어나게 되는지를 설명해야 한다. 우리가 비행기의 가스터빈을 하나 만들 때도 엔진이 돌아가는 동안에 열이 발생하게 되니까 공기의 양이 얼마와야 열이 몇도 아래로 내려간다. 그게 계속 움직이면 어떤 마찰음을 내게 되고 열이 발생하게 되어 있는 건 사실이다.

Q : 제 생각에는 소행성이 목성의 인력에 의해서 지구를 벗어날 수 있지만 피해 간다고는 단정할 수는 없는데 우주에서 물리적인 움직임으로 우연히 부딪쳐 오는 건지 변화기가 오는 때쯤 맞추어서 오는 건지요?

스승 : 변화기가 행성과의 충돌 때문에 일어나는 것이 아니고 너희가 알아야 할 것은 지구 자체가 가지고 있는 자력이 있다. 이 자력은 어쩌면 자기 속에 가까이 오는 물질을 빨아들이는 힘도 있고 밀어버리는 힘도 있는데 지구도 살아있는 생명체이다. 그러면 행성이 일정한 거리에 오더라도 위협을 느낄 때 그 힘을 밀어버리면 다시 원점으로 돌아가는 것은 조물주가 계산했을 것이다.

Q : 태초에 뜻이 조물주를 있게 했다면 조물주가 가진 것도 원력입니까?

스승 : 내가 지난번 인도에 다녀왔을 때 좋지 않은 일이 있었는데 신비스럽게 생각하지 말고 들어야 한다. 음식을 먹어도 목에 들어가지 않고 2주 정도 누워있었다. 원인을 관찰했더니 내 몸속에 수백 명의 죽은 영체가 들어와서 독을 뿌리고 있었다. 그 독을

막느라고 음식을 먹을 수 없었고 위기에 빠지게 되었다. 내가 죽게 된다면 신계가 사라지는 상황이었을 때 전쟁이 일어났다. 내가 살기 위해서 내 몸속에 들어온 영체들을 모두 잡아내서 추달했다. 신의 군단에는 신무기를 가지고 나를 향해서 공격해 왔을 때 원력을 걸었더니 내 몸 가까이 오더니 그 자리에 바로 원점으로 돌아가 버렸다.

Q : 신의 군단에서 무기를 가지고 공격했는데도 대처해서 살아나셨다는 것입니까?

스승 : 내가 원력을 걸었더니 원점으로 돌아가 버렸고 나를 도왔던 52불은 아무도 다친 이는 없으나 신의 군단에서는 수십만 명의 사상자가 있었던 건 사실이다. 지구에도 원력이 존재하고 있기에 자체의 방어 능력이 있다. 우주에는 뜻으로 인하여 수없이 많은 변화 속에서 조물주가 탄생했다는 사실은 알고 있으나 창조의 비밀은 아직 밝히지 못하고 있다. 지구가 원력이 존재하기에 수억만 년을 같은 상황에서 태어나고 죽는 일을 반복하고 있다. 왜냐하면 지구는 자력에 의해서 어느 지점에 오면 돌아가게 되어 있기에 다른 행성과 부딪힐 염려가 없다.

Q : 지구 자체에도 원력이 얼마든지 존재하는 것입니까?

스승 : 지구가 수만 년의 변화 속에서 조물주가 탄생한 것은 믿고 있지만 창조의 비밀에 대해서는 내가 못 밝히고 있다. 그러니까 지구도 수억만 년을 존재해오고 계속 같은 상황에서 나고 죽고 하는 일을 반복하고 있다면 자력에 의해서 어느 지점에 오면 행성이 돌아가게 되어 있다. 그리고 지구에는 열 층의 막이 있는데 막의 반경은 상당한 거리를 가지고 천오백 도의 열이 존재한다.

그러면 빠른 속도로 오는 동안에 막을 파괴하고 들어와도 자체의 열과 부딪치면서 수천수만 도의 상승효과를 발생해서 어떤 단단한 물질로 만들어지지 않으면 돌멩이 같은 운석이 떨어졌다 하면 분해되어서 타버리고 조그만 운석이 오게 되는 것이다.

Q : 여래님은 몸속에 신이 들어와도 잡을 수 있습니까?

스승 : 나는 죽어도 좋고 살아도 좋다. 일반 사람들은 일단 한에 잡혀서는 꼼짝을 못하나 나의 상태에서는 한에 잡혔더라도 줄을 끊을 수 있고 나의 공력을 이용해서 마음대로 과학 장비로도 변해 버릴 수 있다. 거기서 일어나는 현상이 그대로 도출된다. 예를 들어 동아줄이 있으면 수 천도의 열을 발산하는 용접기를 만들어서 그것을 끊어버리고 철판을 떼버리는 것이다. 그러한 공력이 있기에 막혔으면 다이아몬드 같은 걸로 파괴해 버린다. 그러나 일반 사람들은 그게 일어나지 않고 진기의 95% 이상일 때 일어날 수 있는데 나의 진기는 98%가 된다. 100% 정도가 되면 나와 세상과 모든 것을 잊어버리게 되고 모든 것이 나에게서 사라지게 되면 이 공력으로 무엇이든지 이 세상에서 일어나게 할 수가 있다. 근원에 세계에 이르는데 그 공력은 세상을 만들 수가 있는 조물주이다.

Q : 천체가 갈라지고 나서 창조주가 존재한 것입니까?

스승 : 세상을 만든 창조주도 있고 태양을 만든 창조주도 있고 하나가 아니다. 근원의 세계는 바로 조물주가 태어난 곳이다. 세상에 대한 어떤 애착도 내가 가지고 있는 가슴 속에 묻어있는 세상에 대한 사랑과 축복마저도 녹아 버려야 근원의 세계로 간다. 그러니까 그 공력만이 세상을 만들 수 있고 새로운 창조가 가능하다.

Q : 사람이 자기의 생명을 가지고 있는데 언제 죽을 것인지 알 수 있습니까?

스승 : 사람이 개개인은 자기가 가진 문제에 따라서 50살을 사는 사람도 있고 70살을 사는 사람도 있고 더 사는 사람도 있다. 만약에 너의 생명을 연장해 달라고 부탁한다면 나의 축복이 너에게 전달되었을 때 생명이 연장되고 너는 가르침을 통해서 영원한 생명을 얻게 된다.

Q : 자기에게 원력이 없을 때는 질병을 치료시킬 힘이 없을 것인데 상대의 질병을 비출 수는 있습니까?

스승 : 예를 들어서 너와 똑같이 의식이 연결되니까 똑같은 병이 생길 수 있다. 배 아픈 사람이 옆에 있으면 자기도 배 아픈 것같이 느낄 때가 있는데 원력 있으면 치료할 수가 있다. 세상의 모든 이치는 똑같이 우리가 어떤 문제를 봤는데 내가 힘이 있으면 그 문제를 해결할 수가 있다. 어떤 자동차가 고장이 났는데 내가 능력이 있을 때는 고칠 수 있지만 능력이 없을 때는 아무리 고치고 싶어도 고칠 수 없는 것이 아니냐?

Q : 여래님의 경우 상대의 질병을 비추기만 하면 큰 고통은 없습니까?

스승 : 내가 한번 상대의 몸속에 있는 질병을 비추면 상대의 의식이 나에게 꽉 달라붙어서 떨어지게 하지 않는다. 어떤 자의 의식은 마치 쇠줄처럼 강하게 나의 의식을 묶는데 나는 그것을 끊어야 할 적도 있었다. 그건 의식과 의식이 통하니까 도움을 받고 싶은 사람이 어떤 배고픈 자가 부유해 보이는 사람을 잡고 살려 달라고 잡는 거와 똑같다.

Q : 작년에 정신병원에 몇 번이나 수용되었던 아가씨가 이 자리에 계속 나오지 않았습니까?

스승 : 나의 근본은 천상과 세상에서 최고에 해당한다. 만일 이 근본에 대해 내가 거짓말을 하면 내가 어떻게 원력을 가질 수 있고 신을 제거할 수 있는 원력을 발휘할 수 있겠느냐? 이것은 인간의 세계에서 존재하지 않았던 일이다. 나는 그가 발작하자 그 속에 있는 사기(邪氣)가 존재하는 것을 보고 그 괴물을 잡아서 제거하고 정상으로 돌려놨다. 세 번씩 입원했던 사람이 퇴원해서 약을 먹지 않은 상태라면 현대의학상으로 한 달도 되지 않아서 재발하고 다시 입원해야 한다. 일 년이 지났으나 내가 그에게 있는 사기를 잡은 날부터 약을 먹지 않고 잠을 자게 됐는데 그 기운은 바로 의식체이다.

Q : 선생님의 근본에 그만한 힘을 가지고 있기에 괴물을 잡은 것입니까?

스승 : 실제로 일반 사람으로서는 도저히 불가능한 일이다. 어떤 사람이 저주에 쌓여 있을 때 곧 죽게 되지만 내가 가서 그것을 풀 수가 있다. 만일 내가 풀지 못한다면 나도 죽는데 내가 나를 알기에 나는 별로 두려워하지 않는다. 나는 꿰뚫어 보지만 너희는 보지 못하기 때문에 마음에 닿지 않을 뿐이다. 세상에는 아직 너희가 이해하지 못하는 일들이 많다.

Q : 저희가 느끼는 고통의 죄를 선생님의 능력으로 사하게 된다면 그 고통을 선생님이 겪어야 합니까?

스승 : 실제로 깨달음이 없는 사람들은 고통만 내게 주고 도망가 버렸고 두 번 다시 나를 찾아오지 않았다. 나는 세상의 많은 사람

에게 삶의 보람을 찾아주려고 온 자이다. 잘못을 저지른 사람들이 그 잘못을 사해주려고 온 사람이 아니기 때문에 요즘에는 잘 도와주려고 하지 않는다. 중요한 문제는 너희가 세상을 위하여 필요한 일을 하게 되고 세상에서 좋은 소망과 좋은 행동을 스스로 얻게 된다면 너희가 가지고 있는 모든 고통은 너희 속에서 떠나게 될 것이다.

Q : 여래님이 도와주지 않는다고 하셔도 고통을 호소하고 병을 보이면 얼마든지 또다시 번복하시잖아요?
스승 : 거짓말에는 사람들이 잘 속는데 진실을 보면 전부 다 도망을 가 버린다. 내가 너희 모두를 도와주지 못하는 것을 매우 안타깝게 생각한다. 그러나 진정 도움을 받아야 할 것은 몸이 아니라 영혼이다. 의식은 모든 질병을 고칠 수 있고 세상에 존재하고 있는 모든 축복을 얻을 수가 있다. 바로 자신이 깨달아서 알려고 하지 않고 거부하고 있으니 불행한 일이 계속 일어나는 것이다.

Q : 요즘 여래님이 물을 엄청나게 많이 드시는데요?
스승 : 어떤 학생이 공부하러 왔는데 의식이 연결되어 있으니까 내 속이 더워서 계속 물을 마시는 것이다. 처음 온 사람 중에 딱해 보이거나 부처를 믿는다고 하면 의식을 부딪치지 않으려고 한다. 순수하지 않은 사람이면 사람을 피할 수도 없고 한 사람이라도 깨우칠까 싶어서 거기에 얽매이다 보면 이런 현상이 일어난다. 나는 정말 괴로우나 상대방은 아무 이상이 없는데 명성을 얻겠다고 꿈속에 빠져있다. 내가 꿈 깨라고 말하고 싶지만 여기 와서 기운이 완전히 살아났는데 그가 성공하기 위해서 병을 고치는 것은 자기의 노력도 필요하다. 여기 와서 보약 먹고 또 저쪽

에 가서 독약 먹고 하면 아무 소용이 없다. 그래서 의식을 끊으려고 하면 딱 붙어서 끊을 수도 없고 그래서 계속 물을 마신다. 너희는 정신적으로 편한 생활을 하고 있다는 것을 모른다. 항상 잠은 잘 자고 밥 잘 먹으면 건강한 것이다. 근면, 검소, 정직하게 생활 속에서 지혜를 찾고 자기가 원하는 것을 이루어야 한다.

Q : 현대의 의학으로 완벽한 치료는 불가능하잖아요?
스승 : 내가 미래의 변화기에 대비해서 의식을 통하여 어떻게 사람에게 병을 고칠 수 있는지 전해줄 수 있을 것이다. 지금 심령 의학의 지식을 가지고는 불가능하다. 이건 기운을 이용하는데 너희는 모를 것이고 이해할 수 없는 일들이 너무나 많다.

Q : 선생님은 에이즈라는 병을 치료할 수 있습니까?
스승 : 나는 에이즈 환자와 만난 적이 없으나 질병으로부터 예방할 방법을 알고 있다. 변화기가 지나고 나면 수백 년 동안 인류는 항생제나 약초의 구하는 게 불가능할 때가 있을 것이다. 그때는 분명히 인간 개개인이 가지고 있는 에너지를 통해서 서로의 질병을 치료해야 한다.

Q : 지금 존재하는 질병이 변화기 이후의 세계에서도 있을 수 있습니까?
스승 : 지금 존재하고 있는 모든 바이러스나 질병은 변화기후에 사라진다. 그러나 새로운 것들이 활동을 시작하면서 질병을 일으킬 수 있는 바이러스들이 생길 수 있다.

Q : 어떻게 평범한 사람이 몸속에 있는 에너지로 건강하게 지낼 수

있습니까?

스승 : 너희 자신의 의식 수준을 높이면 자체의 에너지를 강력한 에너지로 바꿀 수 있는데 약간의 기술이 필요하다. 나는 몸이 무겁다든가 정신이 어두우면 에너지를 가지고 정신을 맑게 한다든가 무거워진 몸을 가볍게 한다.

Q : 사람들은 자기가 왜 살아야 하는지 모르는 이유가 깨닫지 못했기 때문입니까?

스승 : 내가 얼마 전에 나의 가정에 있었던 이야기를 하겠다. 2주쯤 전에 내 위에 중생들 말로 형이 멀쩡하더니 그냥 항문으로 피를 쏟고 입으로 피를 토하는데 하루에 몸에 있는 피의 3분의 2가 빠져 버리면 살 수가 없다. 이것은 몸속에 있는 혈관에 힘이 없어서 압력으로 터져버렸다. 이런 현상에서는 의사도 실제 치료가 불가능한데 검사는 해보겠지만 희망은 없다고 했다. 왜냐하면 작은 혈관을 꿰맬 수 없기에 터진 부분을 찾아 수술해서 접착제를 붙여 놔도 안 되는 것이다. 치료 방법이 없고 간이 나빠서 간경화가 있는 것 같으니 임종을 준비하라고 했다. 내가 하는 수 없이 가서 몸을 보니까 중환자실에 누었는데 밥도 못 먹고 링거 꽂아 놓고 목이 있는 데를 따서 바람이 들어가면 피가 안 넘어오고 밑으로 빠진다고 했다. 계속 항문으로 피가 나오니까 딸이 힘없이 옆에 서서 고개를 푹 숙여서 방법이 없다고 체념하고 있었다. 이 병은 살 인연이니까 걱정하지 말라고 하고 배 위에 손 한 번 얹어 주고 왔다.

Q : 의사들이 곧 임종할 것이라고 했는데도 그분이 살아났습니까?

스승 : 그대로 두면 곧 임종하는데 피가 계속 빠지니까 10배를 수혈

해도 진짜 몸에 들어가는 건 한 되도 안 들어간다. 세상의 일을 알면 이런 병으로는 안 죽는데 이 사람이 안 죽은 것은 내가 세상에 눈을 떴기 때문이다. 사람의 몸 자체는 어떤 것의 침입이 있을 때 저항 능력이 방어도 하고 작은 질병이 있을 때 치유하는 면역기능이나 치료기능이 있다. 그런데 이 사람의 몸은 치유기능이 떨어져 버렸기 때문에 탄력성이 있는 조직이 결국 탄력을 상실함으로써 터지는 것이다. 내가 손을 얹어 주었던 건 내 힘을 빌려서 치료기능을 회복했다는 것이다. 내가 돌아온 3시간 이후부터 그냥 피가 안 나오고 회복되어 다음 날부터 밥을 먹고 걸어 다녔다. 병원에서는 처음 입원할 때 촬영해 보니 간경화로 살아날 수 없다고 병명을 만들어 놓았는데 기적같이 일어나 버렸다. 환자가 아픈 데가 없는데 더 잡아둘 필요가 없었으니까 일주일 누워있다가 퇴원한 일이 있었다.

Q : 선생님이 만일에 기운을 주지 않았다면 그 사람은 지금 죽었겠네요?

스승 : 나는 그렇게 살려놓기는 했는데 사실은 죽으면 편안하고 별로 할 일이 없는 사람은 일찍 죽어도 괜찮다. 요새는 귀신들이 산속에도 안 가고 비어 있는 아파트 같은 데 많이 가서 자는 모양이니까 옷 걱정 밥걱정 잠자리 걱정 없다. 내가 의통으로 백씨를 살린 일이 잘한 일인지 잘못한 일인지 모르겠다. 우리가 병원에서 쉽게 고칠 수 없는 병은 자기의 면역기능이 떨어지면서 몸 자체가 가지고 있는 치유기능이 떨어지면서 생기는 것이다. 누구든지 그 기능만 회복하면 병원에서 고칠 수 없는 병들을 쉽게 고칠 수 있다.

Q : 사람이 자기에게 있었던 일을 기억하지 못하는 건 왜 그런지요?
스승 : 사람이 사고가 존재하기에 움직이고 말을 하고 하는데 정지하면 사고가 끊어져 버린다. 20년 동안 병원에 계속 가고 일주일마다 병원에 실려 가서 대학병원 앞에 방을 얻어 놓고 있는 사람이 있었다. 그래서 내가 그의 머리를 보니까 스트레스도 잘 받는데 머리에 받치게 되면 중추신경이 늘어나니까 신경 선 밑에 모세혈관이 지나가고 있었는데 혈관을 눌러버렸다. 그 혈관은 작지만 누르니까 혈관이 막혀서 피가 돌아가서 열이 발생하는 것이었다. 뇌가 움직여서 활동하는데 피가 계속 머리에 안 돌아주면 열이 생기니까 뇌가 활동하지 못한다. 일정한 온도가 올라가서 뇌가 정지해 버리면 사고 자체가 끊어지니까 쓰러지는 것이다.

Q : 뇌는 의식 활동의 표출과 유입을 하는 기관인데 뇌가 정지하면 의식 활동은 유입도 불가능하고 표출도 불가능한 것이겠네요?
스승 : 내가 머리 위에 손을 한번 얹어 주니까 늘어나던 뇌 신경이 기능을 되찾게 됐다. 의사는 절대 안 늘어났다고 했는데 완치된 것인데도 안 되는 것이라고 했다. 그의 아내는 병원에 가던 사람이 안 게게 됐다고 태종대에 가서 술을 사줬는데 저희끼리 회 놓고 맥주 시켜서 마셨다. 나에게 술도 못 마시니까 사이다를 먹으라고 사 왔는데 한잔 한잔 먹으니까 속이 거북해서 못 먹었다. 남의 병을 치료해주고 따라가서 저희 술 먹는데 또 가서 고생만 하고 온 것이다. 그래서 나중에 소개한 사람이 당신은 은혜를 입고 신세를 졌으면 인사를 해야 할 것 아니냐고 하니까 병이 안 나았다고 했다. 매일 병원에 가던 사람이 가지 않고 약도 안 먹는데 하루는 머리가 아파서 용하다는 한의원에서 2천 원을 주고 약을

사서 먹고 나았다고 했다는 것이다. 20년을 고생하던 사람이 한 의원에 인연이 닿으니까 무슨 약인지 먹고 나았다는데 뭐라 말 하겠느냐? 그러나 외국에서 완벽하게 의통에 대해서 논문도 쓰면 사람을 모으는 데는 문제가 없을 것이다.

Q : 사람들을 도우려고 많이 활동했는데도 여래님은 자격증이 없지 않습니까?

스승 : 어떤 사람이 아프다고 해서 나의 손을 상대방에게 대면 에너지가 들어가서 모든 독이 없어지게 되어 씻은 듯이 낫는다. 그런데 신이 날뛰면 또 몇 달 뒤에 같은 독이 쌓이면서 질병 형태로 오면 원인을 잡아내야 한다. 원인은 죽은 에너지 죽은 자의 영혼인데 몸에 붙어서 있기에 손을 가지고 얹어도 피해 버린다. 어떤 부위에 기운이 들어와서 대항은 못 하니까 아무리 여래한테 대항해도 귀신이 소용이 없는 것을 알고 피한다. 아무리 뛰어난 의사도 어디에 병이 있는지 못 찾을 때 몸에 충격을 줘서 흔들면 어디 숨었는지 나타난다. 그래서 추적할 수 있지만 지금까지 신병을 가지고 있는 사람은 80% 이상이 자기 몸속에 귀신이 있으니까 귀신의 말을 듣는다. 결국 귀신의 꼬임에 다 넘어가서 실제로 사람들을 밝은 사람으로 찾아주는 데는 많이 실패했다.

Q : 선생님은 사람이 고통을 느낄 때 어떤 반응으로 감지하고 느끼는 겁니까?

스승 : 나의 능력으로 고통을 추적하는 것이 가능한데 신경이 이미 마비되었다거나 어떤 병원체가 신경을 건드리지 않는다면 알아보기가 힘들 때가 많다. 얼마 전에 미국의 시카고에서 다니는 학생이 한 사람 왔었다. 어느 날부터 갑자기 기억들이 사라지기 시

작하면서 머리에 통증이 오기 시작했다는 것이다. 있는 일을 의식으로 자기 속에 받아들이려 했지만 그게 불가능해져서 자기 부모가 나의 소문을 듣고 찾아왔다. 발병의 원인은 정확하게 모르는데 뇌에 압력을 가하자 뇌의 활동이 떨어지기 시작했고 머리가 쪼이기 시작했다. 머리가 막고 있는 고통을 없이해서 사흘 후 그들이 시카고에 갈 수 있도록 해 주었다.

Q : 저는 의학을 공부했었는데 사람의 뇌를 어떻게 진찰하고 고친다는 것입니까?

스승 : 내가 아픈 사람을 한 번씩 보면 머리에 고통을 느낄 때 의사들이 뇌를 수술할 때 생명을 잃게 되는 경우가 많다. 만일에 네가 내 능력을 받을 수 있는 사람이라면 시간이 걸리지만 너에게 전해줄 수가 있다. 간단한 병의 현상을 보고 배우면 의학을 공부했다니까 이해하기가 쉽다. 병원에 가면 진통이 너무 심해서 시간마다 진통제를 맞는 사례가 있는데 내가 옆에 가서 있으면 진통제를 맞지 않아도 편안하다. 이것은 현대 의학상식으로서는 이해하기 불가능할 것이다.

Q : 선생님이 아무리 능력이 있다고 해도 한 사람이 세계의 모든 질병을 막을 수는 없잖아요?

스승 : 우리가 이런 소통을 하다 보면 의사가 필요할 때가 있다. 만일 네 주위에 올바른 일을 위해서 도움이 될 수 있는 사람이 있다면 그 사람이 내일 죽을 거 같아도 살려낼 수 있다. 신체 기관이 멈춰 버리면 우리 신체 기관의 문이 열리면 영체가 빠져나간다. 예를 들어서 어떤 중병에 걸린 환자를 수술하다가 심폐기능이 정지되면 영혼이 사망에 이른다. 아무리 뛰어난 외과 의사도 못 막

는데 수술하는 자리에 내가 있으면 절대 어떤 기관을 제거해 버려도 그 몸은 살아 있게 할 수 있다.

Q : 지금 선생님이 가지고 있는 능력이라는 게 사실 모르는 사람들이 보면 있을 수 없는 일이라고 볼 것인데요?

스승 : 내가 네 문제가 해결 돼 버리면 증거가 된다. 너는 의학도 공부했고 방송 일도 한다니까 내 일을 도와준다면 너를 세상에서 유명한 사람으로 만들기는 매우 쉽다. 나는 네가 원하는 정보를 주고 너는 그 정보를 세상에 알리는 것이다. 아무리 상세하게 질문해도 내가 하는 말을 듣고 논문으로 옮겨 적으면 80%의 진실에 이르지 못한다. 그 정도를 너희가 알리면 세상 사람들이 엄청난 발전이라고 깜짝 놀랄 것이다. 그러나 내 말을 듣고는 세상 사람들이 놀라지 않는데 나는 이미 완전한 깨달음을 얻었기 때문에 진실을 옮기는 능력을 상실해 버렸다. 네가 음식도 조심하고 맑은 정신으로 살겠다고 약속한다면 완치될 수 있고 매우 강력한 기운이 몸에서 일어날 수 있다. 만일 치료하지 않으면 점점 너 자신을 상실하게 되는데 네 몸속에는 인간이 이해할 수 없는 에너지가 존재하고 있다. 실제 이런 상황에서는 의학의 기구로 진단하면 아무것도 나타나지 않고 잘못하면 오진이 날 수 있다. 수술받는다거나 치료를 하는 건 생명을 오히려 단축할 소지가 있다. 네가 가진 에너지의 힘을 한번 보고 치료해도 되겠느냐?

Q : 보통 이런 병을 치료하는데 시간이 얼마 정도 걸리겠습니까?

스승 : 내가 빨리하고 싶으면 빨리하고 천천히 하고자 하면 천천히 하는데 병원에서 십 년 동안 못 고치는 병도 일주 만에 고칠 수 있다. 사람들 속에서 나의 능력이 알려지면 수학의 문제를 보고

쉽게 풀어버리는 것처럼 깨닫게 되면 있는 일을 가지고 어떤 답이 문제 속에 있는지 그걸 알아낸다. 나는 특별한 사명을 가진 자기 때문에 사람들에게 돈을 요구할 수는 없으나 너희는 내가 가지고 있는 정보를 조금만 이용해도 돈이 된다.

Q : 그 말은 진실을 볼 수 있게 된다는 것입니까?
스승 : 사람들이 어떤 비즈니스를 하는데 돈을 벌기 위해서는 성공시키는 길을 알아야 한다. 모든 성공과 실패는 어떤 사람이 무엇을 원할 때 중요한 건 문제를 아는 것인데 자기를 바꾸면 재능은 자연적으로 개발된다. 내가 하는 말을 확인해 보고 신뢰해야 도움을 받을 수 있다.

Q : 아무런 기구도 없이 어떻게 치료하는 것입니까?
스승 : 세계 곳곳에서 힐링이라는 용어를 사용해서 질병을 고친다는 사람들이 있는데 상대가 가진 질병을 약물이나 기구의 사용 없이 고치는 일은 불가능한 일이다. 내가 다른 사람의 질병을 고친다는 것은 나 자신이 가지고 있는 에너지로 다른 사람의 질병을 고친다. 나는 정확하게 고칠 수도 있고 부작용이 없고 재발이 절대 없으며 바로 회복해 버린다는 것이다.

Q : 선생님이 하시는 일이 사람들에게 환영받지 못하는 것 같은데요?
스승 : 사람들에게 환영받지 못하는 건 내가 가지고 있는 밝은 빛 때문에 어두운 마음으로는 받아들이지 못한다. 나를 가까이하면 세상에 모든 위선이 드러나게 된다. 사람들은 거짓을 가지고 있기에 거짓을 버리고 진실을 보겠다면 너를 성공시켜 주는 것은

매우 쉽다. 앞으로 이 분야에 대해서 성공하고 싶다면 길은 간단하다. 사실 인간사회에서 매우 중요한 것들인데 유감스럽게도 일반 사람들은 그 중요성을 알아보지 못하기 때문에 비즈니스로서는 별 가치가 없다. 그러나 병원에 가서 죽어가는 환자의 생명을 구하는 것을 카메라에 담으면 비즈니스로서 가치가 있다. 그러기 위해서는 현대의 의학으로 불가능한 병들이 기적적으로 낫는 걸 보아야 한다.

Q : 사람의 생명 하나쯤은 구하는 것은 별문제가 없는 것입니까?
스승 : 현재 의학의 판단으로 일주일 후에 죽는다고 판단이 난 사람이 있다면 내가 원하는 조건을 들어 주겠다고 승낙한다면 생명을 구할 수 있을 것이다. 내가 고칠 수 없는 병은 통증이나 아무런 반응이 없는 병이다. 우선 생명을 구할 사람을 찾아서 있는 일을 알아볼 수 있도록 해야 사람들이 호감을 보인다. 진리를 세상에 전할 수 있도록 한번 기획해서 세계 최고의 명성을 가진 사람들과의 대화를 카메라에 담으면 가치가 있을 것이다.

Q : 방송국에서 일할 때 자기 에너지를 이용해서 사람들을 치료하는 걸 찍었는데 의문이 있었거든요?
스승 : 내가 사람들의 문제를 설명해도 당장 알아볼 수가 없기에 우리가 더 신뢰하게 되면 비밀을 가르쳐 주겠다. 실제로 어떤 암환자가 죽어가고 있다고 가정을 했을 때 내가 그 사람의 병을 내 몸으로 옮겨 오는 것이다. 그리고 나는 나의 에너지로 병과 싸워서 그 병을 물리치는데 내가 회복되면 그도 회복이 되어 버린다. 내가 나았는데 상대가 낫지 않았다고 말한다면 거짓말이다.

Q : 암으로 보이는 사람의 병을 당장 고칠 수 있습니까?

스승 : 아무라도 소개로 와서 달라붙고 하면 곤란하고 세상에 있는 모든 사람의 질병을 나 혼자서 고칠 수는 없다. 나는 내가 가지고 있는 능력을 과학자들을 통해서 후세에 전하기를 원한다. 이런 기능을 얻기 위해서는 일정 기간의 정확한 정보와 일정 기간의 훈련이 필요하게 되어 있다. 나는 한번 실패했던 적이 있는데 그 사람은 나쁜 의식을 가진 다른 신을 가지고 왔다. 죽은 사람의 넋으로 인하여 생긴 병은 고치기가 힘들었으나 그 사람이 죽어갈 때 날 찾아왔는데 생명을 구한 건 사실이다.

Q : 아무런 장비도 없이 병을 고친다는 부분에 관해서 이해할 수 있게 설명해 주십시오?

스승 : 지금까지 기록을 통해서 실제 의통이 어떤 것인지에 대해서 일반인이 알아보기 쉽게 설명된 책이 없다. 그래서 이 점을 유의해 들어야 한다. 우리 몸은 하나의 기관으로 이루어져 있고 몸을 관리하는 의식이 존재한다고 이해하면 된다. 지금 세계의 곳곳에서는 대체의학을 연구하고 있지만 실제로 아직 큰 진전을 보지 못하고 있다. 그것은 인간이 가지고 있는 능력의 한계와 또 모든 일이 각기 문제 속에 존재하기 때문이다.

Q : 문제에 대한 정확한 이해가 없는 사람들로서는 이런 일을 알아보는 일이 매우 어렵게 되어 있는 것 같습니다.

스승 : 간단하게 내가 지금 과학자들하고 접촉을 계속하려고 노력하고 있는 것은 이런 점을 과학의 세계를 통해서 사람들에게 어떻게 체계적으로 전하는 것이다. 응용 방법을 과학자들과 어떤 시스템을 놓고 개발시켜서 새로운 의학 체계로 만들어볼까 해서

계속 과학자들과 지금도 접촉을 시도해보고 있다. 그러면 다른 사람의 질병을 약물이나 기구의 사용 없이 고칠 수 있다. 우리가 몸을 자동차에 비유하면 우리 의식은 운전사와 같다고 했다. 자동차도 전원장치의 배터리가 약하면 시동이 걸리지 않는데 배터리가 약하다는 것은 사람의 면역기능이 떨어졌을 때를 상상하면 된다. 이럴 때 건강한 사람이 가지고 있는 체내의 에너지를 병든 사람과 연결해 주면 병든 사람이 다른 사람의 몸에 있는 전원을 받아서 면역기능을 엄청나게 높인다. 이때 질병을 삽시간에 퇴치하고 제압할 수 있고 어떤 질병도 완치할 수 있다. 그러나 이런 점에 대해서 이해가 되지 않는 것들은 실제 아직 이런 발표가 없었기 때문에 처음 듣는 사람들은 도저히 이해되지 않을 것이다. 만일 한국에서도 어떤 세계적인 브랜드를 만들어 내기 위해서 과학자들이나 어떤 특수한 기관에서 관심을 가지고 연구하겠다면 즉시 방법을 전수해줄 용의가 있다.

Q : 저희가 있는 일을 모르니까 오판하게 되는데 세상을 살아가면서 주의해야 할 점을 일러주십시오?

스승 : 오판하지 않도록 하기 위해서는 먼저 확인해야 한다. 어떤 문제를 자기가 풀 수 있는지 확인해야 하고 풀 수 없을 때는 건드려서는 안 된다. 내가 한 달이 넘도록 병원 신세를 지면서 너희에게 하고 싶었던 말은 삶의 소중함을 알리고 싶었다. 나는 평생을 고뇌 속에서 방황해야 했으며 세상에 도움이 되고 싶었는데 내 마음대로 되지 않았기에 일어난 일이다. 세상에 아무리 뛰어난 자가 나타나더라도 인연을 만나지 못하면 능력은 쓸모가 없었다. 나는 이번 투병 생활을 통해서 가장 두려웠던 건 의사들의 오진이었다. 의사들은 치료 방법을 개발해 놓지 않고 사람을 연

구용으로 사용하려고 했다는 사실이다. 내가 진실을 말하면 그들이 믿어 주겠느냐? 의사들의 말대로 했으면 나는 벌써 죽었을 것이고 시키는 대로 수술받았으면 평생 폐인으로 살아야 했을 것이다.

Q : 깨달은 분이시고 의통을 가지신 분이 한 달 동안이나 왜 입원한 것입니까?

스승 : 내가 병원에 간 것은 보이지 않는 힘의 공격을 받아서 음식을 섭취할 수가 없었기 때문이었다. 주위에서 병원에 한번 가보라고 해서 링거 주사가 한 대 맞으려고 갔는데 의사가 주사는 안 주고 오진을 한 것이었다. 그래서 보이지 않는 영체들이 의사들의 손을 빌려서 나를 해치려고 했으나 나는 그곳에서 빠져나왔다. 현대의학상으로 독의 발생으로 장기가 경색되었을 때 사람들 대부분은 2시간 안에 사망한다. 그러나 병의 원인을 알고 내가 간단히 제거해서 치료되었고 장기가 정상적으로 회복되어 독은 씻겨져 나갔다. 병원에 문병하러 온 사람들이 의사의 말을 듣고 내가 죽는 줄 알고 발길을 끊은 사람도 많다. 나는 신이나 죽은 자의 공격에 일반 사람처럼 호락호락 당하지 않고 그들과 싸울 수 있고 물리칠 수가 있었다. 내 말을 대학병원에서 진단서를 보거나 확인해 보면 알 수 있다.

Q : 여래님은 죽을 고비를 넘기면서까지 왜 사람들을 고쳐서 살리려고 하십니까?

스승 : 사람들을 돕고 구하기 위해서 나 자신을 바칠 수 있었고 내가 음식을 먹지 못하는 상태에서 몸의 에너지가 거의 없는 내 몸을 보았다. 과거를 회상해보니 마음에 아무것도 걸리는 게 없는 삶

이었다. 좋은 일 하려다가 나 자신을 잃게 되면 아름다운 삶이고 사랑을 실천한 것인데 무슨 걱정이겠느냐? 항상 우리는 살아가면서 보람 있는 일을 찾아서 자기를 그 일에 바쳐야 한다.

■ 최준권 약력

현재 실상연구원 원장인 저자는 1954년 겨울 경남 진주의 작은 마을에서 태어났다.

정규교육을 받지 않고 중학교를 졸업한 후 어려서부터 공장 노동자로 일했다. 삶의 의미를 찾지 못해 방황하다 종교와 철학에 대한 열망이 컸기에 독학으로 수많은 서적을 읽으며 지식을 쌓았다. 1985년 출가하여 강원에서 불교의 심층 심리학을 공부하며 지식을 넓혔다. 강원 졸업 후 부산 불교교양대학에서 일반인들에게 불교를 알리는 일을 했으나 지식으로서의 한계를 느끼고 모든 지식과 책을 버렸다. 마침내 깨달음을 이룬 스승을 만나 가르침을 받고 과거 부처께서 했던 방식대로 탁발수행을 시작하였다. 그리고 묵언수행과 단식수행 등을 여러 가지 방법을 통해서 진정한 깨달음을 구하였다.

책으로 얻은 지식을 지혜인 것처럼 잘못 알았던 편견과 자존심을 던져 버렸다. 탁발수행을 하며 부처의 삶을 사유하던 어느 날 작은 깨달음을 이루어 지혜를 보았다. 그후 20년 동안 만행의 길을 걸으며 미국에서 세상을 스승으로 삼고 배운 깨달음을 사람들과 공유하기 위해 세상으로 돌아왔다.

2020년 하와이에서 유튜브 활동을 하다가 2021년 가을 모든 여정을 끝내고 귀국하였다. 2023년 3월 자전적 회고록인 「깨달음의 길을 찾아서-타타타」와 장편소설 「우둠바라꽃」을 출판하였다. 보살의 삶을 위해 스승의 가르침의 말씀을 정리해서 출판하고 있다.

엮은 책으로는 「지구의 리셋」 「타타가타」 「진리란 무엇인가」 「깨달음」 「윤회와 인과법」이 출판되었고, 「석가모니의 가르침」 「자연의 가르침」 「운명이란 무엇인가」 「영혼의 실체」가 곧 나올 예정이다.

영혼의 실체

최준권 엮음

초판 1쇄 인쇄·2025년 5월 10일
초판 1쇄 발행·2025년 5월 15일

지은이·실상연구원 최준권

펴낸곳·**지성의샘**
등록번호· 2011. 6. 8. 제301-2011-098호

주소·서울시 중구 을지로 14길 16-11(2층)
편집부·(02) 2285-0711
영업부·(02) 2285-2734
팩 스·(02) 338-2722
이메일·gonggamsa@hanmail.net

ⓒ 2025. 최준권, Printed in Korea

값 16,000
ISBN 979-11-6391-084-8

*파본 및 잘못된 책은 서점에서 교환해 드립니다.